세상에서 가장 재미있는

88가지 심리실험

자기계발편

출판은 사람과 나무 사이에서 이루어지는 가치 있는 일입니다.
도서출판 사람과나무사이는 의미 있고 울림 있는 책으로 독자의 삶을
좀 더 풍요롭게 만들기 위해 최선을 다하겠습니다.

나를 업그레이드하는 효과적인 방법

세상에서 가장 재미있는

88가지 심리실험

나이토 요시히로 지음

서수지 옮김 | 주노 그림

사람과
나무사이

저자 서문

나를 업그레이드하는 일은 나와 타인의 '마음을 읽는 일'로부터!

인간 사회가 복잡해질수록 심리학에 대한 관심이 늘어난다. 서점에는 온갖 심리학 서적이 쏟아져 나와 판매대를 채운다.

그런데 어떤 계기에 의해서든 심리학 입문서 몇 권을 사서 읽어보면 이상하게 재미가 없다. 몇 장 넘겼을 뿐인데 하품이 나오고 눈꺼풀이 무거워진다. 부끄럽게도 대학에 입학해서 심리학을 처음 공부하던 무렵의 내 모습이다. 심리학에 관심이 많아 심리학과를 지망했는데도 그랬다.

좋아하는 일을 하면 시간 가는 줄 모르고 빠져들어야 하는데, 왜 심리학책만 펼치면 잠이 쏟아질까? 참 이상한 일이다. 이유는 단순하다. 심리학책이 재미없기 때문이다. 심리학이라는 학문에는 재미있는 실험과 연구가 넘쳐나는데도 심리학 입문서에는 그런 흥미진진한 연구가 거의 실려 있지 않다. 모처럼 관심이 생겨 책을 집어 들지만 끝도 없이 따분한 이론이나 늘어놓으니 의욕마저 저 멀리 달아나고 만다.

이 책에서 나는 일반적인 심리학책에 흔히 나오는 틀에 박힌 내용은 다루지 않기로 했다. 내가 지금까지 읽은 논문 중에 특별히 재미있고 신기해서 눈길이 가고 완전히 몰입했던 연구를 심사숙고해서 골랐다. '재미있는 심리학책'이라는 기획 의도에 충실해지려 노력하며 이 책을 썼다.

- 마라톤에서 좋은 성적을 거두려면 최대한 '관중이 많은 코스'를 선택해야 하는 이유
- 잘나가는 사람일수록 가벼운 가방을 든다고?
- 홈경기가 오히려 승률을 떨어뜨린다는 게 사실일까?
- '라벤더 향기'를 활용하면 가게 매출이 확실히 올라간다는데?
- 외모가 출중한 사람은 외모가 평범한 사람보다 모든 면에서 2~3배 더 유리하다고?
- 개 주인이 개 용변을 처리하게 하는 가장 확실한 방법은? '용변 봉투' 나눠주기!
- 상대방이 무심코 깍지 낀 모습을 보면 '우뇌형'인지 '좌뇌형'인지 알 수 있다는데?

- 주식을 팔려면 무조건 날씨가 맑고 화창한 날에 팔아야 하는 심리학적 근거는?
- 하얀색 셔츠를 입으면 호감도가 상승한다고?

심리학에 관심 있는 독자 여러분에게 유용하고 흥미로운 이야깃거리를 고르려고 애를 썼다. 그러니 차례 페이지를 읽다가 관심이 생기면 망설이지 말고 책장을 넘겨 본문을 읽어보자. 호기심이 꼬리에 꼬리를 물고 이어져 어느 사이 책에 푹 빠져 있는 자신을 발견하게 될 것이다.

책을 다 읽고 나면 여러분은 자기 자신은 물론이고 사람의 심리를 좀 더 명쾌하게 이해하게 될 것이다. 그리고 심리학을 통해 자신을 업그레이드하는 효과적인 방법을 발견하게 될 것이다. 부디 끝까지 즐겁게 읽어주시기를!

"삶이 너를 힘들게 할 때 뭘 해야 할지 알고 있니?
그냥 수영을 계속하는 거야."

— 애니메이션 영화 <니모를 찾아서> 중에서

차례

저자 서문 … 4

CHAPTER 1 인간 심리의 '사각지대' 찾기

심리실험 01 싸구려 맥주에 '최고급 맥주' 라벨을 붙여서 마시게 하면 애호가들은 어떤 반응을 보일까? … 21
스탠퍼드대 J. 더글러스 매코널 교수의 '맥주맛 감별 실험'

심리실험 02 마라톤에서 좋은 성적을 거두고 싶다면 최대한 관중이 많은 코스를 선택하라 … 27
캘리포니아주립대 찰스 J. 워링엄 교수의 '사람들의 시선에 대한 육상 선수의 반응 실험'

심리실험 03 잘나가는 사람일수록 가벼운 가방을 든다고? … 31
버지니아대 데니스 프로핏 교수의 '무거운 배낭 메고 언덕 각도 예측하기 실험'

심리실험 04 홈경기가 오히려 승률을 떨어뜨린다는 게 사실일까? … 37
케이스 웨스턴 리저브대 로이 F. 바우마이스터 교수의 '안방 불패 신화 검증 실험'

심리실험 05 잘하는 일은 남이 볼 때, 잘 못하는 일은 남이 보지 않을 때 해야 하는 이유 … 41
스탠퍼드대 헤이즐 로즈 마커스 교수의 '타인의 시선 의식 실험'

심리실험 06 비싼 에너지 음료를 마시면 과연 두뇌 기능이 향상될까? … 47
스탠퍼드대 바바 시브 교수의 '에너지 음료 가격 대비 두뇌 기능 향상 효과 측정 실험'

심리실험 07 가게 매출을 올리고 싶다면 '라벤더 향기'를 활용하라 … 51
라이어슨대 리처드 미천 교수의 '향기가 가게 매출에 미치는 영향 측정 실험'

심리실험 08 '압박감'이 유능한 프로 야구 선수의 실력을 20퍼센트나 갉아먹는다고? … 56
에커드칼리지 마크 H. 데이비스 교수 연구팀의 '압박감이 야구 선수의 타율에 미치는 영향 연구'

심리실험 09 구성원의 머릿수가 많아질수록 지시에 잘 따르지 않는다? … 60
위스콘신대 콘스탄틴 세디키데스 교수 연구팀의 '동물원 사육사의 관람객 돌출 행동 제지 실험'

심리실험 10 미녀와 추녀가 자기 사진이 들어 있는 지갑을 잃어버렸을 때 돌려받을 확률은? … 66
얼햄칼리지 피터 벤슨 교수의 '대학원 입시 원서 회수율 측정 실험'

심리실험 11 곤란한 상황에 놓인 사람을 도와달라고 부탁하는 사람의 '옷차림'이 좋을수록 상대방의 선행 실천율이 높다고? … 70
위버주립대 브래드 J. 부시먼 교수의 '부탁하는 사람의 옷차림에 따른 선행 실천율 측정 실험'

심리실험 12 외모가 출중한 사람은 외모가 평범한 사람보다 모든 면에서 2~3배 더 유리하다? … 75
하버드대 마커스 모비우스 교수의 '비즈니스에 적용되는 뷰티 프리미엄 연구'

심리실험 13 매출을 올리려면 소비자의 '게으른 속성'을 지혜롭게 활용하라 … 79
컬럼비아대 에릭 존슨 교수의 '고객의 소비 행동 · 메커니즘 연구'

심리실험 14 똑같은 내용의 에세이에 대한 평가가 작성자의 '사진 한 장' 때문에 극과 극으로 달라지는 이유 … 84
로체스터대 데이비드 랜디 교수 연구팀의 '작성자의 외모가 에세이 내용 평가에 미치는 영향 측정 실험'

심리실험 15 개 주인이 개 용변을 확실히 처리하게 하려면 '용변 봉투'를 나눠주라고? … 88
드폴대 레너드 A. 제이슨 교수 연구팀의 '효과적인 개 용변 처리 방법 연구'

심리실험 16 예상 대기 시간을 알려주면 인내력이 훨씬 향상된다는데? … 94
이스라엘 심리학자 나이라 뮤니처 박사 연구팀의 '전화 대기 시 인내력 측정 실험'

CHAPTER 2 세상에서 가장 어려운 일, 간단한 일에 실패하기

심리실험 17 상대방이 '우뇌형'인지 '좌뇌형'인지 알고 싶다면 깍지를 껴보게 하라 … 103

코네티컷대 크리스틴 모어 교수 연구팀의 '우뇌형 · 좌뇌형 감별 실험'

심리실험 18 세상에서 가장 어려운 일이 '간단한 일에 실패하기'라고? … 108

하버드대 사회심리학자 대니얼 M. 베그너 교수의 '일부러 대답 틀리기 실험'

심리실험 19 날씨가 맑고 화창한 날에는 주가가 상승한다는 게 사실일까? … 111

오하이오주립대 데이비드 허슐라이퍼 교수의 '날씨와 주가의 상관관계 연구'

심리실험 20 지위가 높은 사람은 지위가 낮은 사람에게 대개 얼마나 가까이 다가갈까? … 115

미주리대 래리 딘 교수의 '지위 고하에 따른 접근도 측정 실험'

심리실험 21 남성이 여성을 볼 때 '전신'에, 여성이 남성을 볼 때 '얼굴'에 주목하는 이유 … 119

캘리포니아주립대 데인 아처 교수 연구팀의 '남성과 여성이 각각 이성의 외모 중 집중하는 부위 측정 실험'

심리실험 22 인간 뇌는 사진 73만 1,400장을 기억할 수 있다는데? … 125

비숍스대 심리학과 라이오넬 G. 스탠딩 교수의 '사진 1만 장 기억력 측정 실험'

심리실험 23 남녀가 서로 가까이 살수록 결혼할 확률이 높아진다고? … 128

펜실베이니아주립대 제임스 H. 보사드 교수의 인간관계 불변의 법칙, '보사드의 법칙'

심리실험 24 형제자매의 여러 유형 중 '막내'가 가장 인기가 좋은 이유는 뭘까? … 133

멤피스대 캐서린 키츠먼 교수의 '형제자매 수와 인기도의 상관관계 연구'

심리실험 25 경제적으로 부유할수록 자식을 적게 낳고 경제적으로 쪼들릴수록 자식을 많이 낳는 이유는? … 137

브리검 영대 팀 B. 히튼 교수 연구팀의 '경제력과 출산률의 상관관계 연구'

심리실험 26 투표 시 후보자의 자질 중 유권자가 가장 중시하는 요소는? … 141
미시간대 존 W. 킹던 교수의 '선거에서 당선의 가장 중요한 요소 연구'

심리실험 27 90퍼센트 확률로 낙선하는 후보자들의 단 한 가지 공통점은? … 144
펜실베이니아주립대 해럴드 줄로 교수의 '선거 후보자들의 말과 당선율의 상관관계 연구'

심리실험 28 후보자의 '얼굴'만으로 당선 여부를 68.8퍼센트 예측할 수 있다고? … 149
프린스턴대 알렉산더 토도로프 교수 연구팀의 '외모와 당선율의 상관관계 연구'

심리실험 29 프랑스인 서비스업 종사자는 스트레스를 받지 않는다는데, 과연 그럴까? … 153
펜실베이니아주립대 얼리샤 그랜디 교수의 '국적별 서비스업 종사자의 스트레스 받는 정도 연구'

심리실험 30 뉴스 앵커의 표정과 멘트가 선거판에 막대한 영향을 미친다? … 157
시큐러스대 사회심리학과 브라이언 멀른 교수 연구팀의 '뉴스 앵커가 시청자에게 발휘하는 영향력 연구'

심리실험 31 모차르트 음악을 들려주면 정말로 머리가 좋아질까? … 161
하버드대 크리스토퍼 F. 차브리스 교수의 '모차르트 이펙트의 진위 연구'

심리실험 32 '볼매'가 되고 싶다면 노출 · 접촉 빈도를 획기적으로 늘려라 … 166
피츠버그대 리처드 모어랜드 교수 연구팀의 '접촉도와 호감도의 상승관계 측정 실험'

심리실험 33 다이어트에 성공하기 위해 '그릇'과 '숟가락' 크기부터 작은 것으로 바꿔야 하는 이유 … 170
펜실베이니아대 앤드루 B. 가이어 교수 연구팀의 '숟가락 크기와 식사량의 상관관계 연구 실험'

심리실험 34 독신자에 비해 기혼자의 사망률이 눈에 띄게 낮은 이유는? … 175
예일대 리사 바크먼 교수 연구팀의 '독신자 vs. 기혼자의 사망률 비교 연구'

CHAPTER

3 당신의 인간관계 온도는?

심리실험 **35** '나에겐 절대로 끔찍한 사건 · 사고가 일어나지 않는다'라고 믿는 심리는 왜 생길까? … 183
러트거스대 닐 D. 와인스타인 교수의 '비현실주의적 낙관주의에 관한 연구'

심리실험 **36** 친절과 선행도 코로나19처럼 신속히 퍼지고 쉽게 감염된다? … 188
노스웨스턴대 제임스 H. 브라이언 교수 연구팀의 '친절과 선행의 연쇄 효과 실험'

심리실험 **37** 자기 자신에 대한 무한한 관대함은 왜 생길까? … 192
스톡홀름대 올라 스벤손 교수의 '우월감 환상 실험'

심리실험 **38** 인간은 왜 다른 사람의 행동을 원숭이처럼 따라 할까? … 196
옥스퍼드대 연구원 존 필립 러시튼의 '친구 따라 강남 가기 심리 분석 실험'

심리실험 **39** 주위에 점집이 많아지면 사회 불안이 높아지고 있다고 보아도 좋은 이유 … 200
마셜대 버논 R. 패짓 교수의 '점성술 · 신비주의와 혼란도의 상관관계 연구'

심리실험 **40** 범죄 현장을 목격해도 못 본 척 넘어가는 인간의 '방관 심리'는 왜 생겨날까? … 205
사우스이스트주립대 루이스 베네지아누 교수 연구팀의 '범죄의 경중에 따른 심리 변화 연구'

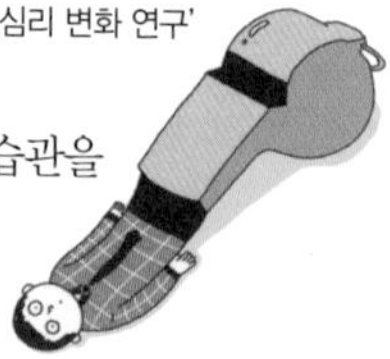

심리실험 **41** 잘나가는 사람이 되고 싶다면 잘나가는 사람의 행동과 습관을 모방하라 … 209
일리노이대 아서 F. 도지 교수의 '잘나가는 영업사원의 조건 연구'

심리실험 **42** 인간은 왜 인구 밀집도가 높아질수록 더 차갑고 불친절해질까? … 215
캘리포니아주립대 폴 스콜닉 교수의 '인구 밀집도와 친절도의 상관관계 연구'

심리실험 **43** 현대사회에서 '휘슬블로어'가 1급 멸종 위기종이 된 까닭 … 219
조지타운대 마샤 미셸 교수 연구팀의 '조직 내 부정행위 적발 시 문제 제기 정도 연구'

심리실험 **44** 소설가가 자기 작품의 등장인물 중 자신과 이름이 같은 인물과 그의 인생을 아름답게 묘사하는 이유 … 224
뢰번 가톨릭대 베라 후렌스 교수 연구팀의 '이름과 호감도의 상관관계 연구'

심리실험 **45** 사회가 불안하고 범죄율이 높을수록 이혼율이 낮아지는 까닭은? … 227
루이지애나주립대 토냐 핸셀 교수 연구팀의 '테러와 이혼율의 상관관계 연구'

심리실험 **46** '일하고 싶은 욕구'는 복권 당첨금도 억누를 수 없다 … 231
미네소타대 리처드 D. 애비 교수의 '역대 복권 당첨자 대상 일의 지속성 연구'

심리실험 **47** '나는 절대로 원하지 않는 임신은 하지 않아'라고 생각하며 피임을 소홀히 하는 여성의 심리는 왜 생길까? … 235
샌타클래라대 제리 M. 버거 교수 연구팀의 '임신 가능성에 관한 조사'

심리실험 **48** 복권 1등 당첨 후 급상승한 행복감은 왜 오래 유지되지 않을까? … 240
노스웨스턴대 필립 브릭먼 교수 연구팀의 '복권 당첨 후 행복감 유지에 관한 연구'

심리실험 **49** 왜 그 사람들은 도난 장면을 목격하고도 신고하지 않았을까? … 244
유타대 도나 겔펀드 교수의 '범죄 목격 시 대중의 반응 연구'

심리실험 **50** 우리 눈에는 왜 세상에 나쁜 사람이 넘쳐나는 것처럼 비칠까? … 249
캘리포니아주립대 데이비드 M. 메식 교수 연구팀의 '자신과 타인의 선행에 관한 선행 평가 조사'

심리실험 **51** 조직 내 '무임승차'를 막고 역량을 강화하기 위한 가장 효과적인 뜻밖의 방법 … 255
퍼듀대 키플링 D. 윌리엄스 교수 연구팀의 '조직 내 무임승차 방지에 관한 연구'

심리실험 **52** 10대의 결혼과 출산이 사회에 전혀 해롭지 않고 오히려 도움이 되는 심리학적 이유 … 258
버밍엄대 연구원 앨리슨 롤프의 '10대의 결혼 경험에 관한 자기 평가 조사'

심리실험 **53** 대다수 부부가 '내가 집안일을 더 많이 한다'라고 평가하는 심리학적 근거는? … 263
워털루대 마이클 로스 교수의 '부부의 집안일 분담에 관한 자기 평가 조사'

심리실험 54 전쟁터에서 적을 향해 발포한 사람 비중이 1.5~2퍼센트밖에 되지 않는다고? … 267
미 육군 S. L. A. 마셜 준장의 '전쟁 경험자 중 적에게 실제 발포한 사람 비율 조사'

CHAPTER

4 밤이 되면 여자가 매력적으로 보이는 이유

심리실험 55 폭력적 성향의 사람은 3미터 이내까지 접근한 사람을 적으로 간주한다? … 275
뉴욕 정신의학연구소 어거스트 F. 킨젤 박사 연구팀의 '퍼스널 스페이스 조사'

심리실험 56 어떤 간호사들은 왜 위험하고 치명적인 의사의 지시를 받아도 무조건 따를까? … 280
신시내티대 정신과 전문의 찰스 K. 호플링 박사 연구팀의 '가짜 의사를 통한 부당하고 위험한 지시 & 반응 실험'

심리실험 57 개인의 사무실 책상을 보면 성격과 업무 능력을 정확히 예측할 수 있다고? … 284
텍사스대 새뮤얼 D. 고슬링 교수 연구팀의 '사무실 책상 정리 상태로 성격 예측하기 실험'

심리실험 58 밤이 늦을수록 바에서 술 마시는 남자의 눈에 상대 여자가 매력적으로 보이는 까닭은? … 289
프랭클린대 스티브 A. 니다 교수의 '바에서 술 마시는 남성의 시간대별 여성의 아름다움 평가 조사'

심리실험 59 악몽을 꾸는 게 이상한 게 아니라 악몽을 꾸지 않는 게 이상하다는데? … 293
샌타클래라대 제리 크로스 박사 연구팀의 '기혼자 혹은 동거 중인 여성 대상 꿈 분석 조사'

심리실험 60 '따돌림'이 집단 유지와 발전에 긍정적인 역할을 한다는 게 사실일까? … 299
캔자스대 스콧 아이들먼 교수의 '조직 내 따돌림이 갖는 긍정성에 관한 연구'

심리실험 61 'KKK단' 복장과 '나치 복장'을 한 사람 중 누가 상대방에게 전기 충격을 더 강하게 줄까? … 303
아칸소주립대 로버트 D. 존슨 교수의 '전기 충격 실험'

심리실험 62 다른 사람의 부러움을 살만한 경험을 한 뒤 입에 지퍼를 채워야 하는 심리학적 이유 … 308
하버드대 거스 쿠니 교수 연구팀의 '영화 관람 후 소외감 체험 실험'

심리실험 63 여성은 왜 하필 임신 가능성이 가장 높은 시기에 외도 충동을 강하게 느낄까? … 312
맨체스터대 마크 A. 벨리스 교수의 '기혼 여성의 혼외 성교 가능성 시기 조사'

심리실험 64 유대계 학자는 무의식중에 유대계 학자의 논문을 인용한다? … 317
워싱턴대 앤서니 G. 그린월드 교수의 '학자들의 팔이 안으로 굽기 심리 분석 조사'

심리실험 65 부모가 아이를 어떻게 대하는지가 아이의 인기도를 결정한다고? … 320
네이메헌 라드바우드대 마야 데코비치 교수 연구팀의 '학급 내 아이들의 인기도와 가정 내 양육 태도의 상관관계'

심리실험 66 임신 확률이 높아지는 시기의 여성이 남성의 눈에 여신처럼 아름다워 보이는 까닭 … 325
뉴멕시코대 제프리 밀러 교수 연구팀의 '스트립 댄서의 시기별 팁 수입 조사'

심리실험 67 보름달이 뜬 밤에 외출을 삼가야 하는 심리학적 이유 … 329
에지클리프대 조디 태소와 엘리자베스 밀러 교수의 '보름달 효과'

심리실험 68 기도를 아무리 오래 해도 오래 살 수 없다고? … 335
다윈의 조카이자 저명한 유전학자인 프랜시스 골턴의 '기도 효과 연구'

CHAPTER 5 고양이 상사와의 경쟁에서 이기고 싶다면?

심리실험 69 여성이 원피스 수영복을 입어본 직후 식사를 하면 식사량이 눈에 띄게 줄어든다는데? … 341
미시간대 바버라 프레드릭슨 교수 연구팀의 '옷차림과 식사량의 상관관계 연구'

심리실험 **70** 개그맨이나 유머감각이 뛰어난 사람들은 모두 간지럼을 잘 탈까? … 345
캘리포니아주립대 앨런 J. 프리들런드 교수의 '간지럼 타기와 웃음의 상관관계 연구'

심리실험 **71** 짜릿한 승리의 순간에 기쁨을 표현하지 못하게 한 일본 고교 야구 규정이 인간 본성을 무시한 무자비한 폭력인 이유 … 351
룬드대 카린 뫼슈 교수의 '스포츠 선수들의 승리 순간의 반응 조사'

심리실험 **72** 학교에서 학기 초 3개월 안에 '친구 · 인맥 만들기'에 올인 해야 하는 이유 … 355
훔볼트대 옌스 B. 아젠도르프 교수의 '친구 · 인맥 만들기 메커니즘 연구'

심리실험 **73** '운동장 열 바퀴 돌기'를 체벌로 보기 어려운 심리학적 이유 … 361
브리지워주립대 리디아 버락 교수 연구팀의 '체벌의 정당성 연구'

심리실험 **74** 고양이 세계에서는 얼굴이 큰 고양이일수록 '두목'이 될 확률이 높다는데, 인간 세계는? … 364
위스콘신대 일레인 M. 웡 교수의 '기업 CEO의 얼굴 크기와 실적의 상관관계 연구'

심리실험 **75** 키가 크고 체구가 건장한 사람일수록 용기 있고 대담할까? … 368
펜실베이니아주립대 테드 L. 휴스턴 교수 연구팀의 '체구와 대담함의 상관관계 연구'

심리실험 **76** 오른손잡이에 비해 왼손잡이 선수가 실력도 뛰어나고 선수 유지 기간도 더 길다는 말은 과연 사실일까? … 372
노팅엄대 타일러 P. 롤러 교수의 '오른손잡이 · 왼손잡이 프로 농구 선수의 역대 전적 비교 조사'

심리실험 **77** 강연이나 세미나에서 강사가 주로 앞줄에 앉은 사람에게 말을 거는 심리학적 이유 … 377
캘리포니아주립대 프리야 라구비르 교수의 '수업이나 강연에서 앉는 위치에 따른 반응 차이 조사'

심리실험 **78** 남성과 여성 모두 이성과 식사할 때 먹는 양이 줄어들까? … 381
토론토대 패트리샤 플리너 교수의 '이성과 함께 있을 때 식사량 변화 조사'

심리실험 **79** 하얀색 셔츠를 입으면 호감도가 상승한다고? … 386
게티스버그대 브라이언 P. 마이어 교수의 '흰색 옷에 대한 대중의 호감도 연구'

심리실험 **80** 번화가일수록 모자챙이 뒤로 가도록 돌려쓰는 사람이 많아지는 까닭 … 390
세인트존스대 존 트린카우스 교수의 '인구밀도와 모자챙 뒤로 가게 쓰는 행위 간 상관관계 연구'

심리실험 **81** 낮보다 밤에 구경꾼의 '야유' 행동이 많아지는 까닭 … 394
플린더스대 리언 맨 교수의 '구경꾼의 야유 행동 연구'

심리실험 **82** 예술가로서의 평가가 높아지는 복장이 따로 있다고? … 397
사우샘프턴대 베이난트 A. P. 판 틸뷔르흐 부교수 연구팀의
'예술가의 옷차림과 성공의 상관관계 연구'

심리실험 **83** 좋아하는 그림 유형을 알면 사고 유형도 알 수 있다? … 401
하이델베르크대 마크 그리들리 교수의 '그림 취향과 사고 유형 간 상관관계 연구'

심리실험 **84** 세계에서 제일 분주한 민족은? … 404
캘리포니아대 로버트 V. 러바인 교수의 '국가별 생활 페이스 비교 연구'

심리실험 **85** 욕먹지 않고 제지당하지 않고 새치기에 성공하는 몇 가지 방법 … 409
뉴멕시코대 메리 B. 해리스 교수의 '대중의 새치기에 대한 반응 실험'

심리실험 **86** 반려견은 개 주인을 닮아갈까, 아니면 개 주인이 애초 자신을 닮은 개를 선택할까? … 413
캘리포니아주립대 마이클 M. 로이 교수의 '사진만으로 개 주인과 반려견 짝 맞추기 실험'

심리실험 **87** 차 모양만 보고 차 주인을 정확히 맞힐 수 있다고? … 418
뷔르츠부르크대 게오르크 W. 알퍼스 교수의 '자동차 사진 보고 차 주인 맞추기 실험'

심리실험 **88** 긍정적인 말을 입에 달고 살면 장수할 가능성이 커진다는데? … 421
켄터키대 데버라 D. 대너 교수 연구팀의 '수도승의 일기 문구와 수명 간 상관관계 연구'

참고 문헌 … 426

CHAPTER

1

인간 심리의 '사각지대' 찾기

심리실험 01

싸구려 맥주에 '최고급 맥주' 라벨을 붙여서 마시게 하면 애호가들은 어떤 반응을 보일까?

스탠퍼드대 J. 더글러스 매코널 교수의 '맥주맛 감별 실험'

맥주 애호가 중에는 맛을 보면 좋은 맥주인지 아닌지 단박에 알 수 있다고 큰소리치는 사람이 많다. 그들은 과연 살짝 맛만 보고도 맥주의 품질을 정확히 알아맞힐 수 있을까?

미국 캘리포니아주 스탠퍼드대학교 J. 더글러스 매코널 교수는 맥주 애호가 60명을 불러 모아 며칠 동안 실험을 했다. 매코널 교수는 참여자들에게 3종류의 맥주를 마시게 한 뒤 각각의 맥주에 점수를 매기도록 했다. 여기서 한 가지 주목할 점은 실험 참여자에게 지급된 맥주는 모두 같은 종류로, 라벨에 적힌 가격만 달랐다는 사실이다.

과연 맥주 애호가들은 자신이 마신 맥주의 품질을 정확히 알아맞혔을까?

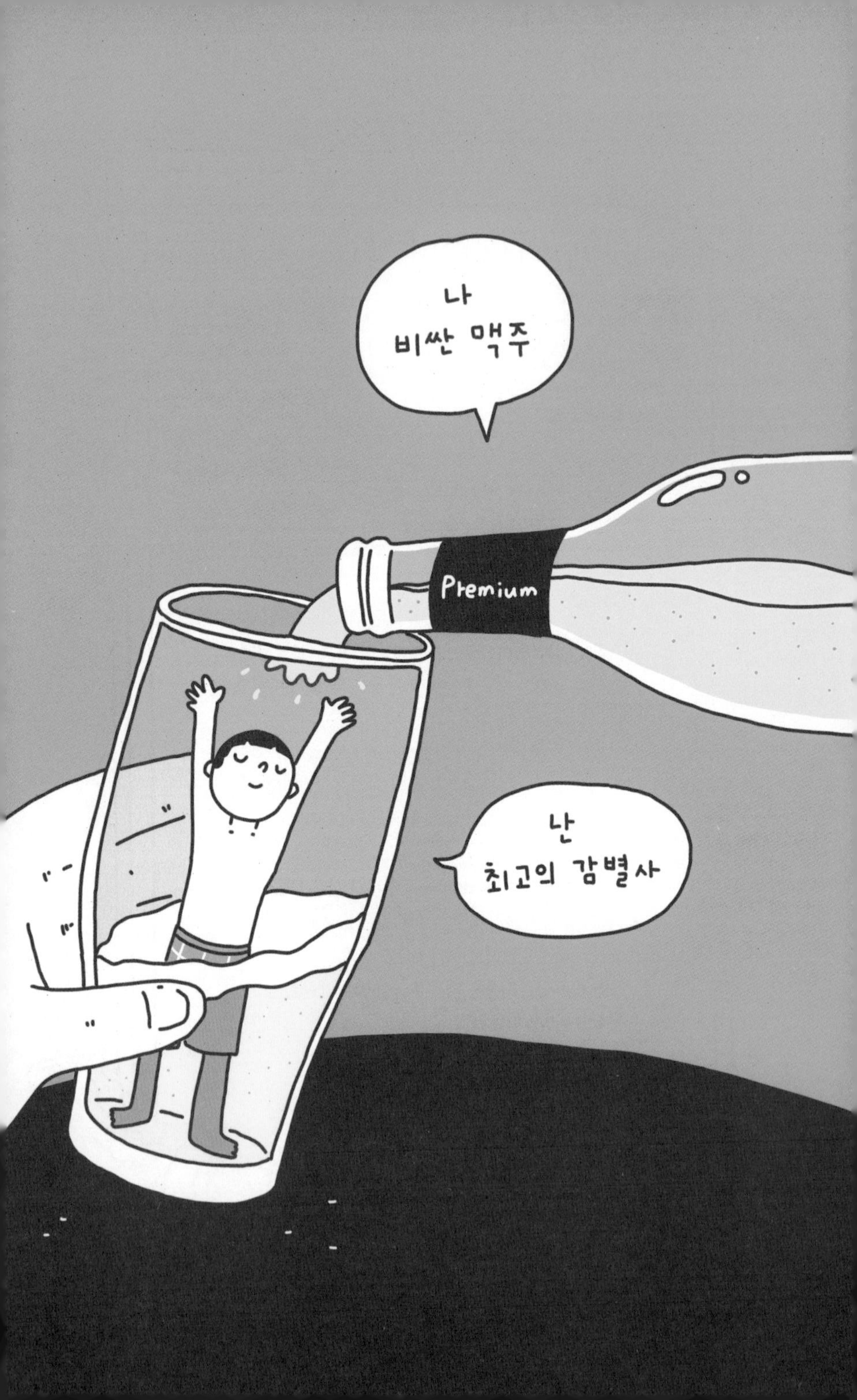
나
비싼 맥주
Premium
난
최고의 감별사

'야, 역시 비싼 와인은 뭐가 달라도 다르네! 혀에 착착 감기는 게 맛이 끝내주는걸!'

'싼 게 비지떡이라잖아. 비싼 술은 확실히 고급스러운 맛이 난다니까!'

자신이 지불한 금액에 따라 요리나 음료의 맛을 전혀 다르게 느끼는 게 인지상정이다. 미묘한 맛의 차이를 알지는 못하지만 누구나 값이 비쌀수록 좀 더 맛있다고 느낄 가능성이 크다.

심리학자는 태생적으로 사람을 속이기 좋아하는 족속이라 종종 짓궂은 실험을 하곤 한다. 한 심리학자가 호기심과 장난기가 발동하여 싸구려 와인에 '최고급 와인' 라벨을 붙여 사람들에게 마셔보라고 권했다. 와인을 마신 사람들은 거의 예외 없이 입을 모아 찬사를 보냈다.

"와, 어디서 이런 근사한 와인을 구했어요? 맛이 정말 좋은데요!"

맥주 애호가 중에는 맛을 보면 좋은 맥주인지 아닌지 단박에 알 수 있다고 큰소리치는 사람이 많다. 그들은 과연 살짝 맛만 보고도 맥주의 품질을 정확히 알아맞힐 수 있을까?

미국 캘리포니아주 스탠퍼드대학교 J. 더글러스 매코널(J. Douglas McConnell) 교수는 맥주 애호가 60명을 불러 모아 며칠 동안 실험을 했다. 매코널 교수는 참여자들에게 3종류의 맥주를 마시게 한 뒤 각각의 맥주에 점수를 매기도록 했다. 여기서 한 가지 주목할 점은 실험 참여자에게 지급된 맥주는 모두 같은 종류로, 라벨에 적힌 가격만 달랐다는 사실이다.

실험 참여자들은 자신이 마신 각각의 맥주에 어떤 점수를 주었을까? 그들은 매일 한 병씩 맥주를 마신 뒤 0~4점의 범위 안에서 점수를 매겼다. 매코널 교수는 '마시기 힘들 정도로 맛이 형편없다'라면 0점을, '맛없는 편'이라면 1점을, '보통 맛'이라면 2점을, '맛있는 편'이라면 3점을, '굉장히 맛있다'라면 4점을 매겨달라고 요청했다.

어떤 결과가 나왔을까? 흥미롭게도 결과는 처참했다(이 실험 결과로 나온 맛 평가 점수는 〈그림 1〉과 같다). 참여자 60명 전원이 맥주에 관한 한 누구에게도 뒤지지 않는다는 자부심을 가진 애호가라는 점을 고려하면 놀라운 결과가 아닐 수 없었다. 그들이 평소 '한 모금만 마셔도 단박에 맥주 품질을 정확히 판별하는 것은 물론이고 브랜드명도 알아맞힐 수 있다'라고 장담해온 점을 염두에 두고 보면 뜻밖의 결과였다. 장담한 대로라면 그들이 매긴 점수에 차이가 없어야 함은 물론이고 실제 품질과도 일치해야 했다.

그림 1. J. 더글러스 매코널 교수의 실험 결과

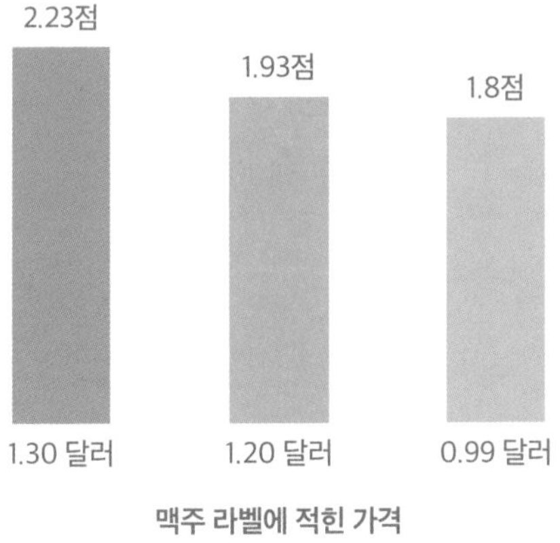

맥주 맛 실험으로 증명되었듯 우리 인간은 음식물의 맛을 정확히 판별하지 못한다. 누구나 '다른 사람은 몰라도 나만은 눈앞에 제시되는 가격에 영향받지 않고 오로지 미각과 후각에 의지해서 정확히 맛을 감별하고 품질을 판별해낼 수 있다'라고 자신한다. 그러나 언제나 현실은 이상을 배반하기 마련이다.

이러한 현실과 이상, 혹은 현실과 인식의 괴리가 맥주 맛을 판별하는 일에서만 나타나는 현상일까? 그렇지 않다. 우리는 거의 매 순간 '현실과 인식'의 괴리를 느끼며 세상을 살아간다.

우리가 옳다고 믿고 백 퍼센트 확실하다고 여기는 일이 틀릴 수 있고 거짓으로 판명 날 수 있다는 의미다. 맥주 맛 판별 실험은 우리가 가진 사물이나 사람, 세상에 관한 인식이 실제와 다를 수 있다는 점을, 그러므로 우리가 좀 더 겸허한 자세로 사물과 사람을, 그리고 세상을 대면해야 한다는 작지만 소중한 깨달음을 준다.

심리실험 02

마라톤에서 좋은 성적을 거두고 싶다면 최대한 관중이 많은 코스를 선택하라

캘리포니아주립대 찰스 J. 워링엄 교수의
'사람들의 시선에 대한 육상 선수의 반응 실험'

미국 캘리포니아주립대학교 찰스 J. 워링엄 교수와 그의 동료 연구자는 육상 선수가 90야드(약 82미터) 거리를 달리는 속도를 측정했다.
그들은 전체 코스의 정확히 중간인 45야드 지점 잔디밭에 여성을 배치해두었다. 그녀는 그 자리에 서서 코스를 달리는 사람을 자신의 눈앞에서 사라질 때까지 눈으로 쫓으며 뚫어지게 바라보았다.
그 여성의 '끈질긴' 시선이 달리는 사람의 속도에 영향을 미쳤을까? 영향을 미쳤다면 구체적으로 어떻게 영향을 미쳤을까?

누군가가 당신을 뚫어지게 쳐다본다면 어떤 기분이 들겠는가? 아마도 기분이 마냥 좋지만은 않을 것이다. '내 얼굴에 뭐가 묻었나?' 하는 생각에 거울을 들여다보거나 옷매무새를 고칠지도 모른다.

모르는 사람이 뚫어지게 쳐다보면 괜스레 기분이 꺼림칙해진다. 최대한 그 사람 눈길이 닿지 않는 곳으로 피하고 싶어진다. 그럴 땐 재빨리 그 자리를 벗어나는 게 상책이다.

물론 다른 사람의 시선을 오히려 즐기는 사람도 있을 수 있다. 일반화해서 규정하기는 어렵지만 이른바 '연예인' 성향의 사람이 그런 부류에 속하지 않을까. 그러나 설령 그렇더라도 그런 유형의 사람은 극소수에 지나지 않는다. 대다수 사람은 다른 사람의 지속적인 시선을 받으면 부담감을 느끼고 긴장한다.

사람들의 이런 심리에 주목하여 흥미로운 실험을 한 학자가 있다. 미국 캘리포니아주립대학의 찰스 J. 워링엄(Charles J. Worringham) 교수와 동료 연구자가 바로 그 주인공이다. 그들은 육상 선수가 90야드(약 82미터) 거리를 달리는 속도를 측정했는데, 전체 코스의 정확히 중간인 45야드 지점 잔디밭에 여성을 배치해두었다. 그녀는 그 자리에 서서 코스를 달리는 사람을 자신의 눈앞에서 사라질 때까지 눈으로 쫓으며 뚫어지게 바라보았다. 그 여성의 '끈질긴' 시선이 달리는 사람의 속도에 영향을 주었을까? 연구진은 전체 90야드 중 전반 45야드와 후반 45야드의 속도 차이를 측정했다.

어떤 결과가 나왔을까? 곧장 본론으로 들어가 답을 말하자면, 달리는 사람이 여성의 시선을 느끼는 그 순간부터 속도가 빨라지기 시작했다. 할 수 있는 한 신속하게 그 자리에서 벗어나고 싶다는 생각에 자기도 모르게 속도를 높였기 때문이다. 이렇듯 자신을 향한 누군가의 시선이 강하게 느껴지면 느껴질수록 사람들은 무의식중에 이동 속도를 높이게 된다.

이 실험 결과를 조깅이나 마라톤에 적용해볼 수 있지 않을까? 만일 당신이 하프 마라톤이나 정식 마라톤에 도전해서 낙오하지 않고 성공적으로 완주하고 싶다면 되도록 관중이 많은 코스를 가진 대회에 참가하라. 그렇게 함으로써 다른 사람의 시선을 강하게 느끼면 느낄수록 꾀부리지 않고 오로지 달리기에만 집중하게 되기 때문이다. 그러면 완주할 가능성이 커지고 당신이 생각하는 것보다 좀 더 좋은 성적을 얻게 될 수도 있다.

만약 당신이 아무도 마주치지 않는 길을 따라 내내 혼자서 달리는 코스를 선택한다고 가정해보자. 자신도 모르는 사이에 의지가 꺾이고 게을러져서 속도가 차츰 떨어지게 될 것이다. 심지어 시간이 지나고 체력이 떨어질수록 남들이 보지 않을 때는 의식적으로 속도를 낮추다가 급기야 패잔병처럼 터벅터벅 걷게 될 수도 있다. 남들이 자신을 계속 지켜본다고 생각하면 낙오하거나 꼴찌를 해서 망신을 당하기 싫은 마음에라도 이를 악물고 달리게 된다.

일도 마찬가지다. 혼자서 일하면 여러 사람이 같은 시간에 같은 공간에서 함께 일할 때보다 일의 능률이 훨씬 떨어질 수밖에 없다. 자신이 일하는 모습을 아무도 보지 않으면 자신도 모르는 사이에 게을러지고 농땡이를 피우게 되기 십상이기 때문이다. 반대로 누군가 자신이 일하는 모습을 지켜보는 상황에서는 정신을 바짝 차리고 일에 집중하게 된다. 그렇게 일하다 보면 일의 능률이 눈에 띄게 높아지고 그만큼 결과도 좋을 수밖에 없다.

'남의 시선'이 지닌 긍정적이고 발전적인 속성을 공부나 업무 등에 지혜롭게 활용해보라. 잘만 하면 당신이 기대하는 것보다 훨씬 큰 성장과 발전, 그리고 성과를 얻을 수 있다.

심리실험 03

잘나가는 사람일수록 가벼운 가방을 든다고?

버지니아대 데니스 프로핏 교수의
'무거운 배낭 메고 언덕 각도 예측하기 실험'

미국 버지니아대학교 데니스 프로핏 교수는 흥미로운 실험을 했다. 먼저, 프로핏 교수는 실험 참여자를 A, B 두 그룹으로 나눈 뒤 A 그룹은 짐이 가득 든 무거운 배낭을 짊어지게 했고 B 그룹은 아무것도 휴대하지 않은 맨몸으로 실험에 참여하게 했다. 그런 다음 그는 실험 참여자에게 눈앞에 있는 언덕의 각도가 얼마 정도 되어 보이는지 말해달라고 요청했다.
두 그룹이 말한 언덕 각도에는 어떤 차이가 났을까?

인간의 마음은 몸의 영향을 받는다. 그러므로 몸이 무겁다고 느끼면 마음까지 무거워지기 쉽다. 평소 들고 다니는 가방을 항상 깔끔하게 정리해두어야 하는 것도 그런 이유에서다. 쓸데없이 무거운 가방을 들고 다니다 보면 덩달아 기분이 가라앉거나 삶의 의욕도 떨어지기 마련이다. 신체의 고통은 정신적 괴로움으로 이어지고 생활을 피폐하게 만든다.

미국 버지니아대학교 데니스 프로핏 교수(Dennis Proffitt)는 흥미로운 실험을 했다. 먼저, 프로핏 교수는 실험 참여자를 A, B 두 그룹으로 나눈 뒤 A 그룹은 짐이 가득 든 무거운 배낭을 짊어지게 했고 B 그룹은 아무것도 휴대하지 않은 맨몸으로 실험에 참여하게 했다. 그런 다음 그는 실험 참여자에게 눈앞에 있는 언덕의 각도가 얼마 정도 되어 보이는지 말해달라고 요청했다.

두 그룹이 말한 언덕 각도에는 어떤 차이가 났을까? 흥미롭게도 몸에 아무것도 지니지 않은 채 실험에 참여한 그룹보다 무거운 배낭을 메고 참여한 그룹이 언덕 각도를 훨씬 높게 제시했다. 왜 이런 결과가 나왔을까? 무거운 배낭을 짊어지면 감정 이입이 더 많이 되고 눈앞에 있는 언덕을 자신이 실제로 올라가야 할 것 같은 기분이 들어 실제보다 훨씬 가파르고 험난하다고 판단하기 때문이다.

프로핏 교수는 두 번째 실험에 '음악'을 추가했다. 이번에도 그는 참여자를 A, B 두 그룹으로 나눈 뒤 A 그룹에는 기분이 착 가라앉는 우울한 분위기의 노래를 들려주고 B 그룹에는 경쾌한 리듬의 신나는 노래를 들려주며 언덕의 각도를 말하게 했다. 그러자 A 그룹은 평균 31도라고 말했고 B 그룹은 평균 19도라고 말했다. 두 그룹의 평균 수치가 무려 12도나 차이 난 것이다.

이 실험으로 알 수 있듯 자신의 몸을 최대한 편안한 상태로 두는 게 좋다. 답답한 넥타이로 숨이 막힐 정도로 목을 힘껏 졸라매고 가방 안에 책이나 서류뭉치 따위를 잔뜩 넣고 다니다 보면 몸이 천근만근 무거워지고 파김치처럼 피곤해지기 십상이다. 몸이 피곤해지면 그만큼 정신적 부담감과 고통도 커진다.

반대로 몸을 가볍게 하면 마음도 그만큼 가벼워진다.

'이 정도 일쯤이야, 잠깐 집중해서 하면 뚝딱 끝낼 수 있겠어!'

'고객의 질문에 답하기? 그 정도야 식은 죽 먹기지!'

몸이 가벼우면 마음도 가볍게 업무에 집중하여 웬만큼 어려운 일도 힘들이지 않고 해낼 수 있다.

가방 안에 묵직한 노트북, 책, 서류를 잔뜩 넣어서 다니다 보면 쉽게 풀릴 일도 잘 풀리지 않을 가능성이 크다. 당신의 마음은 의외로 예민하고 눈치가 빨라서 쉽게 부담감을 느끼고 자신감을 잃기 때문이다. 당신 손으로 당신의 목을 조를 필요가 뭐가 있겠는가. 되도록 불필요한 물건을 줄이고 꼭 필요한 물건만 챙겨서 홀가분한 기분으로 다니는 것이 인생을 사는 작지만 소중한 지혜다.

세상에는 날마다 무거운 짐을 들고 다니며 힘들게 사는 사람이 의외로 많다. 사실 나 또한 예외는 아니었다. 예전에 나는 필요하지도 않은 잡동사니를 잔뜩 쑤셔 넣고 다니느라 가방이 항상 돌덩이처럼 무거웠다. 배터리가 떨어지면 어쩌나 싶어 예비용 충전기를 몇 개씩 챙기기도 하고 전철 안에서 심심할 때 읽을 책 여러 권에 휴대용 게임기까지 가지고 다녔다. 그러다 보니 내 가방은 온갖 잡다한 물건으로 넘쳐났고 무거운 보따리를 짊어진 보부상마냥 낑낑거리며 다녔다. 내가 늘 쉽게 지치고 기분도 착 가라앉곤 하는 것은 어쩌면 당연한 일이었다.

그러다가 어느 순간부터 최대한 짐을 가볍게 해서 다니거나 빈손으로 다니기 시작했다. 온갖 잡동사니를 들고 다니지 않으면 기분이 상쾌해지고 업무 효율도 높아진다는 사실을 깨달으면서부터였다.

다시 한번 강조하지만 짐은 가벼울수록 좋다. 그래야 정신적으로 편안해져 온전히 일에 집중할 수 있고 공부나 업무 효율도 높아져 성공적인 인생을 살게 될 가능성이 커지기 때문이다.

심리실험 04

홈경기가 오히려 승률을 떨어뜨린다는 게 사실일까?

케이스 웨스턴 리저브대 로이 F. 바우마이스터 교수의 '안방 불패 신화 검증 실험'

미국 오하이오주 케이스 웨스턴 리저브대학교 로이 F. 바우마이스터 교수는 '안방 불패 신화'를 검증하는 일에 팔을 걷어붙이고 나섰다. 바우마이스터 교수는 먼저 가설을 세웠다. 그의 가설은 다음과 같다.

'홈경기장에는 우리 편 관중이 대부분이다. 다들 우리 팀의 승리를 간절히 바란다. 한데 그런 관중이 많으면 많을수록, 또 승리에 대한 기대와 염원이 커지면 커질수록 그 바람이 엄청난 '압박감'으로 작용해 오히려 경기력을 떨어뜨린다.'

이 가설을 검증하기 위해 바우마이스터 교수는 50년 이상의 메이저리그 월드시리즈 경기 결과를 심층 분석했다. 이 연구에서 어떤 결과가 나왔을까?

스포츠 세계에는 '안방 불패 신화'라는 것이 있다. 원정 경기보다 홈경기가 유리하다는 믿음이 바로 그것이다. 과연 그럴까?

언뜻 생각해보면 '안방 불패 신화'가 맞을 수밖에 없겠다는 생각도 든다. 그도 그럴 것이 홈경기에는 응원하러 온 사람이 경기장 관중석을 가득 채운다. 그들은 경기 내내 목이 터져라 응원전을 펼치고 자신이 응원하는 팀 선수들의 기운을 불어넣어 주려고 애를 쓴다. 선수들은 경기장 어디에 화장실이 있는지, 대기실은 어디에 있는지 등 세세한 사항까지 훤히 꿰고 있다. 하도 익숙해서 경기장 동선을 몰라 헤맬 일도 전혀 없다. 반대로 원정 경기일 때는 상대 팀 응원단의 쏟아지는 야유를 견뎌내야 한다. 또 익숙하지 않은 경기장에서 대기실을 찾고 화장실을 찾으며 돌아다니느라 신경이 곤두서고 피곤해지곤 한다. 사정이 이렇다 보니 아예 이런 상황을 의미하는 '홈 어드밴티지(Home Advantage)'라는 용어까지 널리 사용되고 있다.

그런데 과연 홈경기가 실제로 유리하기만 할까? 그렇지 않다. 오히려 홈경기가 불리하게 작용할 때도 적지 않다. 미국 오하이오주 케이스 웨스턴 리저브대학교 로이 F. 바우마이스터(Roy F. Baumeister) 교수가 '안방 불패 신화'를 검증하는 일에 팔을 걷어붙이고 나섰다.

바우마이스터 교수는 먼저 가설을 세웠다. 그의 가설은 다음과 같다. '홈경기장에는 우리 편 관중이 대부분이다. 다들 우리 팀의 승리를 간절히 바란다. 한데 그런 관중이 많으면 많을수록, 또 승리에 대한 기대와 염원이 커지면 커질수록 그 바람이 엄청난 '압박감'으로 작용해 오히려 경기력을 떨어뜨린다.'

이 가설을 검증하기 위해 바우마이스터 교수는 50년 이상의 메이저리그 월드시리즈(아메리칸리그와 내셔널리그 우승자가 메이저리그 우승팀을 가리기 위해 펼치는 경기) 경기 결과를 심층 분석했다.

월드시리즈는 최대 7경기를 치러 먼저 4승을 기록한 팀이 우승을 차지한다. 첫 번째와 두 번째 경기일 때는 압박감이 비교적 적다고 추정할 수 있다.

'이번에 져도 다음 경기가 있잖아!'

그런 상황에서는 다음 경기를 기다리며 비교적 편안하게 경기에 임할 수 있기 때문이다. 이때 홈경기 승률은 60.2퍼센트였다. 확실히 홈 어드밴티지가 적용되는 것으로 볼 수 있는 결과였다.

그런데 다섯 번째, 여섯 번째 경기처럼 압박감이 훨씬 심해지는 경기에서 홈경기 승률은 40.8퍼센트로 뚝 떨어졌다. 흥미로운 것은 다섯 번째, 여섯 번째 경기가 홈경기가 아닌 원정

경기일 때 오히려 승률이 위의 승률보다 높았다는 점이다. 왜 이런 의외의 결과가 나왔을까? 어차피 시리즈 막바지로 갈수록 압박감이 커질 수밖에 없는데 차라리 원정경기에서 마음을 비우고 속 편하게 경기를 치르자는 생각이 승률을 높이는 역설적인 결과를 만들어낸 것이다.

그렇다면 다음 경기가 없는, 더는 물러설 곳이 없는 마지막 일곱 번째 경기는 어떨까? 마지막 경기가 홈경기일 때 승률은 38.5퍼센트까지 곤두박질쳤다. 압도적으로 승리해야 한다는 압박감에 시달리는 홈경기보다 상대적으로 부담감이 덜한 원정경기에서 정면 승부를 펼치는 게 오히려 유리할 수 있다는 사실을 보여주는 흥미로운 연구 결과다.

위에서 이야기했듯이 우리 인간은 압박감에 약한 동물이다. 팬 앞에서 추태를 보이고 싶지 않다거나 기대를 배신하고 싶지 않다는 등의 쓸데없는 걱정으로 머릿속이 복잡해지면 평소 실력을 발휘하기 어렵다. 이런저런 잡념을 떨쳐내지 못할 바에야 차라리 사람들이 통념상 불리하다고 여기는 원정지에서 비교적 마음 편하게 경기에 임하는 편이 좀 더 나은 결과를 얻게 될 가능성이 크다.

심리실험 05

잘하는 일은 남이 볼 때, 잘 못하는 일은 남이 보지 않을 때 해야 하는 이유

스탠퍼드대 헤이즐 로즈 마커스 교수의 '타인의 시선 의식 실험'

스탠퍼드대학교 헤이즐 로즈 마커스 교수는 흥미로운 실험을 했다. 행동과학자인 마커스 교수는 자신에게 익숙한 일(신발을 벗었다가 다시 신는 행위)과 익숙하지 않은 일(먼저 신은 양말 위로 프로 사이즈 양말 한 켤레를 겹쳐 신고, 그 위에 다시 테니스화를 신는 행위)을 혼자일 때와 남이 보고 있을 때로 나누어 수행하는 데 시간이 얼마나 걸리는지 측정했다. 어떤 결과가 나왔을까?

스포츠 세계에는 극과 극으로 다른 두 종류의 인간이 있다. 하나는 '무대 체질'인 인간이고 다른 하나는 '무대 공포증'을 가진 인간이다.

일에서도 마찬가지다. 누군가가 자신을 지켜보고 있으면 '무대 체질'이라도 되는 듯 백 퍼센트 실력 발휘하는 사람이 있는가 하면 혼자서 할 때는 잘만 하던 일도 마치 '무대 공포증' 환자처럼 누가 곁에 있으면 황당한 실수를 연발하거나 진땀을 흘리며 일을 망치는 사람도 있다. 이런 차이는 어디서 비롯될까?

이에 대한 답은 간단하다. 누구나 잘하는 일은 잘하기 마련이고 못하는 일은 못하기 마련인데, 잘하는 일을 할 때 다른 사람이 자신을 보고 있으면 제대로 실력을 발휘할 수 있다. 반대로 손에 익지 않은 일을 해야 할 때는 아무도 보지 않는 곳에서 혼자 하는 것이 낫다.

스탠퍼드대학교 헤이즐 로즈 마커스(Hazel Rose Markus) 교수는 흥미로운 실험을 했다. 그는 미시간대학교에 적을 두었다가 스탠퍼드대로 옮긴 행동과학자다. 마커스 교수는 자신에게 익숙한 일(신발을 벗었다가 다시 신는 행위)과 익숙하지 않은

그림 2. 헤이즐 로즈 마커스 교수의 실험 결과

	혼자 하기	다른 사람이 보는 데서 하기
익숙한 행동	16.46초	11.70초
익숙하지 않은 행동	28.85초	33.94초

※ 수치는 행동에 필요한 시간을 나타낸다.

일(먼저 신은 양말 위로 프로 사이즈 양말 한 켤레를 겹쳐 신고, 그 위에 다시 테니스화를 신는 행위)을 혼자일 때와 남이 보고 있을 때로 나누어 수행하는 데 시간이 얼마나 걸리는지 측정했다. 어떤 결과가 나왔을까? 실험 결과 익숙한 행동은 다른 사람이 보고 있을 때 수행 시간이 적게 걸렸다. 반대로 익숙하지 않은 일일 때는 다른 사람이 볼 때보다 보지 않을 때 수행 시간이 적게 걸렸다. 〈그림 2〉

골프에 비유하자면, 어프로치 샷을 잘 치는 사람은 관중이 보고 있을 때 어프로치 샷을 홀에 넣는 정확도가 높아진다. 반대로 퍼팅이 서툴다면 관중 앞에서는 평소보다 더 엉망인 퍼팅 실력을 선보이게 된다.

왜 이런 결과가 나왔을까? 다른 사람이 자신을 보고 있으면 아무래도 긴장하게 될 수밖에 없는데, 이때 잘하는 일이나 익숙한 일을 하게 되면 그 긴장감을 도전정신과 의욕, 집중력으

로 전환할 수 있다. 반대로 서툰 일을 할 때는 긴장을 적절히 처리할 여유가 없으므로 실력을 발휘할 기회를 잡기가 어렵다.

결론적으로 독자 여러분에게 다음의 두 가지 조언을 주고 싶다.

1. 자신감 있고 잘하는 일을 할 때는 되도록 주위에 지켜보는 사람이 있는 상황을 선택하자.

2. 반대로 뭔가 손에 익지 않고 서툰 일을 할 때는 웬만하면 다른 사람 눈에 띄지 않는 상황에서 그 일을 처리하자.

심리실험 06

비싼 에너지 음료를 마시면 과연 두뇌 기능이 향상될까?

스탠퍼드대 바바 시브 교수의 '에너지 음료 가격 대비 두뇌 기능 향상 효과 측정 실험'

미국 스탠퍼드대학교 바바 시브 교수는 125명의 대학생을 대상으로 '이 음료를 마시면 머리가 맑아진다'라고 이야기하며 음료를 마시게 했다. 시브 교수는 한쪽 그룹의 음료에 '1.89달러' 가격표를 붙이고 나머지 한쪽 그룹의 음료에는 '0.89달러' 가격표를 붙였다. 물론 둘은 완전히 똑같은 음료였다. 그런 다음 그는 두 그룹의 사람들에게 단어 퍼즐을 풀게 했다. 이 실험에서 '값비싼 에너지 음료'를 마신 그룹은 몇 문제를 풀고 '값싼 에너지 음료'를 마신 그룹은 몇 문제를 풀었을까?

'윤케르(Yunker)'라는 브랜드명의 자양 강장 음료가 있다. 일본 사토 제약이 판매하는 제품이다. 이 브랜드는 종류도 많고 성분도 다양한데 하나같이 가격이 비싸다. 메이저리그에서 크게 활약한 야구선수 이치로가 이 제품을 즐겨 마신다는 입소문이 나서 유명해졌다. 이치로 선수가 즐겨 마시는 제품은 '판티(Fanti)'인데 윤케르 시리즈 중에서도 최고급 라인으로 헉 소리 나게 비싼 제품이다('윤케르-판티'는 50밀리리터 기준 한 병에 2~3만 원 정도, 인터넷 최저가로 1만 8,000원 정도 가격에 판매된다.—옮긴이).

마셔본 사람들은 이 자양 강장 음료를 마시면 온몸에 활력이 샘솟는다고 말한다. 기왕에 마시는 김에 이치로처럼 윤케르 시리즈 중에서도 가장 비싼 종류를 선택하는 건 어떨까? 가격이 비싸면 그만큼 효과가 더 좋지 않을까?

그렇지는 않은 것 같다. 내가 보기에 가격에 따라 성분과 효과가 크게 차이가 나는 것이 아니라 자기 암시 효과 때문이 아닌가 싶다. '비싼 자양 강장 음료니까 효과도 좋겠지'라는 단순한 믿음만으로도 기운이 솟는다. 그러나 가격이 두 배라고 해서 몸에 좋은 성분도 두 배 더 많이 들어 있으리라는 보장은 없다.

앞에서 맥주 맛을 가격으로 결정하는 실험을 소개했는데, 가격으로 효능을 눈속임하는 경우가 적지 않다. 미국 스탠퍼드대학교 바바 시브(Baba Shiv) 교수는 125명의 대학생을 대상으로 '이 음료를 마시면 머리가 맑아진다'라고 이야기하며 음료를 마시게 했다.

시브 교수는 한쪽 그룹의 음료에 '1.89달러' 가격표를 붙이고 나머지 한쪽 그룹의 음료에는 '0.89달러' 가격표를 붙였다. 물론 둘은 완전히 똑같은 음료였다. 그런 다음 그는 두 그룹의 학생들에게 단어 퍼즐을 풀게 했다.

그러자 '비싼 에너지 음료'를 마신 그룹은 평균 9.70개의 문제를 풀었고, '저렴한 에너지 음료'를 마신 사람은 평균 6.75개의 문제를 풀었다. 비싼 음료를 마신 그룹은 '머리가 맑아졌다'라는 믿음이 강화되는 효과가 나타났는지 알 수는 없지만 어쨌든 실제로 머리가 좋아졌다. 놀랍지 않은가.

참고로 약도 '이 약은 효능이 뛰어나다'라고 믿고 복용하면 가짜 약이라도 효과가 나타난다고 알려져 있다. 이것이 바로 '플라시보 효과(Placebo Effect)' 또는 '위약 효과'라고 부르는 현상이다. 비싼 자양 강장 음료를 마시면 효과가 있다고 믿는 심리에도 어느 정도 이 플라시보 효과가 관여하지 않을까?

'저렴한 제품보다 비싼 제품이 더 효과가 있다'라고 믿고 마시면 실제로 온몸에서 기운이 솟아나지 말란 법도 없을 것이다. '만약 효과가 없다면 이렇게 비싸게 팔 리 없다'라고 생각하고 마시면 게임 속 마법의 물약처럼 정말로 효과를 볼 수 있지 않을까.

심리실험 07

가게 매출을 올리고 싶다면 '라벤더 향기'를 활용하라

라이어슨대 리처드 미천 교수의 '향기가 가게 매출에 미치는 영향 측정 실험'

캐나다 온타리오주 토론토에 있는 라이어슨대학교 리처드 미천 교수는 어느 쇼핑몰에 입주해 있는 소매점 주인에게 몰래 부탁해 어떤 날은 가게 안을 향기로 가득 채우게 하고 또 어떤 날은 향기를 없애도록 했다. 이 실험에는 '라벤더 향기'와 '시트러스 향기' 두 종류가 사용되었다. 그들은 분무기 10개를 설치해 6분마다 3초 동안 향기를 분사해 매장 안에 향기가 사라지지 않고 은은히 감돌게 했다.
이 실험에서 매우 흥미로우면서도 뜻밖의 결과가 나왔다. 과연 어떤 결과가 나왔을까?

딱히 필요하지도 않은데 마치 무엇에 홀리기라도 한 듯 지갑을 열고 신용카드를 꺼내 물건값을 치른 경험을 누구나 해보았을 것이다. 가게 분위기가 마음에 들어 잠깐 구경이나 하고 가자며 들어갔다가 양손 가득 이것저것 잡다한 물건을 사 들고 나온 적도 있을 것이다.

왜 그런 일이 일어날까? 한마디로 말해 '기분'이 구매에 영향을 미치기 때문이다. 누구나 긍정적인 분위기, '쾌감을 느끼는 상태'에 있을 때 그렇지 않을 때보다 장바구니에 상대적으로 많은 물건을 담게 될 가능성이 크다. 그럴 때면 우리의 이성은 제대로 작동하지 않기 십상이다. '기분'에 몸을 맡긴 채 마치 개미가 개미지옥에 빠져들듯 정신없이 쇼핑에 빠져들게 된다.

인간에게 긍정적인 기분을 불러일으키는 다양한 요소가 있는데, 그중 대표적인 것이 바로 '향기'다. 향기로운 냄새를 맡으면 기분이 좋아진다. 그렇다면 향기로운 냄새를 활용하여 실제로 가게의 매출을 높일 수 있을까?

'향기'가 쇼핑에 미치는 영향과 충동을 검증하기 위한 야심만만한 실험에 나선 학자가 있다. 캐나다 온타리오주 토론토에 있는 라이어슨대학교 리처드 미천(Richard Michon) 교수가 바로 그다.

미천 교수는 어느 쇼핑몰에 입주해 있는 소매점 주인에게 몰래 부탁해 어떤 날은 가게 안을 향기로 가득 채우게 하고 또 어떤 날은 향기를 없애도록 했다. 이 실험에는 라벤더 향기와 시트러스 향기 두 종류가 사용되었다. 그들은 분무기 10개를 설치해 6분마다 3초 동안 향기를 분사해 매장 안에 향기가 사라지지 않고 은은히 감돌게 했다.

이 실험에서 어떤 결과가 나왔을까? 재미있게도 가게 안에 기분을 좋게 하는 향기가 가득 차 있을 때는 고객이 상품의 품질, 서비스 등 모든 면에서 후한 점수를 주었다.

'꽤 괜찮은 가게네!'

'이 매장은 좋은 상품만 비치해 두는구나!'

이 실험을 통해 알 수 있듯 좋은 향기를 비즈니스에 잘 활용하면 고객에게 긍정적인 평가를 얻게 될 뿐만 아니라 매출도 높아질 가능성이 크다.

이 실험으로 밝혀진 흥미로운 사실 하나 더. 향기와 가게 안 혼잡도의 상관관계가 바로 그것이다. 실험 결과 가게 안에 사람이 많을 때, 즉 가게가 무척 붐벼서 짜증이 나는 상황에서 시트러스 향기는 별다른 효과를 발휘하지 못했다는 점이다. 한데 흥미롭게도 라벤더 향기는 그런 상황에서도 톡톡히 효과를

발휘했다. 라벤더 향기는 가게가 한산하든 붐비든 상관없이 고객에게 긍정적인 기분을 갖게 하여 매출을 높이는 역할을 해냈다.

어떤 향기를 사용하느냐에 따라 고객의 심리는 미묘하게 달라진다. 그러니 가게 매출을 끌어올리고 싶은 사람이라면 향기를, 그중에서도 특히 라벤더 향기를 적절히 활용해보라고 권유하고 싶다.

심리실험 08

'압박감'이 유능한 프로 야구 선수의 실력을 20퍼센트나 갉아먹는다고?

에커드칼리지 마크 H. 데이비스 교수 연구팀의
'압박감이 야구 선수의 타율에 미치는 영향 연구'

미국 플로리다주 에커드칼리지 마크 H. 데이비스 교수가 이끄는 연구팀은 메이저리그 야구 선수 중 타자 300명의 기록을 조사했다. 연구팀은 1989년 내셔널리그와 아메리칸리그 시즌 기록을 조사 대상으로 정했다.
연구팀은 먼저 상대적으로 압박감이 적은 상황에서의 타율을 조사했다. 예를 들면 '전반 이닝', '주자가 없을 때', '노 아웃 또는 원 아웃' 등의 상황이다.
다음으로 연구팀은 상대적으로 압박감이 큰 상황에서의 타율을 조사했다. '후반 이닝', '2루나 3루에 주자가 나가 있어 점수를 낼 가능성이 클 때', '2아웃' 등의 상황이다. 과연 타자 300명의 타율은 어떻게 나왔을까?

평소에는 잘만 하던 일도 압박감을 느끼는 순간 입안이 바짝바짝 마르고 손발이 꼬이는 바람에 일을 망치는 사람이 있다. 피아노를 연주하는 상황을 예로 들어보자. 자기 집에서는 마치 신들린 듯 피아노 건반 위를 현란하게 오가며 멋지게 연주하던 손가락이 발표회 당일 무대에 올라 피아노 앞에 앉으면 손가락이 마비된 듯 움직여주지 않는다. 왜 이런 일이 일어날까? 압박감이 심해지면 몸이 생각대로 반응하거나 움직이지 않기 때문이다.

어떤 일을 직업으로 삼아 먹고사는 프로나 전문가라고 해서 압박감의 괴롭힘과 방해에서 자유로운 것은 아니다. 사람들은 흔히 그 일을 직업으로 삼거나 전문가의 타이틀을 가진 사람은 압박감에 맞서는 힘이 강해 거의 영향을 받지 않을 것이라고 생각하는 경향이 있는데, 그렇지 않다. 프로나 전문가조차 일반인 못지않게 압박감이 큰 상황에서는 평소 잘하던 일을 제대로 처리하지 못하고 쩔쩔매며 헤매곤 한다.

미국 플로리다주 에커드칼리지 마크 H. 데이비스(Mark H. Davis) 교수가 이끄는 연구팀은 메이저리그 야구 선수 중 타자 300명의 기록을 조사했다. 연구팀은 1989년 내셔널리그와 아메리칸리그 시즌 기록을 조사 대상으로 정했다.

연구팀은 먼저 상대적으로 압박감이 적은 상황에서의 타율을 조사했다. 예를 들면 '전반 이닝', '주자가 없을 때', '노 아웃 또는 원 아웃' 등의 상황이다.

다음으로 연구팀은 상대적으로 압박감이 큰 상황에서의 타율을 조사했다. '후반 이닝', '2루나 3루에 주자가 나가 있어 점수를 낼 가능성이 클 때', '2아웃' 등의 상황이다. 과연 타자 300명의 타율은 어떻게 나왔을까?

조사 결과 상대적으로 압박감이 큰 상황에서는 어느 타자나 자기 실력의 80퍼센트 정도밖에 발휘하지 못했다는 사실이 밝혀졌다. 즉 심리적 압박감이 평소 실력의 20퍼센트 정도를 갉아먹은 셈이다.

마크 데이비스 교수 연구팀은 운동을 직업으로 삼는 프로 선수조차 압박감을 느끼면 제 실력을 발휘하지 못하게 된다는 사실을 증명해냈다. 그러니 아마추어인 일반인이 압박감을 느끼는 상황에서 실력을 제대로 발휘하지 못하는 건 어쩌면 당연한 일이 아닐까. 그러니 만약 압박감을 느끼는 상황에 맞닥뜨린다면 자기 자신에게 이렇게 속삭여보자.

'괜찮아! 이 일로 밥벌이하는 전문가조차 이런 상황에서는 제대로 실력 발휘를 못 한다잖아!'

평소 꾸준히 압박감을 줄이는 연습을 해보자. 그러면 당신의 실력을 갉아먹는 압박감을 완전히 퇴치하지 못한다 해도 어느 정도 줄일 수는 있다. 예를 들어 많은 사람 앞에서 프레젠테이션해야 하는 상황에 놓여 있다고 가정해보자. 그럴 때 마음속으로 이렇게 자신에게 되뇌어보면 어떨까.

'강연으로 먹고사는 사람도 말문이 막힐 때가 있잖아. 뉴스 아나운서도 혀가 꼬여 말이 잘 안 나올 때가 있고……. 나는 전문 강사도 아니고 아나운서도 아닌데 실수할 수도 있지, 뭐! 사람이 이렇게 많은 자리에서 기절하지 않고 멀쩡히 서 있는 것만 해도 대단하잖아!'

이렇게 마음을 다독이며 프레젠테이션하다 보면 오히려 생각보다 잘 해낸 자신을 발견하게 되고 그런 성공 경험이 시나브로 쌓여 실제로 어떤 프레젠테이션이든 주눅 들거나 떨지 않고 잘 해낼 수 있게 된다.

심리실험 09

구성원의 머릿수가 많아질수록 지시에 잘 따르지 않는다?

위스콘신대 콘스탄틴 세디키데스 교수 연구팀의 '동물원 사육사의 관람객 돌출 행동 제지 실험'

미국 위스콘신대학교 콘스탄틴 세디키데스 교수가 이끄는 연구팀이 뉴욕주 브롱크스 카운티에 있는 어느 동물원에서 여름철 사흘 동안 방문한 224명의 관람객을 대상으로 실험을 했다. 연구팀은 실험 도우미를 뽑아 A, B 두 그룹으로 나눈 뒤 A 그룹은 사육사 복장을 하게 하고, B 그룹은 티셔츠에 샌들을 신은 보조원 복장을 하게 했다. 그런 다음 관람객에게 다가가 관람 예절을 안내하고 교육하는 일을 하게 했다.

"여러분, 울타리에 기대지 말아주세요."

실험 도우미는 안내를 마치고 난 뒤 자리를 떴고 관람객의 행동을 몰래 관찰했다. 관람객은 어떤 행동을 했을까? 좀 더 구체적으로 그들은 사육사 복장을 한 A 그룹과 평범한 티셔츠 차림을 한 B 그룹 중 누구의 안내를 더 많이 따랐을까?

앞에서 살펴보았듯 우리는 누구나 상대방의 옷차림을 보고 그 사람이 하는 말을 들을지 말지 순간적으로 판단한다. 심리학에서는 이를 '드레스 효과(Dress Effect)'라는 용어로 설명한다. 실험 결과 소방관 복장을 한 사람이 약간 상식적이지 않은 요청을 해도 별 망설임 없이 들어주는 사람이 많다는 사실이 밝혀졌는데 이는 대표적인 '드레스 효과'다.

말이 나온 김에 '드레스 효과'와 관련된 흥미로운 실험이 있어 소개할까 한다. 미국 위스콘신대학교 콘스탄틴 세디키데스(Constantine Sedikides) 교수가 이끄는 연구팀이 뉴욕주 브롱크스 카운티에 있는 어느 동물원에서 여름철 사흘 동안 방문한 224명의 관람객을 대상으로 실험을 했다.

연구팀은 실험 도우미를 뽑아 A, B 두 그룹으로 나눈 뒤 A 그룹은 사육사 복장을 하게 하고 B 그룹은 티셔츠에 샌들을 신은 보조원 복장을 하게 했다. 그런 다음 관람객에게 다가가 관람 예절을 안내하고 교육하는 일을 하게 했다.

"여러분, 울타리에 기대지 말아주세요."

실험 도우미는 안내를 마치고 난 뒤 자리를 떴고 관람객의 행동을 몰래 관찰했다. 관람객은 어떤 행동을 했을까? 좀 더

와글 와글

그림 3. 콘스탄틴 세디키데스 교수팀의 실험 결과

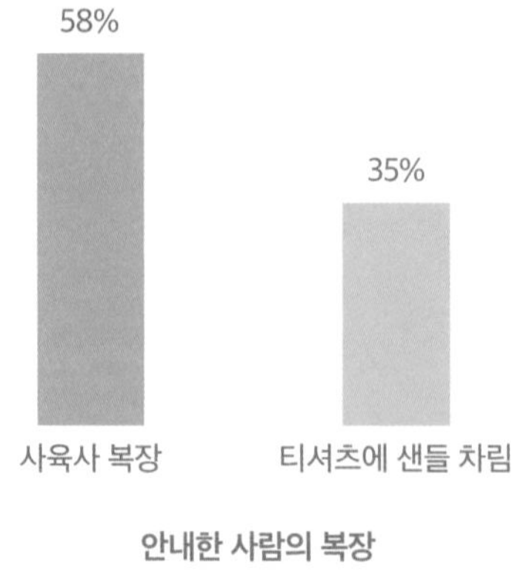

※ 수치는 지시에 따른 사람의 비율을 나타낸다.

구체적으로 그들은 사육사 복장을 한 A 그룹과 평범한 티셔츠 차림을 한 B 그룹 중 누구의 안내를 더 많이 따랐을까? 역시 이 실험에서도 울타리에 몸을 기대고 있다가 요청받고 즉시 그 자리를 벗어난 사람의 비율은 사육사 복장을 한 사람에게 요청받은 사람 쪽이 훨씬 높았다. 〈그림 3〉

이어서 연구팀은 관람객의 인원에 따른 반응을 조사했다. 흥미롭게도 1~2명일 때는 지시에 따르는 비율이 60퍼센트였는데 3~4명으로 이루어진 무리는 49퍼센트로 줄었다. 그리고 5~6명으로 이루어진 관람객의 경우 무려 14퍼센트까지 떨어졌다.

드레스 효과와 함께 한두 사람이면 어느 정도 통제할 수 있지만 머릿수가 많아지면 말을 듣지 않을 확률이 그만큼 높아진다는 사실까지 추가로 밝혀낸 흥미진진한 실험 결과다.

심리실험 10

미녀와 추녀가 자기 사진이 들어 있는 지갑을 잃어버렸을 때 돌려받을 확률은?

얼햄칼리지 피터 벤슨 교수의 '대학원 입시 원서 회수율 측정 실험'

얼햄칼리지 피터 벤슨 교수와 동료 연구자들은 한 가지 흥미로운 실험을 했다. 미국 중서부 어느 공항 공중전화 부스에 일부러 서류를 놓고 온 뒤 후속 반응과 결과를 알아보는 실험이었다. 서류는 대학원 입시 원서였는데, 수험자로 보이는 사람의 사진이 붙어 있었다. 연구팀은 모두 4종류의 사진을 준비했다.

1. 잘생기고 매력적인 남성
2. 예쁘고 매력적인 여성
3. 못생기고 매력적이지 않은 남성
4. 못생기고 매력적이지 않은 여성

연구팀은 미리 우표를 붙여둔 서류를 발견한 사람이 우체통에 넣는지 조사했다. 주소란에는 연구소 주소를 써두었다.
몇 통의 서류가 연구소에 도착했을까?

아무리 외모가 재산인 시대라고 하지만 갈수록 외모지상주의 풍조가 심해지는 것 같아 걱정이다. 이목구비가 수려한 사람은 남자든 여자든 어디서나 일종의 '특별대우'를 받는 일이 많다. 이런 현실을 보고 있으면 부러움을 넘어 '세상 참 불공평하다!'라는 탄식이 자신도 모르게 흘러나온다. 그러나 세태가 그렇다 보니 불평불만을 쏟아내고 불합리함을 주장해봐야 소용이 없다.

과연 무슨 일에서든 미남과 미녀가 이득을 보기 쉬울까? 그렇다. 예컨대 당신이 자기 사진이 들어 있는 지갑을 잃어버렸다고 해보자. 당신이 미인이라면 다음 날 지갑을 온전히 돌려받을 가능성이 크다. 반대로 당신이 미인과는 거리가 먼 외모의 소유자라면 유감스럽게도 지갑은 당신의 손을 영원히 떠날 가능성이 커진다.

'미남과 미녀가 어떤 상황에서든 이득을 볼 가능성이 크다'라는 사실이 심리실험으로 증명되었다고 한다. 그러니 이제 두 손 들고 현실로 받아들여야 정신건강에 이로울까?

미국 인디애나주 얼햄칼리지 피터 벤슨(Peter Benson) 교수와 그의 동료 연구자들은 한 가지 흥미로운 실험을 했다. 미국 중

서부의 어느 공항 공중전화 부스에 일부러 서류를 놓고 온 뒤 후속 반응과 결과를 알아보는 실험이었다.

서류는 대학원 입시 원서였는데 그 용지에는 수험자로 보이는 사람의 사진이 붙어 있었다. 연구팀은 모두 4종류의 사진을 준비했다.

1. 잘생기고 매력적인 남성
2. 예쁘고 매력적인 여성
3. 못생기고 매력적이지 않은 남성
4. 못생기고 매력적이지 않은 여성

연구팀은 서류에 미리 우표를 붙여두고 서류를 발견한 사람이 그 서류를 우체통에 넣어주는지 추적 조사했다. 주소란에는 연구소 주소를 써두었다. 과연 몇 통의 서류가 연구소에 도착했을까?

연구팀은 공중전화 부스에서 약간 떨어진 곳에서 몰래 관찰했다. 실험 기간 동안 총 604명(남성 442명, 여성 162명)이 공중전화 부스를 이용했다. 한데 잘생기고 매력적인 사진이 붙었을 때는 전체 실험 대상의 47퍼센트, 못생기고 매력적이지 않은 사진이 붙었을 때는 35퍼센트가 돌아왔다. 남녀 차이는 거의 없었다. 남녀 모두 약 12퍼센트의 차이가 난 셈이다.

이 실험은 우리에게 일반적으로 사람들은 외모가 뛰어난 사람에게 뭔가 호의를 베풀고 싶어 하고 친절하게 대하고 싶어 하는 심리가 있다는 점을 보여준다. 외모에서 호감을 느끼지 못하면 굳이 서류를 우체통에 넣는 수고를 감수할 생각이 들지 않는 게 인지상정인 모양이다. 이런 일은 회사에서도 흔히 일어난다. 예쁘고 귀여운 외모의 여직원 주위에 남자직원들이 은근히 다가와 이것저것 챙겨주곤 하는 경우가 바로 그런 사례다.

"무슨 일이에요?"

"왜 그래요? 무슨 일 있어요? 내가 뭐 도와줄 일 없어요?"

예쁜 여직원이 조금만 표정이 어둡고 난처한 기색을 보이면 이런 멘트를 날리며 다가와 서로 도와주겠다고 난리다. 반대로 외모가 안 예쁘고 덜 매력적인 사람은 나서서 도와주기는 커녕 아무도 관심조차 보이지 않는 게 일상다반사다.

우리는 어려서부터 평등이나 공평의 가치를 가정과 학교에서 배우지만 현실에서 그러한 공평이 실현되는 일은 찾아보기 어렵다. 그것은 교과서에나 나오는 꿈같은 이야기가 되어버린 듯하다. 그게 세상의 슬픈 현실이자 이치임을 순순히 받아들여야 할까? 왠지 조금은 씁쓸해지는 실험 결과가 아닐 수 없다.

심리실험 11

곤란한 상황에 놓인 사람을 도와달라고 부탁하는 사람의 '옷차림'이 좋을수록 상대방의 선행 실천율이 높다고?

위버주립대 브래드 J. 부시먼 교수의
'부탁하는 사람의 옷차림에 따른 선행 실천율 측정 실험'

미국 유타주 위버주립대학교 브래드 J. 부시먼 교수는 150명의 보행자를 대상으로 실험을 했다. 먼저 그는 자신의 실험을 도와줄 사람을 모집한 뒤 그들을 세 그룹으로 나누었고, 서로 다른 옷차림새를 갖추도록 요청했다. 허름하고 누추해 보이는 옷차림의 A 그룹, 깔끔하고 번듯해 보이는 옷차림의 B 그룹, 그리고 소방관 복장을 한 C 그룹이 그들이다.
이 세 그룹의 사람들은 보행자에게 다가가 이렇게 부탁했다.
"저기 노상 주차장에 있는 분 보이세요? 저분이 지금 잔돈이 필요한데 없나 봐요. 죄송하지만, 선생님께서 1다임만 저분한테 드리면 어떨까요? 제가 드리면 좋은데, 마침 잔돈이 없어서요."
이 실험에서 어떤 결과가 나왔을까?

같은 사람이라도 옷차림새가 달라지면 상대방에게 받아들여지는 말의 힘, 즉 권위의 정도가 달라진다. 사람들은 무의식중에 상대방의 외모나 옷차림새를 보고 그의 요청에 따를지 말지를 결정한다.

'오, 옷차림이 번듯한데? 높은 사람인가? 이 사람 말은 듣는 게 좋을 것 같아.'

'뭐야, 집에서 입다가 굴러다니던 옷을 그대로 입고 나왔나? 너무 구질구질하잖아. 이렇게 추레한 사람이 하는 말을 내가 들어야 해?'

이런 식으로 상대방의 차림새를 보고 순간적으로 판단한다.

미국 유타주 위버주립대학교 브래드 J. 부시먼(Brad J. Bushman) 교수는 150명의 보행자를 대상으로 실험을 했다. 먼저 그는 자신의 실험을 도와줄 사람을 모집한 뒤 그들을 세 그룹으로 나누었고, 서로 다른 옷차림새를 갖추도록 요청했다. 허름하고 누추해 보이는 옷차림의 A 그룹, 깔끔하고 번듯해 보이는 옷차림의 B 그룹, 그리고 소방관 복장을 한 C 그룹이 그들이다.

이 세 그룹의 사람들은 보행자에게 다가가 이렇게 부탁했다.

"저기 노상 주차장에 있는 분 보이세요? 저분이 지금 잔돈이 필요한데 없나 봐요. 죄송하지만, 선생님께서 1다임(Dime: 미국 은화의 단위. 1다임은 1달러의 10분의 1이고 1센트의 10배다.—옮긴이)만 저분한테 드리면 어떨까요? 제가 드리면 좋은데, 마침 잔돈이 없어서요."

이 실험에서 어떤 결과가 나왔을까? 〈그림 4〉를 보면 답을 알 수 있다. 〈그림 4〉로 알 수 있듯이, 소방관 차림의 실험 참여자가 부탁한 경우 사람들은 대부분 순순히 부탁을 들어주었다.

이 정도 결과라면 소방관 복장을 한 사람이 "가정용 소화기를 한 대 사주십시오"라고 부탁한다 해도 대다수가 그 자리에서 지갑을 열고 사주지 않을까 싶다. 사기꾼은 사람들의 이런 심리를 잘 안다. 그래서 그들은 왠지 권위가 느껴지는 옷차림새로 사람을 속이려 들고, 그런 사기 사건이 끊이지 않고 일어난다.

경찰관 복장을 한 사람이 이런저런 부탁을 해도 역시 사람들은 거절하기가 어렵다. 소방관 복장과 마찬가지로 권위가 느껴지는 복장이기 때문이다.

1968년 일본에서 희대의 현금 절도 사건이 있었는데, 그 범인은 아직도 잡히지 않고 있다. 이 사건에서 범인은 경찰 제복을 입고 가짜 경찰용 오토바이를 타고 현금수송차에 접근해

그림 4. 브래드 J. 부시먼 교수의 실험 결과

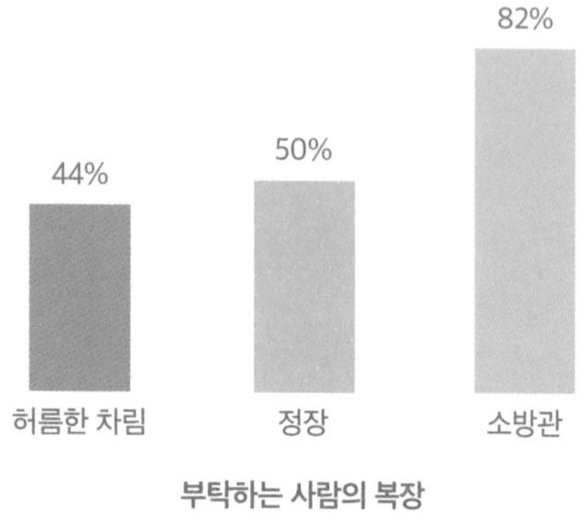

※ 수치는 부탁을 들어준 사람의 비율을 나타낸다.

말을 걸었다.

상대방이 권위 있는 복장을 하고 있다고 무조건 믿어서는 안 된다. 열 길 물속은 알아도 한 길 사람 속은 모른다고 겉만 보고는 사람을 판단할 수 없다. 세상에는 겉모습은 멀쩡한데 속은 시커먼 사람이 얼마든지 있는 법이다.

심리실험 12

외모가 출중한 사람은 외모가 평범한 사람보다 모든 면에서 2~3배 더 유리하다?

하버드대 마커스 모비우스 교수의
'비즈니스에 적용되는 뷰티 프리미엄 연구'

미국 매사추세츠주 하버드대학교 마커스 모비우스 교수와 그의 동료 연구자는 비즈니스에 적용되는 '뷰티 프리미엄'을 연구했다.
그들은 매력적인 사람에게 '뷰티 프리미엄'이 발생한다고 추정했는데, 실제 연구 결과 사실로 증명되었다. 만약 자신의 외모가 평범한 편이라면 경쟁자인 미인보다 두세 배는 더 열심히 노력해야 한다. 같은 정도로 노력하면 아무래도 잘생기고 예쁜 사람 쪽으로 좀 더 많은 '떡고물'이 떨어지기 마련이기 때문이다.
이 연구는 우리 사회의 공정함에 대한 의문을 또 한번 제기하지만, 다른 한편으로는 현실을 냉철히 보게 한다. 이 연구를 독자 여러분의 삶에 지혜롭게 적용해보기 바란다.

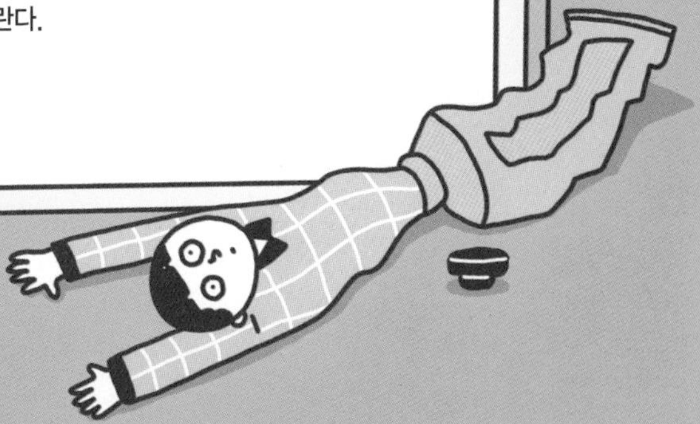

지금까지 살펴보았듯 미남과 미녀는 세상을 살면서 많은 이득을 본다. 심지어 그들은 금전적인 면에서도 이득을 보기가 쉽다. 실험으로 이런 사실을 증명해낸 이가 있다.

미국 매사추세츠주 하버드대학교 마커스 모비우스(Markus Mobius) 교수와 그의 동료 연구자는 비즈니스에 적용되는 '뷰티 프리미엄'을 연구했다. 여기서 '프리미엄'이란 일정한 가격에 웃돈을 얹어주는 금액으로, '뷰티 프리미엄'은 '똑같이 일해도 잘생기고 예쁠수록 가욋돈을 챙긴다'라는 의미다.

같은 실적을 내도 미인인 사람과 그렇지 않은 사람은 전혀 다른 평가를 받는다. 미인은 실적을 인정받아 승진도 쉽게 하고 급여도 쑥쑥 올라간다. 그런데 완전히 똑같은 실적을 내도 평범하거나 못생긴 외모의 사람은 출세하기 어렵다.

'너무 불공평하잖아!'

'치사해! 불합리해! 세상에 이런 법이 어딨어!'

억울하다고 하소연하고 부당한 현실에 얼굴 붉히며 악을 써도 소용없다. 어떻게 해볼 도리가 없다.

모비우스 교수와 동료 연구자는 매력적인 사람에게는 〈그림 5〉와 같은 특징이 있으며, 그 특징으로 '뷰티 프리미엄'이

그림 5. 마커스 모비우스의 연구

뷰티 프리미엄이란?

❶ 미녀(미남)는 대개 자신감이 있다. 자신감이 있으면 비즈니스 성공에 도움이 된다.

❷ 미녀(미남)는 주위 사람에게 '유능하다'고 평가(오판)받기 쉽다. '일 잘하는 사람'처럼 보이면 출세에 긍정적인 영향을 준다.

❸ 미녀(미남)는 소통 능력이 뛰어난 경우가 많다. 소통 능력은 수입 증가에 도움이 된다.

발생한다고 추정했다.

만약 자신의 외모가 평범한 편이라면 경쟁자인 미인보다 두세 배는 더 열심히 노력해야 한다. 같은 정도로 노력하면 아무래도 잘생기고 예쁜 사람 쪽으로 좀 더 많은 '떡고물'이 떨어지기 마련이니까.

악바리처럼 두세 배 더 노력하면 끈기가 생기고 업무 능력도 향상된다. 장기적인 관점에서 보면 평범한 외모도 나쁘지만은 않다. 그만큼 좋은 습관을 기를 가능성이 크고 좀 더 노력하는 사람이 될 여지가 크기 때문이다. 미남이나 미녀는 상대적으로 적은 노력으로도 좋은 평가를 받는 일에 습관이 들기 쉬워 힘들게 노력하지 않고 꾀부리며 건성건성 일하게 될 가능성이 크다. 그런 습관이 몸에 배고 상황이 반복될수록 누적되어 결국에는 좋지 않은 결과를 맞이하게 될 가능성이 커진다.

『이솝우화』에 나오는 「토끼와 거북이」처럼 결국에는 잘생기고 예쁜 사람이 아닌 노력하는 사람이 승리한다. 그러니 외모가 뛰어난 사람을 부러워하며 불평하거나 자기비하하는 일에 소중한 시간을 허비하지 말고 지금 당장 자신이 할 수 있는 일에 최선을 다하자. 그렇게 함으로써 당신은 외모와 상관없이 얼마든지 성공적이고 행복한 인생을 살 수 있다.

심리실험 13

매출을 올리려면 소비자의 '게으른 속성'을 지혜롭게 활용하라

컬럼비아대 에릭 존슨 교수의 '고객의 소비 행동 · 메커니즘 연구'

미국 뉴욕주 컬럼비아대학교 에릭 존슨 교수와 동료 연구자는 1만 세대 이상 가정의 컴퓨터를 대상으로 12개월간 쇼핑 기록을 조사하는 방대한 연구를 시작했다. 조사 범위가 워낙 넓다 보니 연구를 진행하기가 만만치 않았다. 그들은 머리를 맞대고 궁리한 끝에 '책', 'CD', '여행 서비스'라는 3가지 항목으로 압축해 분석하기로 했다. 한데 연구 결과 우리 상식의 허를 찌르는 놀라운 조사 결과가 나왔다. 이 연구에서 어떤 결과가 나왔을까? 사람들은 여러 사이트를 활발히 오가며 검색하고 쇼핑했을까, 아니면 그 반대였을까?

요즘은 인터넷 창을 열고 클릭 몇 번만 하면 원하는 상품이 집으로 배달된다. 인터넷 쇼핑 또는 온라인 쇼핑이라고 부르는 소비 행동이다. 5~10년 전과 비교해봐도 말로 표현하기 어려울 만큼 편리해진 세상을 우리는 살고 있다.

나는 이렇게 생각했다. '인터넷을 활용하면 누구나 원하는 정보를 수집할 수 있다. 갖고 싶은 상품이 있으면 여러 사이트에서 가격을 비교할 수도 있다. 인터넷 쇼핑을 하는 사람들은 검색엔진에서 다양한 정보를 검색해 저렴한 가격의 상품을 찾아내어 현명하게 소비하고 있다'라고. 과연 그럴까?

잠시 머릿속에 '물음표'를 품은 채 다음의 연구 결과를 살펴보자. '인터넷으로 쇼핑하는 사람은 귀찮은 검색이나 비교 분석은 대개 건너뛴다'라는 재미있는 연구 결과다.

미국 뉴욕주 컬럼비아대학교 에릭 존슨과 동료 연구자는 1만 세대 이상 가정의 컴퓨터를 대상으로 12개월간 쇼핑 기록을 조사하는 방대한 연구를 시작했다. 조사 범위가 워낙 방대하다 보니 연구를 진행하기가 만만치 않았다. 그들은 머리를 맞대고 궁리한 끝에 '책', 'CD', '여행 서비스'라는 3가지 항목으로 압축해 분석하기로 했다. 한데 연구 결과 우리 상식의 허를 찌르는 놀라운 조사 결과가 나왔다.

예상과 달리 실험 대상 중 대다수 사람이 여러 사이트를 오가며 검색하지 않았다. 놀랍게도 책은 평균 1.2개 사이트, CD는 1.3개 사이트, 여행 서비스는 1.8개 사이트를 검색하고 쇼핑을 완료했다. 좀 더 구체적으로, 책은 아마존닷컴에서 검색한 뒤 장바구니에 담아 바로 결제까지 마치는 사람이 대부분이었고 반즈앤드노블(Barnes & Noble) 등 다른 사이트를 검색하는 사람은 거의 없었다. CD나 여행 서비스도 마찬가지였다.

이 연구로 우리 현대인은 '현명한 소비자보다는 게으른 소비자에 훨씬 가깝다'라는 사실이 밝혀진 셈이다. 다른 사이트를 검색하면 한 푼이라도 더 싸게 살 수 있지만 귀찮게 시간과 노력을 들여 검색하기보다는 예전에도 이용한 적이 있어 익숙해진 사이트에서 대충 쇼핑을 끝내고 인터넷 창을 닫는다.

이런 경향이 비단 인터넷 쇼핑에서만 나타나는 것은 아니다. 대다수 소비자가 자주 찾는 편의점이나 동네 마트에 장을 본다. 옷이나 신발을 살 때도, 가전제품을 살 때도 마찬가지다. 평소에 잘 가지 않던 곳까지 돌아다니며 굳이 발품을 팔고 일일이 다양한 상품을 비교하며 구매하려고 하지 않는다.

자영업자나 기업 마케팅 담당자라면 이 실험에서 밝혀진 소비자의 '게으른 속성'을 지혜롭게 활용하여 매출을 늘릴 방법을 연구해보는 것도 나쁘지 않을 것 같다.

STORE
멋쟁이 티셔츠
체크 바지
신상모자

귀찮아

심리실험 14

똑같은 내용의 에세이에 대한 평가가 작성자의 '사진 한 장' 때문에 극과 극으로 달라지는 이유

로체스터대 데이비드 랜디 교수 연구팀의 '작성자의 외모가 에세이 내용 평가에 미치는 영향 측정 실험'

미국 뉴욕주 로체스터대학교 데이비드 랜디 교수 연구팀은 60명의 남성 판정자에게 700단어 분량의 에세이를 주고 평가하게 하는 실험을 했다. 에세이에는 저자 프로필도 첨부했는데 누가 봐도 아름답다고 생각할 만한 미인의 사진과 평범한 사람의 사진을 붙였다. 사진은 대학 연감에서 골랐다. 에세이를 평가할 때 '문장 완성도', '독창성', '재미' 등의 각 항목에 점수를 매기게 했다.

이 실험에서 어떤 결과 나왔을까? 사진, 즉 작성자의 외모가 에세이 평가에 영향을 미쳤을까? 만일 영향을 미쳤다면 어느 정도로 양향을 미쳤을까?

똑같은 일을 해도 누구는 좋은 평가를 받지만 다른 누구는 그저 그런 평가를 받는 경우가 종종 있다. 실제 업무 실적에 차이가 커서 그런 평가의 차이가 나온다면 모르겠지만 업무 실적에 전혀 차이가 없는데 평가가 달라지니 낮은 평가를 받은 쪽에서는 속상하고 억울할 수밖에 없다.

미국 뉴욕주 로체스터대학교 데이비드 랜디(David Landy) 교수 연구팀은 60명의 남성 판정자에게 700단어 분량의 에세이를 주고 평가하게 하는 실험을 했다. 에세이에는 저자 프로필도 첨부했는데 누가 봐도 아름답다고 생각할 만한 미인의 사진과 평범한 사람의 사진을 붙였다. 사진은 대학 연감에서 골랐다.

에세이를 평가할 때 '문장 완성도', '독창성', '재미' 등의 각 항목에 점수를 매기게 했다. 어떤 결과가 나왔을까? 당신의 예상대로 '미인 저자'의 에세이가 '평범한 외모를 가진 저자'의 에세이보다 훨씬 높은 평가를 받았다. 일테면 이런 식이었다.

"잘 다듬어진 문장에 독창적인 내용으로 매우 수준 높고 흥미로운 에세이다!"

반면 저자가 평범한 외모일 때는 거의 예외 없이 위의 문장처럼 좋은 평가를 받지 못했다. 예를 들면 이런 식이었다.

"문장이 어색한 데다 누구나 아는 평범하고 식상한 내용에 무척 지루한 에세이다!"

그런데 놀라운 점은 지금부터다. 그 에세이가 글자 하나까지 모두 같은 내용이었다는 점이다. 다른 점이라고는 딱 하나, 저자 프로필 란에 붙은 사진뿐이었다. 그런데도 에세이에 대한 평가는 위의 실험 결과처럼 그야말로 극과 극이었다. 저자가 잘생기고 예쁘다는 이유만으로 얼마든지 좋은 평가를 받을 수 있다는 결론을 내릴 수밖에 없는 또 하나의 실험 결과다.

인간은 누구나 상대방이 매력적인 사람이라면 무조건 좋게 평가하려는 경향이 있다. 누구든지 자신만은 냉철하고 객관적인 시각으로 상대방을 판단하고 그의 실적을 평가할 수 있다고 자신하지만 현실은 전혀 다르다. 잘생긴 외모와 매력적인 분위기의 사람에게는 처음부터 높은 점수를 깔고 들어간다.

학교에서도 사정은 별반 다르지 않다. 잘생기고 예쁜 사람에게는 남학생이든 여학생이든 교사의 관심이 집중된다. 설령 그들이 안 좋은 시험 성적을 받았더라도 따듯한 말로 위로하고 격려해준다. 반대로 못생긴 학생에게는 차갑고 엄격한 태도로 일관하며 꾸짖고 질책한다.

교사 자신도 자기 눈에 매력적으로 보이는 학생을 편애하고 있다는 사실을 인지하면서도 좀처럼 행동을 바꾸지 못한다.

학교 선생님이라고 해도 똑같은 인간인지라 무의식적으로 매력적인 학생에게 마음이 가고 말도 좀 더 친절하게 나오기 마련이다.

이런 사회에서 살아남으려면 우리는 실력을 쌓는 일에 좀 더 집중해야 할까, 아니면 외모를 가꾸는 일에 좀 더 집중해야 할까? 둘 다?

심리실험 15

개 주인이 개 용변을 확실히 처리하게 하려면 '용변 봉투'를 나눠주라고?

드폴대 레너드 A. 제이슨 교수 연구팀의 '효과적인 개 용변 처리 방법 연구'

미국 일리노이주 드폴대학교 레너드 A. 제이슨 교수가 이끄는 연구팀은 개 주인이 산책할 때 개가 싸놓은 용변을 치우는지 7일간 날마다 5시간씩 총 35시간 동안 관찰 · 조사했다.
35시간에 걸친 긴 시간 동안 이어진 연구진의 관찰과 조사 결과는 어떻게 나왔을까? 그 결과를 알게 되면 독자 여러분은 아마도 깜짝 놀랄 것이다. 그리고 연구팀이 제시한 해결책을 제시했을 때 나온 실험 결과를 보고 한 번 더 놀랄 것이다.

개와 함께 산책하는 주인이 밖에 나갈 때 반드시 챙겨야 할 물건에는 무엇이 있을까? 검은색 튼튼한 비닐봉지다. 왜냐고? 산책 도중 개가 실례한 용변을 깔끔하게 처리해야 하기 때문이다. 자기가 돌보는 개가 싸놓은 용변을 아무 흔적도 남지 않게 처리하는 일은 반려동물 주인이 갖춰야 할 가장 기본적인 예의범절이다.

세상에는 그런 기본적인 에티켓도 갖추지 않은 사람이 의외로 많다. 단지 귀찮고 더러운 걸 자기 손으로 처리하기 싫다는 이유만으로 개 용변을 처리하지 않고 못 본 체하며 그 자리를 떠나는 주인이 적지 않다. 이런 사람이 많아지면 많아질수록 길이나 공원 등 우리의 소중한 생활공간은 더러운 개똥과 악취로 넘쳐나게 된다.

개 산책 코스로 유명한 동네에 사는 주민들은 날마다 못 볼 꼴을 보며 살아야 하니 분통이 터질 수밖에 없다.

미국 일리노이주 드폴대학교 레너드 A. 제이슨(Leonard A. Jason) 교수가 이끄는 연구팀은 개 주인이 산책할 때 개가 싸놓은 용변을 치우는지 7일간 날마다 5시간씩 총 35시간 동안 관찰·조사했다(그렇게 많은 시간 동안 남의 개가 똥 싸는 장면을 일

부끄러우니
어서 치워 주세요.
...
자!
봉투
1

일이 관찰하고 확인하며 견뎌낸 연구진의 열정과 노고에 경의를 표한다).

35시간에 걸친 긴 시간 동안 이어진 연구진의 관찰과 조사 결과는 어떻게 나왔을까? 놀랍게도 자기 개가 싸놓은 용변을 확실하게 처리한 주인은 전체 인원 중 고작 5퍼센트밖에 되지 않았다. 나머지 95퍼센트는 나 몰라라 하며 빠른 속도로 사라져버렸다.

보다 못한 연구팀은 대책 마련에 나섰다. 그들은 일단 산책 코스 곳곳에 눈에 잘 띄게 안내판을 세웠다.

"우리 자녀들의 건강을 보호합시다. 무엇보다 먼저 개의 용변을 치워주십시오."

그들은 7일 동안 개 산책 코스 이곳저곳에 안내판을 설치했다.

연구팀의 이 조치가 과연 효과가 있었을까? 연구팀은 개를 산책시키는 사람을 발견할 때마다 몰래 그들의 뒤를 밟아 용변을 치우는지 관찰했다. 과연 전체 개 주인 중 몇 퍼센트가 용변을 치웠을까? 그리고 안내판을 세우기 전과 비교해 어떤 결과가 나왔을까? 개 용변을 치우는 사람의 비율이 획기적으로 늘었을까? 유감스럽게도 안내판을 세우기 전과 거의 차이가 없었다. 전체 개 주인 중 단 6퍼센트만 용변을 치웠기 때문이다.

연구팀은 안내판보다 좀 더 확실히 효과가 있는 방법이 없을까 궁리했다. 결국 그들은 좋은 아이디어를 떠올렸고 곧장 실행에 옮겼다. 개를 산책시키는 사람이 보이면 동네 주민을 가장한 연구팀이 가까이 다가가 말을 걸었다.

"일일이 봉투를 챙겨 다니기 힘드시죠? 아무래도 그럴 것 같아서 이번에 동네 주민자치회에서 개 용변 봉투를 준비했답니다. 그러니 부담 갖지 말고 편하게 사용해주세요."

연구팀은 봉투를 조심스럽게 앞으로 내밀며 이렇게 이야기했다.

이 방법은 효과가 있었을까? 물론이다. 확실히 효과가 있었다. 연구팀이 조용히 그들의 뒤를 밟으며 확인한 결과 무려 전체 개 주인 중 82퍼센트가 자발적으로 용변을 처리했다.

공익광고 수준의 안내판을 여기저기 세우고 공자님 말씀 같은 이야기를 부르짖어봤자 그 말을 따르는 사람은 거의 없다. 사람들이 행동에 나서게 하고 실천하게 하려면 좀 더 적극적인 장치가 필요하다.

가령 "쓰레기를 버리지 맙시다"라고 백날 부르짖어봤자 소용이 없다. 그렇게 입으로 말하는 대신 쓰레기 봉투를 건네며 자기가 사용한 쓰레기는 자기 집에 가지고 가달라고 말하는 게 훨씬 효과적이다. 아니면 개들이 산책하는 길이나 공원 같은 곳에 대형 쓰레기통을 설치하는 것도 좋은 방법이다. 그런 구체적인 조치를 통해 실제로 쓰레기를 아무 데 버리거나 반려견의 분비물을 처리하지 않는 일을 크게 줄일 수 있다.

대형 쓰레기통이 과연 효과가 있을까? 디즈니랜드의 사례를 보면 확실히 '그렇다'는 것을 알 수 있다. 디즈니랜드에는 "쓰레기는 쓰레기통에 버립시다" 따위 간판은 하나도 없다. 대신 여기저기 큼지막한 쓰레기통이 설치되어 있다. 일본 디즈니랜드에는 700여 개, 디즈니씨에는 500여 개의 대형 쓰레기통이 설치되어 있다. 한데 이 두 명소에는 그토록 넓은 면적이 연일 발 디딜 틈 없게 많은 사람이 다녀가지만 바닥에 굴러다니는 쓰레기를 거의 볼 수 없다. 그러니 효과도 없는 간판을 세우느라 아까운 돈을 낭비할 게 아니라 몇십 미터 간격으로 쓰레기통을 설치해두라고 권하고 싶다.

심리실험 16

예상 대기 시간을 알려주면 인내력이 훨씬 향상된다는데?

이스라엘 심리학자 나이라 뮤니처 박사 연구팀의 '전화 대기 시 인내력 측정 실험'

이스라엘 심리학자 나이라 뮤니처 박사가 이끄는 연구팀은 흥미로운 실험을 했다. 그들은 대학 연구실에 걸려오는 123통의 전화로 실험을 진행했고 세밀히 분석했다. 재미있는 실험이지만 진행 과정은 녹록하지 않았다. 아무튼 실험 기간에 실험실로 전화를 걸어온 사람들은 자신이 원하든 원하지 않든 그 실험에 동원된 셈이었다.

연구팀은 의도적으로 실험실에 걸려온 전화를 연결하지 않고 상대방이 108초 동안 기다리는지 관찰했다. 그들은 왜 '108초'라는 모호한 시간을 선택했을까? 그리고 실험 참여자들은 과연 얼마나 오래 끊지 않고 기다렸을까?

병원 대기실에서 자기 순서를 기다리는 상황을 상상해보자. 지루하고 따분하다 못해 시간이 멈춰버린 것만 같은 기분이 들 수도 있다. 잠시 고개를 들고 대기실 안 풍경을 살펴보자. 온갖 표정이 눈에 들어올 것이다. 초조해서 손톱을 물어뜯는 사람, 지루함을 못 견뎌 연신 하품을 하는 사람, 사시나무 떨듯 습관적으로 다리를 떠는 사람, 수시로 시계를 확인하는 사람, 몸을 배배 꼬거나 잠시도 가만히 있지 못하고 일어났다 앉았다 하며 서성대는 사람…….

"몇 명 남았어요? 접수한 지 벌써 두 시간도 넘은 것 같은데……."

애꿎은 간호사를 붙들고 닦달하는 장면은 어느 병원에서나 흔히 볼 수 있는 익숙한 풍경이다.

우리는 아무 일도 하지 않고 묵묵히 기다려야 하는 상황을 참지 못한다. 정확히 언제 자기 차례가 올지 알지 못하면 이상하리만치 시간이 길고 지루하게만 느껴진다. 언제 내 이름을 부를지 몰라 매번 귀를 쫑긋 세우고 전광판에 내 이름이 뜨기를 기다리며 지켜보다 보면 녹초가 되어버리기 십상이다.

같은 상황이라도 앞으로 몇 사람이나 더 지나가야 내 차례가 오는지, 혹은 앞으로 몇 분 정도 더 기다려야 진찰을 받을 수 있는지 대략이라도 알면 훨씬 덜 힘들고 그런대로 견딜만 하다.

이스라엘 심리학자 나이라 뮤니처(Nira Munichor) 박사가 이끄는 연구팀은 이에 관한 흥미로운 실험을 했다. 그들은 대학 연구실에 걸려오는 123통의 전화로 실험을 진행했고 세밀히 분석했다. 재미있는 실험이지만 진행 과정은 녹록하지 않았다. 아무튼 실험 기간에 실험실로 전화를 걸어온 사람들은 자신이 원하든 원하지 않든 그 실험에 동원됨 셈이었다.

연구팀은 의도적으로 실험실에 걸려온 전화를 연결하지 않고 상대방이 108초 동안 기다리는지 관찰했다. 그들은 왜 '108초'라는 모호한 시간을 선택했을까? 연구팀이 밝히지 않았기에 정확히 알 수는 없다. 아무튼 실험 참여자들은 2분 남짓한 시간 동안 기다려야 했다.

다만 다음과 같은 조건으로 자동 응답 시스템이 작동했다. 첫 번째 조건은 실험 대상이 기다리는 동안 통화 대기음으로 음악만 흘러나왔다. 그러자 64.9퍼센트의 사람이 더 기다리지 못하고 전화를 끊어버렸다.

두 번째 조건은 음악과 함께 자동 음성 안내 멘트가 흘러나왔다.

"지금은 먼저 걸려온 전화를 받는 중입니다. 잠시만 더 기다려주십시오."

자동 음성 안내 멘트가 108초 동안 세 번 흘러나왔다. 이 조건에서는 '기다려달라'는 안내 멘트를 들은 사람들이 어떤 반응을 보였을까? 얌전히 기다렸을까?

일단 절반이 넘는 사람들이 더 기다리지 않고 전화를 끊었다.

연구팀은 한 가지 조건을 더 추가해서 세 번째 실험을 했다. 안내 음성에 몇 번째 대기자인지 알려주는 멘트를 포함한 것이었다.

"현재 통화 대기 세 번째입니다."

"두 명 남았습니다."

"한 명 남았습니다."

이런 식으로 자동 음성 안내 멘트가 세 번 흘러나왔다. 이 세 번째 실험에서는 어떤 결과가 나왔을까? 흥미롭게도 도중에 전화를 끊는 사람이 35.9퍼센트로 감소했다. 첫 번째 실험과 비교하면 중간에 전화를 끊는 사람 수가 절반 가까이 줄어든 것이다.

원하는 무언가를 얻기 위해 오랫동안 '기다려야' 하는 상황을 좋아할 사람은 아마 없지 않을까? 그러나 이 실험 결과로 명확히 알게 되었듯 그런 상황에서도 '얼마나 더 기다려야 하는지' 알 수만 있다면 대다수 사람은 상당한 인내력을 발휘한다.

유심히 관찰해보면 위의 실험 결과는 우리의 실생활에서 혹은 비즈니스 현장에서 은밀히, 그러나 폭넓게 활용되고 있다는 걸 알 수 있다. 한두 가지 예를 들어보자. 첫째, 디즈니랜드에서는 "이 놀이기구는 대기시간 45분"이라는 안내판을 세워 예상 대기시간을 알려준다. 고객은 안내판을 보고 조용히 줄을 서서 자기 차례가 오기를 기다린다. 둘째, 은행을 찾은 고객은 만사 제쳐두고 번호표부터 뽑는다. 번호표를 손에 쥐고 있으면 자기 차례가 언제인지 알 수 있어 불만의 여지가 줄어든다. 위에 소개한 디즈니랜드와 은행의 대기 방식은 화난 고객을 달래는 수고를 덜어주고 마냥 기다려야 하는 고객의 불만을 잠재우는, 심리학을 활용한 효과적인 아이디어다.

독자 여러분도 이번 실험 결과를 응용하여 실생활에 효과적으로 적용해보기 바란다.

2 + 2 =

CHAPTER

2

세상에서 가장 어려운 일, 간단한 일에 실패하기

심리실험 17

상대방이 '우뇌형'인지 '좌뇌형'인지 알고 싶다면 깍지를 껴보게 하라

코네티컷대 크리스틴 모어 교수 연구팀의
'우뇌형 · 좌뇌형 감별 실험'

단 1초 만에 상대방이 '우뇌형'인지 '좌뇌형'인지 간파할 수 있는 방법이 있다면 믿어지는가? 이 기발한 방법은 미국 코네티컷대학교 크리스틴 모어 교수 연구팀의 조사 결과를 바탕으로 만들어졌다. 이것은 자신의 뇌가 '우뇌형인지 좌뇌형인지에 따라 맨 위에 오는 엄지손가락이 달라진다'는 가설을 검증하기 위해 개발된 실험이다.
상대방의 두뇌 유형을 어떻게 간파하는지 궁금하지 않나? 그렇다면 지금 당장 본문으로 들어가보자.

누구나 간단히 할 수 있는 '독심술'이 있다. 이렇게 말하면 아마도 선뜻 믿으려 하지 않는 사람이 많을 것이다.

먼저, 무심히 양손 손가락을 평소처럼 깍지 껴보자. 그런 다음 어느 쪽 엄지손가락이 위에 올라왔는지 확인한다. 오른손 엄지손가락일까, 아니면 왼손 엄지손가락일까? '좌우 중 어느 쪽 엄지손가락인지'만 확인하면 테스트는 끝난다. 세 살배기 아이도 할 수 있는 초간단 테스트다.

이 '독심술'은 미국 코네티컷대학교 크리스틴 모어(Christine Mohr) 교수 연구팀의 조사 결과를 바탕으로 만들어졌다. 말하자면 이것은 자신의 뇌가 '우뇌형인지 좌뇌형인지에 따라 맨 위에 오는 엄지손가락이 달라진다'는 가설을 검증하기 위해 개발된 실험이다.

먼저, 오른손 엄지손가락이 맨 위로 올라온 사람은 좌뇌형이다. 좌뇌형은 두뇌파라고 불러도 좋을 만큼 언어 능력이 뛰어나고 분석적 사고에 능한 사람이다. 모든 일을 엄밀하게 따져서 생각하기를 즐기는 유형이다. 그만큼 이론에 집착하는 특징도 있다. 이는 학자나 엔지니어에 적합한 성격이라고 할 수 있다.

나는 뭐지??
?

반대로 왼손 엄지손가락이 맨 위로 올라온 사람은 우뇌형이다. 이 유형은 창조성이 뛰어나며 예술가 등에 많은 유형이다. 모든 일을 직감에 따라 생각하기를 즐기고 이론에 크게 관심이 없거나 중시하지 않는다. 작가나 시인, 화가 등에 적합하다. 본래 직감적 판단을 선호하기에 세세한 계산이나 분석에는 약한 편이다.

이는 어느 정도 적중할까? 참고로 이 테스트는 '오른손잡이'를 대상으로 한 조사였기에 만일 독자 여러분이 '왼손잡이'라면 좌우를 반대로 판단해야 한다.

다른 사람이 어느 유형인지 궁금하다면 그가 당신 눈앞에 앉아 있을 때 조용히 관찰해보라. 물론 상대방이 평소 친한 관계라면 깍지를 껴보라고 요청해 그가 좌뇌형인지 우뇌형이지 확인할 수 있을 것이다. 그러나 상대방이 비즈니스 협상 파트너라든가 편하게 묻기 어려운 관계라면 그가 무심히 깍지 꼈을 때 잘 살펴보면 된다.

그래서 만일 여러분의 비즈니스 협상 파트너가 좌뇌형, 즉 '분석적인 유형'이라는 사실을 알게 된다면 구체적인 수치나 통계 자료처럼 세부 사항을 제시하며 설득하도록 노력해보라. 그러면 일이 성사될 가능성이 커지고 여러분이 원하는 좋은 결과를 얻게 될 확률이 조금이라도 높아질 것이다.

반대로 상대방이 우뇌형, 즉 '창조적 유형'이라면 구체적 수치나 통계 자료보다는 감정에 호소하는 감각적 문구가 훨씬 효과적이다. 그런 유형의 사람에게 골치 아픈 수치를 들이대 봤자 이해하지도 못할 뿐 아니라 이해할 생각도 별로 없다. 그러므로 정서적, 감정적 문구를 잘 구사해 설득하고 협상을 끌어나가는 게 성공 가능성을 높여준다. 예를 들면 “손에 닿는 감촉이 좋다”, “품에 안으면 포근하다”, “힐링 효과가 있다”, “만족할 수 있다” 등의 문구를 적절히 섞어서 사용하는 방식이다.

상대방이 알아차리지 못하도록 몰래 그의 유형을 간파할 수 있는 신통한 방법이니 독자 여러분도 기회가 있을 때 꼭 적절히 활용해보자.

심리실험 18

세상에서 가장 어려운 일이 '간단한 일에 실패하기'라고?

하버드대 사회심리학자 대니얼 M. 베그너 교수의 '일부러 대답 틀리기 실험'

하버드대학교 사회심리학자 대니얼 M. 베그너 교수는 17명의 남자 대학생과 47명의 여자 대학생에게 4초 간격으로 질문을 읽어주고 '네' 또는 '아니오'를 순간적으로 대답하게 했다. 그리고 여기에 한 가지 조건을 추가했다. '대답이 최대한 불규칙한 배열로 나오도록 '네' 또는 '아니오'를 섞어서 대답해달라'는 것이었다. 참여자는 적당히 대답하면 그만이었지만 '네' 또는 '아니오'가 연속해서 나오지 않도록 신경 써가며 나름대로 답을 배분해야 했다. 베그너 교수는 총 28개의 질문을 준비했는데, 그중 20개는 쉬운 질문이었고 나머지 8개는 꽤 어려운 질문이었다. 이 실험에서 어떤 결과가 나왔을까?

누워서 떡 먹기식 문제는 일부러 틀리려고 해도 쉽지 않다.

"일부러 오답을 말해주세요, 2+2는?"

이런 질문을 받으면 자동반사적으로 '4'라는 대답이 튀어나오기 십상이다.

미국 하버드대학교 사회심리학자 대니얼 M. 베그너(Daniel M. Wegner) 교수는 이러한 현상을 '통제 불능의 지능(Uncon—scious Mental Processes)'이라고 부른다. 우리의 지능은 상당히 자동화되어 있어 의식적으로 틀린 답을 말하기 어렵다는 주장이다.

베그너 교수는 이와 관련된 실험을 했다. 17명의 남자 대학생과 47명의 여자 대학생에게 4초 간격으로 질문을 읽어주고 '네' 또는 '아니오'를 순간적으로 대답하게 했는데 여기에 한 가지 조건을 추가했다. '대답이 최대한 불규칙한 배열로 나오도록 '네' 또는 '아니오'를 섞어서 대답해달라'는 것이었다. 참여자는 적당히 대답하면 그만이었지만 '네' 또는 '아니오'가 연속해서 나오지 않도록 신경 써가며 나름대로 답을 배분해야 했다.

베그너 교수는 총 28개의 질문을 준비했는데, 그중 20개는 쉬운 질문으로 구성했다. 예를 들면 "레몬은 달콤한 과일입니까?"와 같은 질문이었다. 나머지 8개는 꽤 어려운 질문이었다. "이탈리아 트럼프 카드에는 잭이 포함되어 있습니까?"와 같은 질문이 그런 예다.

그러자 쉬운 질문을 했을 때 실제로 정답을 말하는 비율은 82퍼센트였다. 반대로 어려운 질문을 했을 때는 정답률이 54퍼센트로 내려갔다. 대충 적당히 대답하라는 요구에 부응하는 게 얼마나 어려운지를 보여주는 실험 결과였다.

눈 감고도 누구나 할 수 있는 쉬운 일은 일부러 실수하려고 해도 생각처럼 쉽지 않다. 가령 자전거를 탈 줄 아는 실험 참여자에게 일부러 자전거를 못 타는 척해달라고 요구한다. 자전거를 탈 줄 아는 사람은 이미 몸이 자전거 타는 법을 기억하고 있어 못 타는 척하기가 어렵다.

"대충 뚱땅거리며 더듬더듬 쳐주세요."

피아노를 잘 치는 사람에게 서툰 연주를 부탁하는 경우도 마찬가지다.

예전에 못하던 일이라도 일단 할 줄 알게 되면 그때부터는 일부러 실패하기가 더 어려워지는 역설적인 현상이 일어난다.

이렇게 말하면 약간 과장된 느낌이 들겠지만, 어쩌면 세상에서 가장 어려운 일은 '간단한 일에 실패하기'가 아닐까.

심리실험 19

날씨가 맑고 화창한 날에는 주가가 상승한다는 게 사실일까?

오하이오주립대 데이비드 허슐라이퍼 교수의 '날씨와 주가의 상관관계 연구'

미국 오하이오주립대학교 데이비드 허슐라이퍼 교수는 날씨와 기분의 상관관계에 관한 추론을 한 걸음 더 진전시켰다. '맑은 날에는 누구나 기분이 들뜬다. 그래서 충동구매를 하는 비율이 늘어난다. 그렇다면 맑은 날에는 전반적인 주가도 오르지 않을까?'
허슐라이퍼 교수는 이 가설을 검증하기 위해 26개국의 날씨 자료와 각국의 주가 변동 자료를 조사했다. 조사 기간은 1982년부터 1997년까지 16년으로 정했다.
조사 결과 가설이 멋지게 적중했다. 어느 나라에서나 날씨가 화창한 날에는 그날 주식 종가가 상승했다.
맑은 날에는 사람들의 기분이 들뜨고 그와 비례하여 주가도 오른다는 가설이 실제 사례 조사를 통해 증명된 셈이다.
그렇다면 맑은 날을 제외한 다른 날 주가는 어떻게 될까?

우리의 기분은 그날의 날씨에 크게 영향을 받는다. 과학적 원리는 몰라도 우리는 날씨와 기분의 상관관계를 어느 정도 느끼며 산다. 화창하게 갠 날은 기분이 상쾌하고 내딛는 발걸음도 경쾌해진다. 반대로 우중충하게 흐리거나 추적추적 비가 내리거나 바람이 거세게 불면 마음이 울적해지다가 어느 순간 짜증스러워져 누군가를 상대로 시비를 걸고 싶어지기도 한다.

누구나 어렴풋이 자신이 매일매일의 날씨에 영향을 받는다는 사실을 느끼며 산다. 미국 오하이오주립대학교 데이비드 허슐라이퍼(David Hirshleifer) 교수는 날씨와 기분의 상관관계에 관한 추론을 한 걸음 더 진전시켰다.

'맑은 날에는 누구나 기분이 들뜬다. 그래서 충동구매를 하는 비율이 늘어난다. 그렇다면 맑은 날에는 전반적인 주가도 오르지 않을까?'

허슐라이퍼 교수는 이 가설을 검증하기 위해 26개국의 날씨 자료와 각국의 주가 변동 자료를 조사했다. 조사 기간은 1982년부터 1997년까지 16년으로 정했다.

조사 결과 가설이 멋지게 적중했다. 어느 나라에서나 날씨가 화창한 날에는 그날 주식 종가가 상승했다. 맑은 날에는 사

람들의 기분이 들뜨고 그것에 비례하여 주가도 오른다는 가설이 실제 사례 조사를 통해 증명된 셈이다.

그렇다면 맑은 날을 제외한 다른 날 주가는 어떻게 될까? 예컨대 폭우가 쏟아지거나 눈이 펑펑 내리는 날에는 반대로 주가가 내려갈까? 조사 결과, 비나 눈은 주가 변동에 거의 영향을 미치지 않는다는 사실이 밝혀졌다. 말하자면 맑은 날만 유독 주가에 영향을 미치는 셈이다.

심리학자도 경제학자도 아닌 일반인은 경제 지표 등을 보고 주가를 예상하는 재주가 없다. 다만 이 연구로 맑은 날 주식이 오른다는 사실을 알게 되었으니 주식을 팔 때는 맑은 날에 팔자. 그래야 조금이라도 비싸게 팔아 한 푼이라도 더 차익을 실현할 수 있을 테니 말이다.

사람들 대다수는 텔레비전 뉴스의 날씨 코너를 코트를 입을지 말지, 우산을 챙겨 들고 외출을 할지 말지를 판단하는 도구로만 활용하는 경향이 있다(뭐, 지금까지 그래왔듯 앞으로도 살아온 방식 그대로 살아도 큰 문제는 없다). 그래도 기왕 심리학책을 읽었으니 앞으로는 날씨 뉴스를 보고 내일의 주가와 다음 주의 주가까지 어느 정도 예측할 수 있다는 사실을 알아두면 다람쥐 쳇바퀴 돌리듯 단조롭고 빡빡하게 살아가는 일상이 조금은 더 재미있어지지 않을까.

심리실험 20

지위가 높은 사람은 지위가 낮은 사람에게 대개 얼마나 가까이 다가갈까?

미주리대 래리 딘 교수의 '지위 고하에 따른 접근도 측정 실험'

미국 미주리대학교 래리 딘 교수와 그의 동료 연구자들은 캘리포니아에 있는 해군 시설에서 군인 526명의 대화 행동을 관찰했다. 업무 관련 대화가 아니라 격의 없이 편하게 나누는 대화를 조사하기 위해 일상적 공간 세 곳을 정해 꾸준히 관찰했다. 연구팀은 혼자 서 있는 사람에게 누군가가 다가가서 말을 거는 순간을 포착해 서로 어느 정도의 거리를 유지하는지 측정했다. 그들은 말을 건 쪽의 지위와 상대방의 지위를 모두 조사했다. 결과를 좀 더 자세히 살펴보면 지위가 높은 사람이 낮은 사람에게 다가갔을 때 거리가 상당히 가까웠다. 지위가 높은 사람은 스스럼없이 상대방 코앞까지 다가갔고 그만큼 두 사람의 거리는 좁아졌다.
그렇다면 반대의 경우에는 어땠을까?

사람들은 누구나 심리적으로 친밀하고 가깝게 느껴지는 사람에게 쉽게 다가간다. 반대로 손윗사람이나 자신보다 지위나 직급이 높은 사람 앞에서는 왠지 주눅이 들고 심리적 압박감을 느껴 되도록 가까이 다가가지 않으려 하고 최대한 멀어지려 하는 경향이 있다.

사람과 사람 사이의 물리적 거리를 심리학에서는 '대인 거리'라고 부르는데, 지위가 높은 사람과의 대인 거리는 멀어지기 쉽다는 데에 대다수 사람이 동의한다.

미국 미주리대학교 래리 딘(Larry Dean) 교수와 그의 동료 연구자들은 캘리포니아에 있는 해군 시설에서 군인 526명의 대화 행동을 관찰했다. 업무 관련 대화가 아니라 격의 없이 편하게 나누는 대화를 조사하기 위해 로비와 카페테리아, 레크리에이션 센터 등 세 곳을 정해 지속해서 관찰했다.

연구팀은 혼자 서 있는 사람에게 누군가가 다가가서 말을 거는 순간을 포착해 서로 어느 정도의 거리를 유지하는지 측정해보기로 했다. 거리는 자를 이용해 정확히 측정하지 않고 바닥 타일의 수량으로 측정했다. 타일은 한 장에 22.8센티미터 크기의 정사각형이다.

연구팀은 말을 건 쪽의 지위와 상대방의 지위를 모두 조사했다. 말을 걸었을 때의 거리는 〈그림 6〉과 같았다. 결과를 좀 더 자세히 살펴보면 지위가 높은 사람이 낮은 사람에게 다가갔을 때는 거리가 상당히 가까웠다. 지위가 높은 사람은 스스럼없이 상대방 코앞까지 다가갔고 그만큼 두 사람의 거리는 좁아졌다.

그렇다면 반대일 경우에는 어땠을까? 이 경우 상황이 완전히 달라졌다. 지위가 낮은 사람이 지위가 높은 사람에게 다가갔을 때는 상당한 거리를 두고 말을 걸었다. 지위가 같거나 자

그림 6. 래리 딘 박사의 조사 결과

말을 건 사람의 계급	상대방의 계급		
	상	같음	하
대령(Captain)	-	4.00장	3.43장
중령(Commander)	3.50장	3.17장	3.03장
소령(Lieutenant Commander)	3.60장	3.00장	3.54장
대위(Lieutenant)	4.71장	2.81장	3.51장
중위(Lieutenant Junior Grade)	4.50장	3.40장	3.12장
소위(Ensign)	4.01장	3.00장	3.35장

※ 수치는 두 사람 사이 타일 장수를 나타낸다.

기보다 지위가 낮은 사람에게 말을 걸 때와 비교하면 타일 한 장 크기, 즉 20~30센티미터가량 더 멀리 떨어져 있었다.

우리는 상대방과 거리를 둠으로써 상대방에 대한 경의를 나타내려고 한다. 거리를 두면 둘수록 경의의 정도를 표현할 수 있다. 많은 사람이 자신보다 지위가 높은 사람에게 말을 걸 때는 조금이라도 더 거리를 멀리 떨어뜨리는 것이 상대방에게 경의를 품고 있음을 표현하는 방법이라고 생각하는 경향이 있다. 지나치게 바짝 다가가 거리를 좁히는 행동은 자칫 실례가 될 수 있다는 사실을 기억하자.

심리실험 21

남성이 여성을 볼 때 '전신'에, 여성이 남성을 볼 때 '얼굴'에 주목하는 이유

캘리포니아주립대 데인 아처 교수 연구팀의
'남성과 여성이 각각 이성의 외모 중
집중하는 부위 측정 실험'

미국 캘리포니아주립대학교 데인 아처 교수와 그의 연구팀은 《타임》, 《뉴스위크》, 《미즈》, 《샌프란시스코 크로니클》, 《샌타크루즈 센티널》이라는 5개 잡지를 선정해 잡지에 나오는 남성과 여성의 사진을 분석했다. 사진은 모델이 혼자 찍힌 사진으로 한정하고 신체 일부를 강조하는 유형의 사진은 제외했다. 화장품, 옷 등 상품 광고도 배제했다. 사람이나 동물, 자동차 등이 함께 찍힌 사진도 제외했다. 연구팀은 이런 기준으로 1,750장의 사진을 모았는데, 이 중 남성을 모델로 한 사진의 65퍼센트가 얼굴을 찍은 것이었다. 여성의 경우 45퍼센트가 얼굴 클로즈업 사진으로, 전신을 찍은 사진이 더 많았다.
이 조사와 분석은 어떤 의미를 말하는 것일까?

"깨끗이 닦고 반질반질 광낸 구두를 신어야 한다. 사람들의 시선이 내 발끝까지 미치고 있기 때문이다."

'외모도 능력'이라고 주장하는 어느 자기계발서에 나오는 문장이다.

이 주장은 반은 진실이고 반은 거짓이다. 왜냐하면 남성에게는 해당하지 않기 때문이다.

사람들은 남성을 볼 때 '얼굴'을 본다. 열에 아홉은 얼굴밖에 보지 않는다. 하반신, 특히 신발 따위에는 눈길도 주지 않기에 구두에 번쩍번쩍 광이 나지 않고 먼지나 흙탕물이 묻어 있어도 상대방이 알아차리지 못할 때가 많다.

반면 여성은 '몸 전체'를 본다. 따라서 여성은 다른 사람을 만날 때 신발까지, 즉 머리부터 발끝까지 신경 써야 한다.

미국 캘리포니아주립대학교 데인 아처(Dane Archer) 교수 연구팀은 《타임(Time)》, 《뉴스위크(Newsweek)》, 《미즈(Ms.)》, 《샌프란시스코 크로니클(San Francisco Chronicle)》, 《샌타크루즈 센티널(Santa Cruz Sentinel)》이라는 다섯 개 잡지를 선정해 잡지에 나오는 남성과 여성의 사진을 분석했다.

사진은 모델이 혼자 찍힌 사진으로 한정하고 신체 일부를 강조하는 목적의 사진은 제외했다. 화장품, 옷, 스포츠 관련 상품 등의 광고는 포함하지 않았다. 또 사람과 동물(코끼리 등)이나 자동차 등이 함께 찍힌 사진도 배제했다.

이런 기준으로 사진을 수집했더니 총 1,750장의 사진이 모였다. 한데, 분석 결과 남성이 모델인 사진의 65퍼센트가 클로즈업 기법으로 '얼굴'을 중심으로 찍은 것이라는 사실이 밝혀졌다. 여성의 경우 전체 사진의 45퍼센트가 얼굴 클로즈업 사진이라서 '몸 전체'를 찍은 사진이 더 많았음을 알 수 있다. 남성을 보는 사람은 '얼굴'에 집중하기에 남성 모델 사진도 얼굴이 중심인 셈이다. 여성을 볼 때는 '몸'을 보는 사람이 더 많아 여성 모델은 전신을 찍는다.

연구팀은 15세기 이후 회화를 대상으로 같은 조사에 나섰다. 역시 남성은 '얼굴'을 중심으로 그린 그림이 대부분이었고 여성은 '전신'을 그린 그림이 많았다.

사람들은 남성을 볼 때 얼굴에 초점을 맞추므로 다른 사람을 만날 때 거울을 보며 얼굴을 꼼꼼하게 점검해야 한다. 눈에 눈곱이 덕지덕지 껴 있거나 코털이 비죽 나왔거나 머리카락에 지저분하게 비듬이 끼어 있으면 나쁜 인상을 줄 수 있다. 반대로 남성은 일단 얼굴을 확실히 관리해두면 나머지 부분은 약간 대충 관리해도, 혹은 조금은 털털하게 살아도 큰 문제는 없다는 의미다.

찰칵!

찰칵!

그러나 여성은 다르다. 여성은 몸 전체가 사람들의 레이더망에 들어오므로 어느 한 곳 허투루 관리할 수 없다는 점을 명심하자.

심리실험 22

인간 뇌는 사진 73만 1,400장을 기억할 수 있다는데?

비숍스대 심리학과 라이오넬 G. 스탠딩 교수의
'사진 1만 장 기억력 측정 실험'

캐나다의 비숍스대학교 심리학 교수 라이오넬 G. 스탠딩은 일상을 찍은 사진 1만 장을 준비했다. 그는 실험 참여자에게 사진 한 장마다 5초 동안 보여주고 얼마나 기억하는지 조사했다.
독자 여러분은 '사진 1만 장을 기억한다는 게 말이 됩니까?'라고 항의하고 싶을지 모르겠다. 하지만 실험 결과 놀랍게도 우리 인간은 사진 1만 장 정도는 어렵지 않게 기억할 수 있다는 사실이 밝혀졌다. 여기서 한발 더 나아가 실험 결과를 세밀히 분석한 스탠딩 박사는 만약 사진 100만 장으로 실험했다면 73만 1,400장 정도는 너끈히 기억할 수 있다고 주장하기도 했다.
놀랍지 않은가?!

“저는 태생적으로 기억력이 나빠서 뭔가를 외우고 나서 돌아서면 잊어버려요.”

“머리가 터지도록 외우면 뭐해요? 남는 게 하나도 없는데……. 완전 붕어라니까요.”

앞으로는 머리를 탓하지 말자. 머리가 나빠서가 아니라 외우는 방법이 잘못되었기 때문이다. 귀로 듣고 넘기기만 해서는 충분히 외우고도 남을 내용도 외울 수 없다.

기억은 ‘영상(이미지)’을 적절히 활용하는 것이 비결이다. “백문이 불여일견”이라는 말처럼 같은 말을 백 번 듣기보다 자기 눈으로 한 번 보는 것이 훨씬 이해하기 쉽다. 기억도 마찬가지라서 영상으로 기억하려고 하면 어렵지 않게 기억할 수 있다.

캐나다의 비숍스대학교 심리학 교수 라이오넬 G. 스탠딩(Lionel G. Standing)은 일상을 찍은 사진 1만 장을 준비했다. 실험 참여자에게 사진 한 장마다 5초 동안 보여주고 얼마나 기억하는지 조사했다.

이 시점에서 이의를 제기하려고 들썩들썩하는 독자 여러분의 모습이 눈에 보이는 것만 같다. ‘사진 1만 장을 기억한다는 게 말이 됩니까?’라고. 과연 그럴까? 독자 여러분의 그런 생각과 예상은 보기 좋게 빗나갔다. 실험 결과 우리 인간은 사진 1만 장 정도는 어렵지 않게 기억할 수 있다는 사실이 밝혀졌기 때문이다. 여기서 한발 더 나아가 실험 결과를 세밀히 분석한 스탠딩 박사는 만약 사진 100만 장으로 실험했다면 73만 1,400장 정도는 너끈히 기억할 수 있다고 주장하기도 했다.

또 스탠딩 교수는 사진 대신 단어를 5초씩 보여주고 기억하도록 하는 실험을 했다. 이번에는 1,000개를 넘어서자 성적이 점점 떨어졌고 전체의 62퍼센트밖에 기억하지 못했다.

이 실험을 통해 우리는 이야기를 듣고 잘 기억하지 못하는 사람은 청각보다 시각을 좀 더 적극적으로 활용해야 한다는 점을 배울 수 있다. 예를 들어 회사에서 기계 조작 방법을 몇 번씩 배워도 기억하지 못할 때는 전문가가 시범을 보이는 장면을 동영상으로 촬영해보자. 시범 동영상을 보며 따라 하면 생각보다 훨씬 빠르고 쉽게 익힐 수 있다. 입이 아프게 설명하고 귀에 못이 박이도록 들어도 외워지지 않던 내용이 동영상을 보면 머리에 쏙쏙 들어올 뿐 아니라 암기도 잘 된다.

깨알 같은 글씨가 줄줄이 적힌 책을 읽어봤자 머리에 쥐만 나고 남는 게 없다고 볼멘소리하는 사람은 '만화'나 '그림'이 들어간 영상 이미지를 이용한 책으로 공부하면 이해가 빨라지고 기억력도 촉진할 수 있다.

심리실험 23

남녀가 서로 가까이 살수록 결혼할 확률이 높아진다고?

펜실베이니아주립대 제임스 H. 보사드 교수의
인간관계 불변의 법칙, '보사드의 법칙'

미국 펜실베이니아주립대학교 제임스 H. 보사드 교수는 필라델피아에서 결혼증명서 등록을 신청한 5,000쌍의 부부를 대상으로 결혼하기 전 두 사람의 주소가 어느 정도 떨어져 있었는지 조사했다. 그 결과, 그는 '결혼한 커플 전체의 3분의 1은 결혼 전 다섯 블록 이내에 살았다'라는 사실을 밝혀냈다. 왜 그럴까? 서로 가까이 살수록 '얼굴을 마주칠 빈도'가 늘어나기 때문이다. 오다가다 인사를 나누거나 지나가다 만나 잠시 날씨나 세상 돌아가는 이야기를 편하게 나누는 사이 연애 감정이 싹틀 수 있다. 반대로 멀리 살면 얼굴을 볼 기회가 거의 없다. 그러므로 당연히 연애를 시작할 가능성도 줄어든다. 이 실험 결과 '보사드의 법칙'이 탄생했다. 좀 더 자세한 내용을 본문에서 알아보자.

보면 볼수록 정이 든다면 만나는 횟수를 늘리면 고백에 성공해 사귀는 관계가 될 수 있지 않을까 하는 생각이 든다. 사실 "열 번 찍어 안 넘어가는 나무 없다"라는 속담을 뒷받침하는 연구가 있다.

'한동네에 사는 소꿉친구와 결혼하는 사람이 많다'라는 이야기를 들으면 솔직히 드라마나 영화에나 나오는 이야기처럼 비현실적인 설정이라는 생각이 든다. 그런데 이는 연구로 증명된 확실한 사실이다. 심리학에서는 이 법칙을 발견한 학자 제임스 H. 보사드(James Herbert Siward Bossard)의 이름을 따서 '보사드의 법칙'이라고 부른다. 가까이 살면 살수록 결혼할 확률이 높아지고 멀리 떨어져 지낼수록 확률이 점점 내려간다.

미국 펜실베이니아주립대학교 제임스 H. 보사드 교수는 필라델피아에서 결혼증명서 등록을 신청한 5,000쌍의 부부를 대상으로 결혼하기 전 두 사람의 주소가 어느 정도 떨어져 있었는지 조사했다.

조사 결과, '결혼한 커플 전체의 3분의 1은 결혼 전에 다섯 블록 이내에 살았다'라는 사실을 알게 되었다. 〈그림 7〉

한동네
LOVE

이유는 단순하다. 서로 가까이 살면 살수록 '얼굴을 마주치는 빈도'가 늘어나기 때문이다. 오다가다 인사를 나누거나 지나가다 만나 잠시 날씨나 세상 돌아가는 이야기를 편하게 나누다가 어느새 연애 감정이 싹틀 수 있다.

반대로 멀리 살면 얼굴을 볼 기회가 거의 없다. 그러므로 당연히 연애를 시작할 가능성도 줄어든다. '얼굴을 마주치는 빈도'가 늘어나면 연애로 발전할 가능성도 늘어나고 결혼으로 맺어지는 사례도 늘어난다. 따라서 가까이 사는 사람끼리 결혼할 확률이 높다는 '보사드의 법칙'은 당연하다면 당연한 연구 결과로 볼 수 있다.

오늘날처럼 교통이 발달하기 전에는 한동네에서 나고 자라 같은 유치원을 다니며 만난 유치원 동기끼리 결혼한다는 이야기를 자주 들었다. 시골에서는 지금도 그와 비슷한 일이 일어나고 있다.

회사에서 진행한 조사에서도 같은 층, 같은 부서, 책상이 가까운 사람끼리 결혼할 확률이 높다는 조사 결과도 있다. 미국 뉴욕주립대학교 로버트 E. 퀸(Robert E. Quinn)이 사무실에서 일어나는 로맨스를 분석했더니 '근접성(가까이 일하는지 여부)'이 중요하고 서로 말을 나누는 빈도가 늘어날수록 연애로 발전하기 쉬웠다고 한다.

마음에 둔 사람과 연애에 성공하거나 결혼에 골인하고 싶다

그림 7. 제임스 H. 보사드 교수의 조사 결과

결혼 전에 살던 주소	결혼한 사람의 누적률
한 블록 이내	17.18%
두 블록 이내	23.26%
세 블록 이내	27.46%
네 블록 이내	30.56%
다섯 블록 이내	33.58%

면 그 사람 집 근처로 이사 가는 방법도 고려해볼 수 있다. 어쨌든 얼굴을 자주 보고 이야기를 나눌 기회가 없으면 연애도 시작되지 않으니 말이다.

심리실험 24

형제자매의 여러 유형 중 '막내'가 가장 인기가 좋은 이유는 뭘까?

멤피스대 캐서린 키츠먼 교수의
'형제자매 수와 인기도의 상관관계 연구'

미국 텍사스주 멤피스대학교 캐서린 키츠먼 교수와 동료 연구자는 초등학교 남녀 학생을 대상으로 학급에서 자신이 가장 좋아하는 친구 3명, 가장 싫어하는 친구 3명의 이름을 적도록 했다. 그 결과를 바탕으로 인기 투표 득점(마이너스 1점부터 플러스 1점까지)을 산출하는 한편 '외동'인 경우, 두 형제자매 중 '형이나 오빠(혹은 언니나 누나)', 두 형제자매 중 '남동생(혹은 여동생)'이라는 3가지 카테고리로 나누어 평균 점수를 냈다.
이 연구에서 과연 어떤 결과가 나왔을까?

가지 많은 나무에 바람 잘 날 없다고 형제자매가 많은 집에서는 크고 작은 다툼과 갈등이 끊이지 않는다. 자주 험한 소리가 오가고 치고받고 싸우다가 궁지에 몰린 아이 하나가 부모에게 달려가 고자질하고……. 부모는 인상을 쓰고 눈을 부라리며 왜 사이좋게 지내지 못하고 눈만 뜨면 서로 못 잡아먹어서 안달이냐고 잔소리를 늘어놓고……. 한바탕 혼이 나고 잔뜩 주눅이 든 아이들은 그 바람에 잠시 싸움을 멈추고 소강상태에 들어간다. 그러나 휴전은 오래가지 않고 또다시 시시한 일이 불씨가 되어 전쟁으로 번진다.

어느 정도 나이가 들면 싸움이 줄어들기는 해도 사소한 일로 티격태격 다투는 일이 끊이지 않는다. 장난감이나 과자를 두고 서로 치열하게 경쟁을 벌이고, 텔레비전을 볼 때는 어떤 프로그램을 시청할지를 놓고 리모컨 쟁탈전이 벌어진다.

그러나 형제자매간의 다툼이 반드시 나쁘다고만 말할 수는 없다. 서로 티격태격 다투는 과정에 조율하고 화해하는 방법과 갈등을 극복하고 더 나은 관계를 만들어가는 방법을 배울 수 있기 때문이다. 어떻게 하면 험악한 분위기를 부드러운 분위기로 바꿀 수 있는지, 어떻게 하면 서로의 다친 마음을 감싸고 어루만지며 좋은 관계를 회복할 수 있는지는 실제로 싸우고 난 뒤에만 배울 수 있다. 인간관계의 매우 중요한 부분인 '화해하는 연습'은 실제 다툼을 통해서만 가능하다.

미국 텍사스주 멤피스대학교 캐서린 키츠먼(Catherine Kitzman) 교수와 동료 연구자는 초등학교 남녀 학생을 대상으로 학급에서 자신이 가장 좋아하는 친구 3명, 가장 싫어하는 친구 3명의 이름을 적도록 했다.

그 결과를 바탕으로 인기 투표 득점(마이너스 1점부터 플러스 1점까지)을 산출하는 한편 '외동'인 경우, 두 형제자매 중 '형이나 오빠(혹은 언니나 누나)', 두 형제자매 중 '남동생(혹은 여동생)'이라는 3가지 카테고리로 나누어 평균 점수를 냈다.

어떤 결과가 나왔을까? 3가지 카테고리 중 가장 인기가 없는 쪽은 '외동'이었다. 〈그림 8〉 형제가 없으면 싸울 일이 없고 화해하는 연습을 할 기회도 없다. 그러므로 인간관계가 아무래도 상대적으로 서툴게 마련이다.

키츠먼 교수는 "여러분은 친한 친구가 몇 명 있나요?"라는 추가 질문을 했다. 역시 외동아이일수록 친구가 적다는 결과가 나왔다.

이 실험 결과 가장 인기가 좋은 쪽은 '형제자매 중 제일 늦게 태어난 막내'였다. 남동생이나 여동생은 힘으로는 형이나 오빠, 언니나 누나를 이길 수 없어 분한 마음을 혼자서 달래거

그림 8. 캐서린 키츠먼 교수의 실험 결과

	외동	형·오빠(언니·누나)	남동생(여동생)
인기도	-0.33점	0.14점	0.45점
친구 수	4.60점	5.32점	5.43점

※ 인기도 수치는 -1점부터 +1점 득점. +1점에 가까울수록 '학급 인기도가 높다'는 사실을 보여준다.

나 억울하다고 느낄 때가 많을 수밖에 없다. 그런 수많은 경험을 통해 막내는 인간관계를 맺는 기술을 나름대로 터득해가는 것으로 추정할 수 있다.

심리실험 25

경제적으로 부유할수록 자식을 적게 낳고 경제적으로 쪼들릴수록 자식을 많이 낳는 이유는?

브리검 영대 팀 B. 히튼 교수 연구팀의
'경제력과 출산률의 상관관계 연구'

미국 유타주 브리검 영대학교 팀 B. 히튼 교수 연구팀은 9,643세대를 대상으로 인구조사를 시행했을 때 '불만'은 있지만 '이혼이나 별거할 생각은 없다'는 부부가 무려 65.8퍼센트였다고 발표했다. 서로에 대한 불만은 결혼 생활을 위협하는 원인이 될 터인데, 그런데도 '이혼하지 않겠다'는 부부가 제법 있다. 연구팀은 어떤 부부가 안정적인지도 아울러 조사해 '부자가 아닌 부부가 더 안정적이다'라는 사실을 밝혀냈다. 경제적인 안정이 곧 결혼 생활의 안정을 의미하지는 않는다. 부자가 '아닌' 부부가 더 안정적인 결혼 생활을 영위했다고? 도대체 왜 이런 결과가 나왔을까?

결혼 생활을 하다 보면 남편이나 아내나 상대방에게 불만이 생길 일이 얼마든지 있다. 그렇다고 해서 결혼 생활에 염증을 느낀 모든 부부가 이혼 서류에 도장을 찍지는 않는다. 세상에는 불만이 있어도 나름대로 안정적으로 결혼 생활을 유지하는 부부가 더 많다.

미국 유타주에 있는 브리검 영대학교 팀 B. 히튼(Tim B. Heaton) 교수 연구팀은 9,643세대를 대상으로 인구조사를 시행했을 때 불만은 있지만 '이혼이나 별거할 생각은 없다'는 부부가 무려 65.8퍼센트였다고 발표했다. 서로에 대한 불만은 결혼 생활을 위협하는 원인이 될 터인데, 그런데도 '이혼하지 않겠다'는 부부가 제법 있다.

연구팀은 어떤 부부가 안정적인지도 아울러 조사해 '부자가 아닌 부부가 더 안정적이다'라는 사실을 밝혀냈다. 경제적인 안정이 곧 결혼 생활의 안정을 의미하지는 않는다. 부자가 '아닌' 부부가 더 안정적인 결혼 생활을 영위했다고? 도대체 왜 이런 결과가 나왔을까?

연구팀은 사회적·경제적 지위가 높은 사람들(즉 부유층)일수록 부부 관계가 불안정한 양상을 보였다고 보고했다. 경제적

으로 여유로운 부부일수록 자녀를 낳지 않았다. "자식은 부부 사이의 연결 고리 역할을 한다"라는 말이 있다. 아이가 없거나 적은 부부는 이혼하기 쉬운 경향이 있다. 또 경제적으로 여유가 있으면 다른 상대를 쉽게 찾을 수 있다. 돈이 있으면 돈을 보고 다가오는 이성이 많아지고 불륜이나 외도를 저지를 위험성도 높아진다. 불륜이나 외도가 발각되면 당연히 이혼으로 이어질 위험성이 크다.

경제적으로 여유가 없는 부부는 자식을 많이 낳는 편이다. 아이를 생각해서 이혼은 최후의 수단이라고 생각하며 이를 악물고 참으며 산다. 또 유흥에 돈을 쓸 여력도 없다. 당연히 가정 밖에서 이성과 어울릴 기회도 줄어든다. 그래서 아내나 남편 말고는 다른 사람과 사귀거나 특별한 관계를 만들 수 없다. 이런 이유로 빠듯한 살림살이가 부부 관계를 안정적으로 유지하는 데 도움이 될 수 있다.

'부자는 누구에게나 부러움의 대상이 된다. 돈이 많다고 해서 만사가 행복하지 않다'라는 사실을 알아두면 가계부를 들여다보며 살림살이를 걱정하는 우리 서민들에게 조금이나마 위안이 되지 않을까.

심리실험 26

투표 시 후보자의 자질 중 유권자가 가장 중시하는 요소는?

미시간대 존 W. 킹던 교수의
'선거에서 당선의 가장 중요한 요소 연구'

미국 미시간대학교 존 W. 킹던 교수는 상원의원, 하원의원, 주의원을 뽑는 선거에서 당선한 사람과 낙선한 사람 66명을 인터뷰했다. 킹던 교수는 그들에게 다음과 같이 질문했다.

"어느 당에서 출마하는가, 어떤 정책을 내세우는가, 그리고 후보자의 인품은 어떤가. 이 세 가지 요소 중 선거에서 승리하기 위해 가장 중요한 요소는 무엇이라고 생각하십니까?"

그러자 실제 선거에서 당선한 사람 중 62퍼센트가 '후보자의 인품'이 가장 중요하다고 대답했다.

반면 낙선한 사람은 35퍼센트만 '후보자의 인품'이 중요하다고 꼽았다.

정치와 선거에서 가장 중요한 요소는 과연 무엇일까? 그 실마리를 본문에서 발견하기 바란다.

우리는 투표소에 들어가 어떤 후보자에게 자신의 소중한 한 표를 행사할까?

유권자가 후보자에게 투표할 때는 어떤 정책을 내걸고 입후보했는지 확실히 살펴보고 자기 눈에 가장 바람직해 보이는 정책을 선보이는 후보자에게 표를 던져야 한다. 그러나 여기까지는 일종의 이상론에 지나지 않는다. 현실에서는 어떤 후보자가 어떤 정책을 내세우는지 관심도 없는 유권자가 대다수라 해도 지나치지 않다.

미국 미시간대학교 존 W. 킹던(John Wells Kingdon) 교수는 상원의원, 하원의원, 주의원을 뽑는 선거에서 당선한 사람과 낙선한 사람 66명을 인터뷰했다. 킹던 교수는 그들에게 다음과 같이 질문했다.

"어느 당에서 출마하는가, 어떤 정책을 내세우는가, 그리고 후보자의 인품은 어떤가. 이 세 가지 요소 중 선거에서 승리하기 위해 가장 중요한 요소는 무엇이라고 생각하십니까?"

그러자 실제 선거에서 당선한 사람 중 62퍼센트가 '후보자의 인품'이 가장 중요하다고 대답했다. 반면 낙선한 사람은 35퍼센트만 '후보자의 인품'이 가장 중요하다고 꼽았다.

당선한 사람은 후보자 자신의 매력이 선거에서 가장 중요한 요소임을 알고 현실을 정확하게 인식하고 있었다. 그런 터라 선거전에서 유권자에게 최대한 호감이 가는 분위기를 보여주려고 노력했다.

선거에서 승리하기 위해서는 정책을 내세우기보다 거리에 나가 다양한 유권자와 악수하거나 아기를 안아 올리는 장면을 연출하는 등의 요소가 더 중요하다. 그러나 낙선한 사람의 경우 후보자의 인품이 가장 중요하다는 현실을 제대로 인식하지 못한 채 오로지 정책 표방에만 모든 화력을 집중했다.

어떤 정책을 실행해줄지 알지 못하면 유권자는 후보자를 선택할 기준이 없다고 생각하기 쉬우나 현실은 그렇지 않다. 어떤 정책을 중시하고 내세우는지는 잘 모르더라도 그저 '성실해 보이는 이미지'만으로도 유권자는 자신의 소중한 한 표를 던질 수 있다.

나는 여기서 유권자의 어리석음을 지적할 생각은 없다. 다만 우리 인간에게 본래 그런 경향이 있음을 이야기하고 싶을 따름이다. 왜냐하면 우리는 이미지만으로 누군가를 리더로 뽑을지 여부를 판단할 수도 있기 때문이다.

심리실험 27

90퍼센트 확률로 낙선하는 후보자들의 단 한 가지 공통점은?

펜실베이니아주립대 해럴드 줄로 교수의
'선거 후보자들의 말과 당선율의 상관관계 연구'

미국 펜실베이니아주립대학교 해럴드 줄로 교수는 1948년부터 1984년까지 공화당과 민주당 지명 수락 연설을 분석했다. 그는 각 후보자가 미국 상황을 얼마나 비관적으로 묘사하는지 조사했다. 그 결과 비관적 후보자가 10번에 9번꼴로 선거에서 패배한 것으로 나타났다.
"이대로 가면 우리나라는 이제 끝장입니다!"
"더 손쓸 방법이 없을 정도로 절망적인 상황입니다!"
이런 식의 비관적 문구를 자주 사용하는 후보자일수록 낙선 확률이 높았다. 줄로 박사는 1900년부터 1944년까지 선거 결과도 조사했는데, 비관적 후보자가 12번의 선거에서 9번 패배했다는 사실을 밝혀냈다. 75퍼센트의 압도적인 결과였다.
이번 항목에서 독자 여러분은 '말의 힘'을 다시 한번 실감하게 될 것이다.

"이 나라 경제가 점점 더 나빠지고 있습니다."

"이대로 가면 나라가 망합니다."

선거 연설에서 유권자를 상대로 이렇게 외치는 후보자가 있다고 가정해보자. 심리학자라면 그 후보자의 연설을 듣고 낙선을 예측한다. 왜냐고? '비관적인 말'을 입에 담는 후보자가 낙선할 확률이 상당히 높다는 사실이 심리학 연구로 밝혀졌기 때문이다.

미국 펜실베이니아주립대학교 해럴드 줄로(Harold Zullow) 교수는 1948년부터 1984년까지 공화당과 민주당 지명 수락 연설을 면밀히 분석했다. 그는 각 후보자가 미국 상황을 어느 정도 비관적으로 묘사하는지 살펴보았다. 그 결과 비관적인 후보자가 10번에 9번꼴로 선거에서 패배했다는 사실을 알게 되었다. 무려 90퍼센트 확률이니 거의 예외 없이 낙선한 셈이다. 엄청난 확률 아닌가!

"이대로 가면 우리나라는 이제 끝장입니다!"

"더 손쓸 방법이 없을 정도로 절망적인 상황입니다."

이런 식의 비관적인 문구를 자주 사용하는 후보자일수록 낙선 확률이 높았다. 줄로 박사는 분석 범위를 넓혀 1900년부터

!?
?
이대로 가면 끝장입니다.

1944년까지 선거 결과를 조사했는데, 비관적인 후보자가 12번의 선거에서 9번 패배했다는 사실을 밝혀냈다. 75퍼센트의 압도적인 결과였다.

이는 정치인에 한정된 이야기가 아니다. 비즈니스 현장의 리더도 마찬가지다. 경영자가 날마다 비관적인 말만 쏟아내는 기업은 나날이 실적이 악화한다. 한 가지 제품만 판매하는 자판기처럼 입을 열 때마다 비관적인 말을 쏟아내면 그 말을 듣는 직원의 의욕이 유지될 리가 없다. 들을 때마다 기분이 우울해지고 사기가 꺾인다. 차라리 밑도 끝도 없이 큰소리치는 경영자가 낫다. 항상 낙관적이어서 "우리 회사가 머지않아 전 세계를 제패하게 될 것이다"라고 호언장담하는 경영자를 보면 직원들은 반신반의하면서도 왠지 그 말을 믿고 의지하고 싶어진다.

정치가든 경영자든 믿음직스러운 사람은 비관적인 말을 거의 하지 않는다. 낙관적이고 건설적인 말을 하기에 듣는 사람도 안심이 된다.

독자 여러분은 어떤 리더가 되고 싶은가? 늘 부정적인 말을 입에 달고 살며 구성원을 암담하게 만드는 리더가 되고 싶은가? 그렇지 않다면 지금 당장 여러분의 입에서 습관적으로 흘러나오는 말을 돌아보고 그 말을 긍정적인 방향으로 바꾸는 일부터 시작하라.

심리실험 28

후보자의 '얼굴'만으로 당선 여부를 68.8퍼센트 예측할 수 있다고?

프린스턴대 알렉산더 토도로프 교수 연구팀의
'외모와 당선율의 상관관계 연구'

미국 뉴욕주 프린스턴대학교 알렉산더 토도로프 교수와 그의 연구팀은 공신력 있는 과학지 《사이언스》에 논문을 발표했다. 연구팀은 후보자의 얼굴만으로 당선 여부를 68.8퍼센트 예측할 수 있다는 다소 발칙한 주장을 내놓았다. 선뜻 믿어지지 않는 주장인데, 그들은 과연 무엇을 근거로 그런 자신감 넘치는 주장을 내놓았을까?

연구팀은 2004년 미국 상원의원 32명의 증명사진을 이용해 '얼굴 평가'만으로 당선을 예측할 수 있다고 주장했다. 일단 무조건 미남이나 미녀가 유리할 것 같지만 꼭 그렇지도 않았다. 그렇다면 어떤 유형의 얼굴을 가진 사람이 당선될 확률이 높았을까?

앞에서 '후보자의 인품'이 선거에서 가장 중요한 요소의 하나라고 이야기했다. 그런데 인품을 다른 사람에게 어떻게 알려야 할까? 물론 가장 좋은 방법은 직접 만나서 대화를 나누고 자신의 가치관과 정치철학을 진지하게 들려주는 것이겠다. 그렇게 하다 보면 자연스럽게 유권자와 친밀감을 느끼게 될 것이고, 그 과정에 상대방이 자신의 훌륭한 인품을 느끼게 할 수 있을 테니까. 그러나 현실은 전혀 다르다. 거리 유세를 해도 가던 길을 멈추고 귀 기울여 연설을 듣는 사람은 찾아보기 어려울 정도다. 마이크를 들고 연설하는 후보자의 유세 트럭을 보면 시끄러운 소리에 잠깐 시선을 주었다가 다시 제 갈 길을 간다. 그렇다면 후보자를 만날 기회가 거의 없는 유권자들은 어떻게 자신이 지지할 후보자를 선택할까?

이에 관한 흥미로운 연구 결과가 있다. '유권자는 인상만으로 자신이 지지할 후보자를 선택한다'라는 가설을 뒷받침하는 연구였다. 미국 뉴욕주 프린스턴대학교 알렉산더 토도로프(Alexander Todorov) 교수와 그의 연구팀은 공신력 있는 과학지 《사이언스》에 논문을 발표했다. 연구팀은 후보자의 얼굴만으로 당선 여부를 68.8퍼센트 예측할 수 있다는 다소 발칙한 주장을 내놓았다. 선뜻 믿어지지 않는 주장인데, 그들은 과연 무엇을 근거로 그런 자신감 넘치는 주장을 내놓았을까?

연구팀은 2004년 미국 상원의원 32명의 증명사진을 이용해 '얼굴 평가'만으로 당선을 예측할 수 있다고 주장했다. 일단 무조건 미남이나 미녀가 유리할 것 같지만 꼭 그렇지도 않았다. 그렇다면 어떤 유형의 얼굴을 가진 사람이 당선될 확률이 높았을까? 연구팀에 따르면 대체로 '유능해 보이는 얼굴'의 후보자가 당선될 가능성이 컸다. 연구팀은 2000년, 2002년 상원의원 후보자도 조사했는데, 역시 얼굴에 초점을 맞추어 총 71.6퍼센트의 확률로 당선 여부를 맞혔다.

'지적인 분위기를 풍기는 얼굴이라 유능해 보인다.'

인상이 선거의 당락을 좌우한다. 인상만 보고 그 후보자의 당선 여부를 예측할 수 있는 셈이다. 어딘가 얼빠진 인상의 후보자는 유권자에게 선택될 가능성이 눈에 띄게 낮았다. 물론 국회의원에 입후보할 정도의 사람이라면 그야말로 어리숙하거나 얼빠진 인상의 사람은 없겠지만 아무튼 다른 후보자와 비교해 조금이라도 더 유능해 보이는 사람이 당선되었다. 결론적으로 말해 사람의 '인상'이 선거의 당락을 갈랐다고 해도 지나치지 않다. 연구팀은 후보자의 인상을 기준으로 당선 여부를 예측할 수 있었다.

선거가 다가오면 동네 곳곳에 후보자의 포스터가 나붙는다.

다가오는 선거에서는 포스터를 보고 누가 당선될지 예상해보는 것도 재미있지 않을까. 각 후보자가 어떤 정책을 표방하는지는 논외로 하고 순수하게 얼굴만 보고 예상해보자. 누가 더 유능해 보일까. '얼굴'에만 집중하면 70퍼센트 정도 확률로 예상이 적중한다.

선거는 국민 생활에 매우 중요한 이벤트다. 그러므로 이 책을 읽는 독자 중에는 후보자의 당선 여부를 장난처럼 예측하는 건 올바르지 않다며 불편한 심기를 드러내는 분도 있을지 모르겠다. 이 점에 대해 나는 생각이 약간 다르다. 처음에는 아무리 가볍고 사소한 요소라도(심지어 후보자의 얼굴이라도) 정치와 선거에 관심을 두게 되는 계기로 작용한다면 나쁜 일이 아니라고 생각한다. '후보자의 얼굴' 같은 가볍고 사소한 요소에서 시작해 차츰 관심이 커지면 후보자의 공약이나 정책, 정치철학 등 좀 더 거창하고 중요한 문제로 옮겨갈 수도 있기 때문이다.

심리실험 29

프랑스인 서비스업 종사자는 스트레스를 받지 않는다는데, 과연 그럴까?

펜실베이니아주립대 얼리샤 그랜디 교수의
'국적별 서비스업 종사자의 스트레스 받는 정도 연구'

미국 펜실베이니아주립대학교 얼리샤 그랜디 교수는 이 점에 흥미를 느껴 미국인 116명, 프랑스인 99명의 비서와 웨이트리스 등 서비스업 종사자를 비교하는 연구를 진행했다. 그 결과 미국인과 프랑스인 서비스업 종사자 사이에 스트레스를 받는 정도에 실제로 큰 차이가 있음이 밝혀졌다.
과연 두 나라 서비스업 종사자 중 어느 나라 사람이 더 스트레스를 받고 혹은 덜 받았을까? 그리고 그런 차이는 왜 발생하는 걸까? 좀 더 자세한 내용을 본문에서 알아보자.

서비스업에 종사하는 미국인은 사람들에 치여 몸과 마음이 녹초가 되기 십상이다. 미국에서는 '고객을 웃는 얼굴로 대해야 한다'라는 규칙이 적용되기 때문이다. 물론 이는 미국만의 일은 아니다. 미국 외에도 서비스직 노동자에게 '미소'를, 즉 '감정 노동'을 강요하는 나라는 많다. 서비스업에 종사하며 감정 노동으로 먹고사는 사람은 하루하루가 고달프다.

여기서 예외인 나라가 있다. 어디일까? 프랑스다. 프랑스인은 서비스업에 종사해도 그다지 스트레스를 받지 않는다고 한다. 같은 일을 하는데 왜 프랑스인은 스트레스를 받지 않을까? 쇠심줄처럼 튼튼하고 질긴 신경을 타고났기 때문일까?

미국 펜실베이니아주립대학교 얼리샤 그랜디(Alicia Grandey) 교수는 이 점에 흥미를 느껴 미국인 116명, 프랑스인 99명의 비서와 웨이트리스 등 서비스업 종사자를 비교하는 연구를 진행했다. 그 결과 미국인과 프랑스인 서비스업 종사자 사이에 스트레스를 받는 정도에 실제로 큰 차이가 있음이 밝혀졌다.

왜 이런 차이가 발생할까? 미국이나 일본 등과 달리 프랑스 서비스업에는 '고객에게 항상 웃는 얼굴로 대해야 한다'라는 규칙이 없기 때문이다. 고객을 상대로 웃을지 말지는 개인이

아, 그런가 보다
Paris

정할 권리이며 누구도 '웃는 얼굴'을 강요할 수 없다고 한다. 과연 '개인주의의 천국'인 나라다운 사고방식이다.

그러므로 프랑스인은 서비스업에 종사하는 사람도 스트레스를 별로 받지 않는다. 즐겁지 않은 일을 하는 것만으로도 힘든데 억지로 생글생글 웃기까지 해야 한다면 그것이야말로 고역이 아닌가.

외국인이 프랑스 여행을 하다 보면 '점원이 불친절하고 무뚝뚝하다'라며 불만을 토로하는 경우가 많다. '웃는 얼굴로 하는 서비스'에 익숙해진 나라 사람은 좀처럼 '미소'를 보여주지 않는 무표정한 직원에게 거부감을 느낀다. 그러다가 프랑스인은 일터에서 웃을지 말지 개인이 결정할 수 있다는 사실을 알게 되면 다시 무뚝뚝한 점원을 봐도 '아, 그런가 보다' 하고 대수롭지 않게 넘어가고 받아들이게 된다. 반면 사정을 잘 모르는 사람은 서비스 정신이 부족하다며 애꿎은 프랑스인을 원망한다.

문화에 따라 구성원에게 요구하는 규칙이 당연히 달라야 한다. 다른 나라 사람이 자기 나라 사람과 다르다고 자기 나라 규칙으로 그 사람을 판단하지 않도록 주의하자.

심리실험 30

뉴스 앵커의 표정과 멘트가 선거판에 막대한 영향을 미친다?

시큐러스대 사회심리학과 브라이언 멀른 교수 연구팀의 '뉴스 앵커가 시청자에게 발휘하는 영향력 연구'

미국 시큐러스대학교 사회심리학과 브라이언 멀른 교수 연구팀은 뉴스 앵커가 시청자에게 발휘하는 영향력을 규명하는 연구에 착수했다. 연구팀은 1984년 미국 대통령 선거 직전 여드레 동안 3대 방송사 ABC, CBS, NBC 뉴스 앵커의 보도를 심층 분석했다.
그 결과 ABC 앵커 피터 제닝스만 로널드 레이건 소식을 전할 때 얼굴에 미소를 띤다는 사실이 드러났다. 반면 CBS의 댄 래더와 NBC의 톰 브로코는 전혀 감정을 드러내지 않았다.
"선거 기간 동안 ABC, CBS, NBC 중 어느 방송사의 뉴스를 가장 자주 보셨습니까?"
"후보자 중 누구에게 투표하셨습니까?"
연구팀은 선거가 끝난 뒤 여러 지역 주민에게 질문했다.
이 연구에서 과연 어떤 결과가 나왔을까?

뉴스 앵커는 사심을 철저히 배제하고 공명정대하게 사실을 보도해야 한다. 더구나 선거에 관한 정보라면 더욱더 공정해야 하고 신중히 처리해야 한다. 그러나 뉴스 앵커도 사람인지라 자신의 마음에 드는 후보자가 있기 마련이다. 그러므로 완벽히 중립적인 보도는 사실상 불가능하다고 해도 지나치지 않다. 항상 머릿속에는 '공명정대하게 보도해야 한다'라는 명제가 금과옥조처럼 박혀 있어도 자신이 좋아하는 후보자 소식을 전할 때는 자연스럽게 흐뭇한 미소가 새어 나오거나 좀 더 따뜻하고 부드러운 목소리로 보도할 수 있다.

그러면 그런 분위기와 기운이 전해져 시청자도 그 후보자에게 호감을 느끼게 될 가능성이 크다. 그래서 이런 식이 되기 십상이다.

'내가 좋아하고 신뢰하는 앵커가 OOO 후보자를 지지하나 보네. 딱히 마음에 드는 사람도 없는데, 나도 저 사람이나 찍을까?!'

평소에 딱히 지지하거나 염두에 둔 후보자가 없는 시청자라면 뉴스 앵커의 반응을 보고 투표소에 들어가서 누구를 찍을지 정할 가능성도 있다.

미국 뉴욕주 시큐러스대학교 사회심리학과 브라이언 멀른(Brian Mullen) 교수가 이끄는 연구팀은 뉴스 앵커가 시청자에게 발휘하는 영향력을 규명하는 야심 찬 연구에 나섰다. 연구팀은 1984년 미국 대통령 선거 직전 여드레 동안 3대 방송사 ABC, CBS, NBC 뉴스 앵커의 보도를 심층 분석했다. 그 결과 연구팀은 ABC의 앵커 피터 제닝스(Peter Jennings)만 당시 대통령 후보자였던 로널드 레이건에 관한 소식을 전할 때 얼굴에 미소를 띠고 보도한다는 사실을 알게 되었다. 반면 CBS의 댄 래더(Dan Rather)와 NBC의 톰 브로코(Tom Brokaw)는 어떤 후보자를 보도할 때도 전혀 감정을 드러내지 않았다.

"선거 기간 동안 ABC, CBS, NBC 중 어느 방송사의 뉴스를 가장 자주 보셨습니까?"

"후보자 중 누구에게 투표하셨습니까?"

연구팀은 선거가 끝난 뒤 여러 지역 주민에게 질문했다. 그들이 오하이오주 클리블랜드 주민을 대상으로 분석한 결과를 보면 흥미롭다. "ABC를 가장 자주 시청했다"라고 대답한 사람의 무려 75퍼센트가 레이건에게 투표했기 때문이다. 반면 "CBS나 NBC를 자주 시청한다"라고 대답한 주민의 61.9퍼센트만이 레이건에게 표를 던졌다. 게다가 놀랍게도 미주리주 롤라 주민을 대상으로 한 조사에서는 "ABC를 가장 자주 시청한다"라고 대답한 사람의 전부, 즉 100퍼센트가 레이건에게 투표했다는 결과가 나왔다. 반면 “CBS나 NBC를 자주 시청했다”라고 대답한 사람 중 레이건에게 투표한 사람은 85퍼센트였다. 연구팀은 이 조사로 ABC를 즐겨 본 시청자일수록 레이건에게 투표했다는 결론을 내렸다. 이는 누가 봐도 시청자이자 유권자인 시민 중 적지 않은 수의 사람이 앵커 피터 제닝스의 영향을 받았다고 볼 수밖에 없는 결과였다.

텔레비전은 우리에게 막강한 영향력을 발휘한다. 우리는 의식하든 의식하지 못하든 텔레비전의 강력한 영향력 아래 살아간다. 평소 자신이 좋아하는 연예계 스타나 유명 스포츠 선수가 “저는 OO를 좋아합니다”라고 말하는 장면을 보면 이상하게 그 사람에게 마음이 간다. 심리학 연구를 통해 뉴스 앵커의 표정이 선거 결과에 영향을 미친다는 가설이 명확히 검증된 만큼 완벽하게 객관적이고 공명정대한 보도는 불가능하다는 사실을 인정하고 공정함을 추구하는 새로운 방법을 고민해야 하지 않을까.

심리실험 31

모차르트 음악을 들려주면 정말로 머리가 좋아질까?

하버드대 크리스토퍼 F. 차브리스 교수의
'모차르트 이펙트의 진위 연구'

미국 하버드대학교 크리스토퍼 F. 차브리스 교수는 '모차르트 이펙트'와 관련한 수많은 논문을 끈질기게 수집하고 종합적으로 분석했다. 과연 어떤 결과가 나왔을까?
오랜 시간과 노력을 들인 연구 끝에 차브리스 교수는 "모차르트 음악은 뇌 기능 향상에 거의 효과가 없다"라는 결론을 끌어냈다. 좀 더 구체적으로, IQ 테스트 점수로 말하자면 1.4점 정도 오르는 수준으로 사실상 '거의 효과가 없다'는 것이 차브리스 교수가 내린 결론이었다. 실제로 '모차르트 이펙트'를 체계적이고 합리적으로 검증해보면 '거의 효과가 없다'라는 결론이 도출된다고 한다.
말도 많고 탈도 많은 '모차르트 이펙트'의 진실은 과연 뭘까? 이번 항목을 통해 좀 더 명쾌한 답을 얻기를 바란다.

'어린아이에게 모차르트 음악을 들려주면 머리가 좋아질까?' 자녀를 가진 부모라면 누구나 관심 있어 할 만한 이 주제에 대한 심리학 실험 결과가 기사로 보도된 적이 있다. 미국 캘리포니아대학교 프랜시스 라우셔(Frances Rauscher) 교수팀이 발표한 연구 결과다. 연구팀은 모차르트 소나타를 대학생들에게 10분 동안 들려준 뒤 IQ를 테스트한 결과 'IQ가 향상되었다'라고 보고했다. 그들은 이 연구 결과에 '모차르트 이펙트(Mozart Effect)'라는 이름을 붙였다.

선뜻 믿기 어려운 이 결과에 곧바로 수많은 연구자가 벌떼처럼 몰려들어 검증에 나섰다. 연이은 연구로 몇 가지 사실이 추가로 밝혀지거나 새로운 주장이 등장했다. 그중 하나는 모차르트가 아닌 다른 음악가의 곡을 들려주어도 마찬가지로 IQ가 향상된다는 주장이다. 또 하나는 '모차르트 이펙트'는 인정할 수 있다고 하더라도 어디까지나 모차르트를 좋아하는 사람에게만 유효하다는 주장이다. 그리고 또 다른 연구팀이 본격적인 연구를 통해 주장한 사실은 '모차르트 음악을 아무리 자주 반복해서 들려주어도 IQ가 전혀 향상되지 않았다'는 점이다. 과연 어느 연구가 맞을까? '모차르트 이펙트'는 사실일

X ÷ +

까 아닐까?

미국 하버드대학교 크리스토퍼 F. 차브리스(Christopher F. Chabris) 교수는 '모차르트 이펙트'와 관련한 수많은 논문을 끈질기게 수집하고 종합적으로 분석했다. 과연 어떤 결과가 나왔을까?

오랜 시간과 노력을 들인 연구 끝에 차브리스 교수는 "모차르트 음악은 뇌 기능 향상에 거의 효과가 없다"라는 결론을 끌어냈다. 좀 더 구체적으로, IQ 테스트 점수로 말하자면 1.4점 정도 오르는 수준으로 사실상 '거의 효과가 없다'는 것이 차브리스 교수가 내린 결론이었다.

실제로 '모차르트 이펙트'를 체계적이고 합리적으로 검증해 보면 '거의 효과가 없다'라는 결론이 도출된다고 한다. 그러므로 우리는 시중에서 판매되는 유아 교육용 교재에서 '모차르트 음악을 들려주면 머리가 좋아진다는 사실이 실험으로 입증되었다!'라며 호들갑 떠는 광고 문구를 종종 볼 수 있는데, 따지고 보면 이는 거의 예외 없이 과장광고로 보아도 무리가 없지 않을까 싶다. 그러므로 아이에게 온종일 모차르트 음악을 들려주어도 학교 성적에는 별다른 변화가 일어나지 않을 것이다. 만약 성적이 올랐다면 부모가 들려준 모차르트 음악 덕분이 아니라 아이가 열심히 공부한 결과로 보는 것이 합리적인 판단이다.

아이가 좋은 성적을 받아오면 '그동안 열심히 노력한 보람이 있구나. 잘했어!'라고 도전과 노력을 칭찬해주자. '네가 어렸을 때부터 엄마가 모차르트 음악을 열심히 틀어줬거든. 그 덕을 이제야 보는구나!'라는 어리석은 소리를 하는 부모는 되지 말자.

심리실험 32

'볼매'가 되고 싶다면 노출·접촉 빈도를 획기적으로 늘려라

피츠버그대 리처드 모어랜드 교수 연구팀의
'접촉도와 호감도의 상승관계 측정 실험'

미국 펜실베이니아주 피츠버그대학교 리처드 모어랜드 교수와 그의 연구팀은 네 명의 여자 조교를 '인격 심리학'이라는 강의에 등록하고 출석하게 했다. 연구팀은 그 조교들이 다른 학생들과는 전혀 접촉하지 못하도록 단속했다. 즉, 실험 참여자인 조교들은 사전에 다른 학생이 말을 걸어와도 대답하지 말고 무시하라는 지시를 받았다.
그들은 강의실에서 항상 제일 앞줄에 앉아 다른 학생들이 그들의 존재를 알 수 있도록 했다. 네 명의 실험 참여자는 출석 횟수가 달랐다. 0회, 5회, 10회, 15회로 제각각 다른 횟수로 강의에 출석해 학생들에게 얼굴을 보여주고 낯을 익힐 기회를 제공했다.
강의가 끝난 뒤 수강생에게 실험 참여자 네 명의 매력도를 물었다. 어떤 결과가 나왔을까?

어르신들 말씀 중에 "자꾸 보면 정든다"라는 말이 있다. 요즘에는 아예 볼수록 매력적인 사람이라고 해서 '볼매'라는 신조어까지 생겨났다. 실제로 우리는 같은 얼굴을 몇 번씩 보다 보면 그 얼굴이 좋아진다. 이목구비가 특별히 잘생기거나 예쁘지 않아도 몇 번씩 얼굴을 마주하다 보면 생각이 달라진다. '찬찬히 뜯어보니 제법 괜찮은 얼굴이네!'라고 생각하게 된다.

얼굴을 마주하는 빈도가 늘어나면 늘어날수록 상대방을 보는 관점과 생각이 달라질 수 있다. 이처럼 '같은 얼굴을 보면 볼수록 그 사람에게 호감을 느끼게 된다'는 심리 법칙을 전문가들은 '노출 효과(Exposure Effect)' 또는 '단순 노출 효과(Mere Exposure Effect)'라고 부른다. 어떤 사람에게 강한 인상을 심어주려고 노력하거나 호감을 사려고 애쓰지 않고 (단순히) 그 사람과 접촉하기만 해도 호감도가 상승한다.

미국 펜실베이니아주 피츠버그대학교 리처드 모어랜드(Richard Moreland) 교수 연구팀은 네 명의 여자 조교를 '인격심리학'이라는 강의에 등록하고 출석하게 했다. 연구팀은 그 조교들이 다른 학생들과는 전혀 접촉하지 못하도록 단속했다. 즉, 실험 참여자인 조교들은 사전에 다른 학생이 말을 걸어와도 대답하지 말고 무시하라는 지시를 받았다.

그들은 강의실에서 항상 제일 앞줄에 앉아 다른 학생들이 자신의 존재를 알 수 있도록 했다. 네 명의 실험 참여자는 출석 횟수가 달랐다. 0회, 5회, 10회, 15회로 제각각 다른 횟수로 강의에 출석해 학생들에게 얼굴을 보여주고 낯을 익힐 기회를 제공했다.

강의가 끝난 뒤 수강생에게 실험 참여자 네 명의 매력도를 물었다. 그 결과 출석 횟수가 가장 많은 참여자, 즉 얼굴을 보여준 횟수가 가장 많았던 사람이 학생들에게 가장 매력적으

그림 9. 리처드 모어랜드 교수의 실험 결과

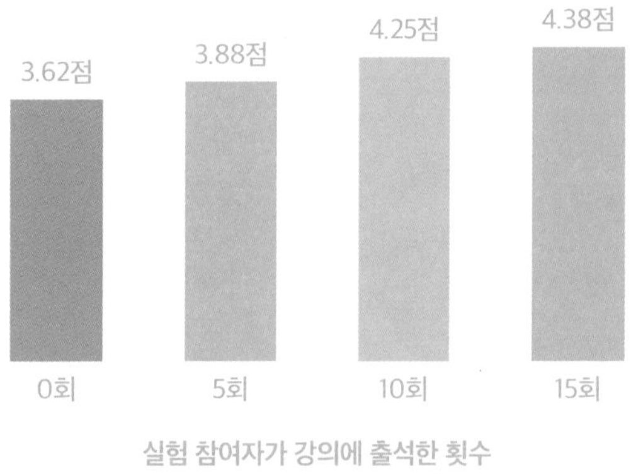

※ 수치는 7점 만점. 7점에 가까울수록 '매력적으로 느껴졌다'는 사실을 보여준다.

로 보였고 호감을 주었다는 결론을 얻었다. 〈그림 9〉

얼굴을 몇 번 보여주는지에 따라 상대방이 느끼는 매력에 차이가 생긴다는 가설을 검증하기 위한 실험이었기에 네 명의 여성 참여자는 외모에 거의 차이가 없는 사람으로 선정했다. 그러므로 사실상 동일한 조건에서 강의에 자주 출석해 얼굴이 눈에 익은 사람일수록 더 큰 매력을 느낀다는 사실이 밝혀진 셈이다.

영업의 세계에서는 수시로 얼굴을 내미는 영업사원일수록 고객을 많이 확보할 수 있다고 알려져 있다. 고객은 얼굴을 자주 내비치지 않는 영업사원보다 몇 번씩 자신을 만나러 와주는 영업사원에게 좀 더 호감을 느끼는 게 당연하다는 심리학의 '노출 효과'가 실제로 현장에서 입증된 셈이다.

심리실험 33

다이어트에 성공하기 위해 '그릇'과 '숟가락' 크기부터 작은 것으로 바꿔야 하는 이유

펜실베이니아대 앤드루 B. 가이어 교수 연구팀의
'숟가락 크기와 식사량의 상관관계 연구 실험'

미국 펜실베이니아대학교 앤드루 B. 가이어 교수와 연구팀은 흔히 '초코볼'이라고 부르는 알 형태의 초콜릿을 담은 그릇을 실험 참여자 앞에 두고 "자, 원하는 만큼 맘껏 드세요"라고 권하는 실험을 진행했다. 실험에서는 그릇 옆에 두는 숟가락 크기를 바꾸었다. 어떤 그룹에는 수프용 조그만 숟가락을 제공했고, 다른 그룹에는 수프용 숟가락의 4배 크기의 서빙용 숟가락을 제공했다.
"원하는 만큼 마음껏 드세요"라는 지시는 모두 같았다.
이 실험에서 어떤 결과가 나왔을까?

날씬한 몸매를 원하는 사람에게 반가운 소식이 있다. 거의 실패 없이 '먹는 양을 줄일 수 있는' 마법 같은 다이어트 방법이다. 그게 뭐냐고?

방법은 간단하다. 지금 당장 평소보다 작은 밥공기, 작은 숟가락, 작은 컵으로 바꾸자. 식기를 새로 장만하려면 돈은 들겠지만 오랫동안 꿈꾸어왔던 날씬한 몸매를 얻을 수 있다고 생각하면 절대로 밑지는 장사가 아니다.

미국 펜실베이니아대학교 앤드루 B. 가이어(Andrew B. Geier) 교수와 연구팀은 흔히 '초코볼'이라고 부르는 알 형태의 초콜릿을 담은 그릇을 실험 참여자 앞에 두고 "자, 원하는 만큼 맘껏 드세요"라고 권하는 실험을 진행했다. 실험에서는 그릇 옆에 두는 숟가락 크기를 바꾸었다. 어떤 그룹에는 수프용 조그만 숟가락을 제공했고, 다른 그룹에는 수프용 숟가락의 4배 크기의 서빙용 숟가락을 제공했다.

"원하는 만큼 마음껏 드세요"라는 지시는 모두 같았다. 어떤 결과가 나왔을까? 4배 더 큰 숟가락을 받은 그룹은 작은 수프용 숟가락을 받은 그룹보다 평균 2배 더 많은 초콜릿을 먹었다.

Diet
너무 작은데...

이 연구 결과에 따르면, 살을 빼고 싶다면 최대한 작은 식기와 그릇을 사용해야 한다는 사실을 알 수 있다. 작은 크기의 식기로 밥을 먹으면 자신도 인식하지 못하는 사이에 먹는 양이 줄어든다.

미국 질병통제예방센터(CDC)가 2015년부터 2016년에 걸쳐 시행한 조사에 따르면 미국인 열 명 중 거의 네 명이 '비만'으로 분류된다. 왜 미국에 유독 뚱뚱한 사람이 많을까? 〈슈퍼 사이즈 미〉라는 영화의 메시지처럼 미국에 빅 사이즈 상품이 많기 때문일 수도 있다. 미국에서 판매되는 요구르트는 8온스(약 227g) 용량이 기본인데, 프랑스에서는 5온스(약 142g) 용량이 일반적이다. 그렇다고 프랑스인이 요구르트를 한꺼번에 두 통을 먹거나 하지는 않는다. 그들 역시 다른 나라 사람처럼 한 번에 한 통이면 충분하다. 이것이 바로 미국보다 프랑스에 비만 인구가 훨씬 적은 주요한 이유 중 하나다.

참고로, 일본에서 일반적으로 팔리는 요구르트는 대체로 80~120그램이다. 프랑스보다도 더 적은 양인 셈이다. 그래서 일본에 날씬한 사람이 많은가 보다(우리나라는 65~100그램으로 일본과 비슷한 수준이다.—옮긴이).

산해진미가 상다리가 휘도록 한 상 가득 차려져 있는데 수저를 내려놓아야 한다면 고문이 따로 없다. 인간은 자제심을 그 정도로 발휘할 수 없는 생물이다. 작은 수저와 그릇으로 식사하는 습관으로 바꾸고 몸에 배게 하면 억지로 참지 않고 자연스럽게 식사량을 줄일 수 있어 몸무게를 조절할 수 있을 뿐 아니라 건강에도 도움이 된다.

심리실험 34

독신자에 비해 기혼자의 사망률이 눈에 띄게 낮은 이유는?

예일대 리사 바크먼 교수 연구팀의 '독신자 vs. 기혼자의 사망률 비교 연구'

미국 코네티컷주 예일대학교 리사 바크먼 교수 연구팀은 캘리포니아주 앨러미다 카운티의 성인 6,928명을 대상으로 9년에 걸쳐 사망률을 조사했다. 이 연구로 '나이와 성별을 불문하고 독신자보다 기혼자가 사망률이 낮다'는 사실이 밝혀졌다. 특히 남성은 독신자와 비교하면 결혼한 사람의 사망률이 눈에 띄게 낮게 나타났다. 결혼율과 출산율이 지나치게 낮아 많은 나라가 딜레마에 빠진 오늘날, 이 내용이 조금이나마 결혼율과 출산율을 높이는 데 기여하기 바란다.

결혼 생활에 관한 또 하나의 재미있는 연구 조사가 있어서 여기에 소개할까 한다.

"제 아내는요, 주부 경력이 벌써 몇 년째인데 요리 실력은 늘 줄 모르고 청소도 안 해서 집 안이 완전 난장판이에요. 도대체 온종일 집에서 뭘 하는지 모르겠다니까요."

"우리 집 아저씨는 또 어떻고요. 아주 원수가 따로 없다니까요. 무슨 전생에 말 못해 죽은 귀신이 붙었는지 한시도 입을 다물 줄 몰라. 구시렁구시렁 말은 얼마나 많고 잔소리는 또 얼마나 해대는지……. 내가 스트레스가 쌓여서 살 수가 없어요. 아이고, 이러다 내가 화병으로 쓰러지지."

결혼한 사람은 자리를 깔아주면 이런 식으로 자기 배우자에 대한 불만을 마구 쏟아낸다. 자기 아내나 남편을 좋게 말하는 사람은 의외로 많지 않다. 심지어 "결혼은 인생의 무덤"이라는 말까지 많은 사람의 입에 자주 오르내릴 정도다. 눈에 씌어 있던 콩깍지가 결혼하는 순간 벗겨지며 상대방의 단점만 눈에 들어와 스트레스가 쌓이는 걸까? 스트레스는 만병의 근원이라고 하니 결혼 생활로 쌓인 스트레스가 기혼자의 수명을 줄이는 요인으로 작용하는 걸까?

그러나 사실은 이런 통념과 상당히 다른가 보다. 이와 관련된 통계에 따르면 현실은 오히려 정반대다. 한마디로 말해 '결혼한 사람이 오래 살 수 있다.'

미국 코네티컷주 예일대학교 리사 바크먼(Lisa Barkman) 교수 연구팀은 캘리포니아주 앨러미다 카운티의 성인 6,928명을 대상으로 9년에 걸쳐 사망률을 조사했다. 이 연구로 '나이와 성별을 불문하고 독신자보다 기혼자가 사망률이 낮다'는 사실이 밝혀졌다. 특히 남성은 독신자와 비교하면 결혼한 사람의 사망률이 눈에 띄게 낮게 나타났다. <그림 10>

결혼하면 이것저것 자잘하게 신경 써야 할 일이 많고 상대방에 대한 배려도 필요하다. 내 한 몸 건사하면 그만인 독신이 훨씬 홀가분하고 편하게 살 수 있으리라는 게 일반적인 생각이다. 그러나 역시 배우자가 버팀목이 되어주며 안정감을 느낄 수 있는 측면도 무시할 수 없다. 또 독신자는 맛볼 수 없는 알콩달콩한 결혼 생활의 묘미도 경험할 수 있다.

그러고 보면 이번 연구는 결혼이 절대로 인생의 무덤이 아닐 뿐 아니라 좋은 일이 더 많다는 사실을 보여주는 조사 결과가 아닐까 싶다.

정말로 결혼이 정신적으로 나쁜 일이라면 결혼제도는 오늘날까지 살아남지 못하고 사라져 구시대의 유물로 남지 않았을까. 해로움보다 이로움이 더 많기에 인류는 결혼이라는 제

그림 10. 리사 바크먼 교수의 조사 결과

		30~49세	50~59세	60~69세
남성	결혼한 사람	3.0%	12.1%	26.9%
	결혼하지 않은 사람	8.6%	25.5%	33.7%
여성	결혼한 사람	3.0%	7.1%	14.4%
	결혼하지 않은 사람	3.8%	9.6%	20.7%

※ 수치는 사망률을 나타낸다.

도를 만들고 유지해왔다. 결혼식에서 혼인 서약을 할 때 "기쁠 때나 슬플 때나 함께하시겠습니까?"라는 주례의 질문에 답은 "기쁨은 나누면 두 배가 되고 슬픔은 나누면 반이 된다"라는 말이 아닐까.

CHAPTER

3

당신의 인간관계 온도는?

심리실험 35

'나에겐 절대로 끔찍한 사건·사고가 일어나지 않는다'라고 믿는 심리는 왜 생길까?

럿거스대 닐 D. 와인스타인 교수의 '비현실주의적 낙관주의에 관한 연구'

미국 뉴저지주 럿거스대학교 닐 D. 와인스타인 교수는 우리의 생각이 얼마나 '비현실적'인지 조사했다.
와인스타인 교수는 258명의 대학생에게 물었다.
"여러분이 졸업하고 사회에 나가서 음주 문제를 겪을 가능성이 얼마나 된다고 생각하나요?"
"다른 학생들이 같은 문제를 겪을 가능성은?"
와인스타인 교수는 학생들의 질문을 분석했다.
그는 '자신에게 일어날 가능성'에서 '타인에게 일어날 가능성'을 뺐는데, 놀라운 숫자가 나왔다. 과연 어떤 숫자가 나왔을까?
와인스타인 교수는 다른 질문을 던졌다.
"앞으로 자신이 자살 미수를 저지를 가능성은 얼마나 될까요?"
"다른 학생이 자살 미수를 저지를 가능성은?"
역시 같은 방식으로 계산했다. 어떤 숫자가 나왔을까?

인간은 '착각의 동물'이다. 다른 사람에게 불행한 일이 일어나는 것은 당연하게 여기면서 자신에게는 절대로 그런 일이 일어나지 않을 것으로 믿는다.

'에이, 그 사람이 운이 없었겠지. 나는 괜찮아!'

물론 이는 아무런 근거 없는 믿음이자 순진한 생각이다.

미국 뉴저지주 럿거스대학교 닐 D. 와인스타인(Neil D. Weinstein) 교수는 우리 인간이 일상적으로 얼마나 '비현실적으로 생각'하는지 조사했다. 와인스타인 교수는 258명의 대학생에게 물었다.

"여러분이 졸업하고 사회에 나가서 음주 문제를 겪을 가능성이 얼마나 된다고 생각하나요?"

"다른 학생들이 같은 문제를 겪을 가능성은 얼마나 된다고 생각하나요?"

와인스타인 교수는 학생들의 질문을 취합해 분석했다. 그는 '자신에게 일어날 가능성'에서 '타인에게 일어날 가능성'을 빼보았다. 그러자 '마이너스 58.3퍼센트'라는 놀라운 숫자가 나왔다. 많은 학생이 다른 사람은 알코올 의존증에 시달릴 수 있지만 자신만은 절대로 그럴 일이 없다고 굳게 믿고 있었다.

나는 괜찮아

와인스타인 교수는 질문을 바꾸어서 조사해보았다.

"자신이 자살 미수를 저지를 가능성은 얼마나 될까요?"

"다른 학생이 자살 미수를 저지를 가능성은 얼마나 될까요?"

이번에도 같은 방식으로 계산했다. '자신에게 일어날 가능성'에서 '타인에게 일어날 가능성'을 뺀 것이다. 그러자 '마이너스 55.9'라는 평균 수치가 나왔다. 앞의 조사 결과와 거의 차이가 없는 숫자였다. 역시 실험에 참여한 학생들은 나는 자살 미수처럼 어리석은 짓을 저지를 리 없다고 굳게 믿고 있었다.

와인스타인 교수는 몇 가지 새로운 질문을 추가해 "결혼 후 몇 년 만에 이혼할 가능성이 있습니까?"라고 물었다. 그 결과 '마이너스 48.7퍼센트'가 나왔다. 그 밖에 "마흔 살 이전에 심장발작을 일으킬 가능성"에 관한 항목에서는 '마이너스 38.4퍼센트', "성병에 걸릴 가능성"에 관한 질문에 대해서는 '마이너스 27.4퍼센트'라는 결과가 나왔다.

아무래도 우리의 사고체계 안에는 '비현실적 낙관주의(Unrealistic Optimism)'가 내재해 있는 게 아닌가 싶다. 다른 사람에게 일어날 수 있다면 자신에게도 얼마든지 일어날 수 있다고 생각하는 게 이치에 맞다. 그런데도 우리는 '나는 특별한 존재이므로 다른 사람은 몰라도 나한텐 절대 그럴 일이 일어나지 않아'라고 생각하는 경향이 있다.

왜 이런 심리가 생기는 걸까? 현실적으로 생각하려고 들면 찝찝한 기분을 맛보아야 하기 때문이다. 우리는 불쾌한 현실을 되도록 외면하고 싶어 하고 생각하기를 꺼린다. 꺼림칙한 기분을 느끼느니 아예 생각하지 않는 게 낫다는 판단에 현실을 왜곡해서 해석하는 것이 우리 마음의 작동 원리다.

우리는 불쾌한 기분을 느끼지 않으려고 일부러 비현실적으로 생각해(이것을 '망상'이라고 불러도 좋다) 마음의 안정을 얻으려고 한다.

'운전하다 보면 언젠가는 사고를 당할 수 있다.'

이렇게 현실적으로 생각하다 보면 기분이 언짢아진다. 그래서 '나는 괜찮다'라고 애써 생각함으로써 불쾌한 기분을 사전에 방지한다. 우리 마음의 메커니즘이 작동해 이런 일을 무의식적으로 처리해낸다.

심리실험 36

친절과 선행도 코로나19처럼 신속히 퍼지고 쉽게 감염된다?

노스웨스턴대 제임스 H. 브라이언 교수 연구팀의 '친절과 선행의 연쇄 효과 실험'

미국 일리노이주 노스웨스턴대학교 제임스 H. 브라이언 교수 연구팀은 도로 위에 타이어가 펑크 난 자동차를 정차해놓고 비상등을 켠 다음 여자 조교가 차에서 내려 도움을 구하는 실험을 했다.
자동차 100대가 지나갔을 때 제1차 실험을 종료했는데, 차를 세우고 도움의 손길을 내민 차량은 35대로 35퍼센트였다.
연구팀은 펑크가 나서 임시 정차한 자동차가 있는 곳에서 약 400미터 떨어진 곳에 펑크 난 자동차 한 대를 더 정차했다. 그러고는 남자 조교가 유압잭으로 자동차를 들어 올려 여자 조교를 도와 타이어를 교체하는 장면을 연출했다.
먼저 위의 장면을 목격한 자동차 100대가 지나가는 동안 몇 명의 사람이 구조의 손길을 내밀었을까?

전철을 타고 다니다 보면 젊은 사람이 어르신에게 자리를 양보하는 훈훈한 장면을 목격할 때가 있다. 그럴 때면 '참 친절한 사람이군!' 하며 속으로 감탄하고 소리 없이 박수를 보낸다. 그런데 잠시 후 바로 내 앞에 다른 어르신이 서 계신다고 해보자.

이런 상황에서 독자 여러분이라면 어떻게 할까? 아마도 열에 여덟아홉은 자리를 양보하지 않을까? 조금 전 자신이 목격한 친절한 사람의 행위를 여러분도 따라 하기가 쉬울 것이다. 이렇듯 우리 인간은 누군가가 다른 누군가에게 친절과 호의를 베푸는 상황을 목격하면 그를 따라서 친절을 베푸는 성향이 있다.

미국 일리노이주 노스웨스턴대학교 제임스 H. 브라이언(James H. Bryan) 교수 연구팀은 도로 위에 타이어가 펑크 난 자동차를 정차해놓고 비상등을 켠 다음 여자 조교가 차에서 내려 도움을 구하는 실험을 했다. 자동차 100대가 지나갔을 때 제1차 실험을 종료했는데, 차를 세우고 도움의 손길을 내민 차량은 35대로 35퍼센트였다.

제2차 실험에서 연구팀은 펑크가 나서 임시 정차한 자동차로부터 400미터 떨어진 곳에 펑크 난 자동차 한 대를 더 정차했다. 그러고는 남자 조교가 유압잭으로 자동차를 들어 올려 여자 조교를 도와 타이어를 교체하는 장면을 연출했다. 그러니까 그곳을 지나가는 자동차는 한 남자가 여자를 도와 타이어를 교체하는 장면을 먼저 목격한 뒤 400미터 더 간 곳에서 역시 곤란한 상황에 맞닥뜨려 도움의 손길을 기다리는 여자를 만나게 되는 셈이다.

이 실험을 진행한 도로는 교차로나 커브 구간이 없고 중앙분리대가 있어서 유턴하거나 역주행할 수 없는 구간이었다. 연구팀은 친절한 남자를 먼저 목격한 사람이 그대로 직진한 뒤 곤경에 빠진 여자를 만날 수밖에 없도록 상황을 설정한 것이었다.

자동차 100대가 지나가는 동안 얼마나 많은 사람이 구조의 손길을 내밀었을까? 결과는 58대다. 무려 23퍼센트나 많아진 숫자다. 친절을 베푸는 장면을 목격하면 친절을 베푸는 사람이 확실히 증가한다는 것을 증명한 셈이다.

우리는 다른 사람이 친절을 베푸는 광경을 목격하면 무의식적으로 '나도 친절을 베풀어야 한다'라고 생각하게 된다. 누군가가 길에 떨어진 깡통을 주워 쓰레기통에 버리는 모습을 보면 손에 들고 있던 빈 병을 길바닥에 내던지려던 자신의 손이 부끄러워지기 마련이다. 주위를 두리번거려 쓰레기통을 찾아서 버리고 주위에 떨어져 있는 쓰레기까지 주워서 쓰레기통에 넣게 된다.

친절은 전염된다. 친절을 목격하면 누구나 친절해지는 '친절의 선순환'이 일어난다.

심리실험 37

자기 자신에 대한 무한한 관대함은 왜 생길까?

스톡홀름대 올라 스벤손 교수의 '우월감 환상 실험'

스웨덴 스톡홀름대학교 올라 스벤손 교수는 운전면허증을 가진 미국·스웨덴 대학생을 대상으로 자신의 운전 실력을 평가하게 했다. 그 결과 미국 학생의 93퍼센트, 스웨덴 학생의 69퍼센트가 '내 운전 실력은 평균 이상이다'라고 대답했다. 스벤손 교수는 안전 운전 정도도 함께 물었다. 이번엔 미국 학생의 88퍼센트, 스웨덴 학생의 77퍼센트가 '나는 평균적인 사람보다 더 안전하게 운전한다'라고 대답했다.

인간은 자신을 '높게 평가'하는 경향이 있다.

이를 심리학 용어로 '평균 이상 효과' 또는 '우월감 환상'이라고 부른다. 우리는 위의 연구를 통해 자신을 과대평가하고 상황을 객관적이고 합리적으로 파악하지 못하는 인간의 무지함과 나약함을 다시 한번 확인한다.

인간은 누구나 자기 자신을 가장 사랑한다. 이는 틀림없는 사실이다.

“에이, 말도 안 되는 소리 하지 마세요. 저는 제가 한심하고 싫은데요?”

자기혐오가 습관화된 사람은 이렇게 반박할 수도 있다. 하지만 압도적 다수의 사람은 기본적으로 자기 자신을 사랑하고 스스로 높이 평가하는 경향이 있다.

스웨덴 스톡홀름대학교 올라 스벤손(Ola Svenson) 교수는 미국 대학생과 스웨덴 대학생 중 운전면허증을 보유한 사람을 대상으로 자신의 운전 실력을 평가하게 했다. 어떤 결과가 나왔을까? 미국 학생의 93퍼센트, 스웨덴 학생의 69퍼센트가 ‘내 운전 실력은 평균 이상이다’라고 대답했다.

스벤손 교수는 안전 운전 정도도 함께 물었다. 이 질문에 대해서는 미국 학생의 88퍼센트, 스웨덴 학생의 77퍼센트가 ‘나는 평균적인 사람보다 더 안전하게 운전한다’라고 대답했다.

인간은 대개 자신을 ‘높게 평가’하는 경향이 있다고 알려져 있다. 이를 심리학 용어로 ‘평균 이상 효과(Above-average Effect)’ 또는 ‘우월감 환상(Illusory Superiority)’이라고 부른다.

인간은 자신이 평가 대상이 되면 눈에 콩깍지가 씌어 객관적으로 판단하지 못하게 된다. 그러므로 '내가 아무리 변변치 못해도 평균 이상은 된다'라고 단단히 착각한다. 물론 이런 자기 평가는 착각에 지나지 않는다.

운전대를 잡았을 때 '나는 운전을 잘해'라는 식의 교만한 생각은 위험하다. 한발 더 나아가 '사고를 당해도 나는 살 수 있어. 다른 사람과는 달라'라는 생각은 망상에 지나지 않는다. 왜 우리가 그런 잘못된 판단을 하는지는 알 수 없으나 어쨌든 '우리는 자신을 과대평가하는 경향이 있다'는 사실만 알아두어도 판단 실수를 어느 정도 줄일 수 있다. 위의 사실을 항상 머릿속에 넣어두고 최대한 안전하게 운전하겠다고 다짐하자. 그래야 사고를 당할 위험을 조금이나마 줄일 수 있다.

솔직히 말해 이렇게 입바른 소리를 하는 나도 운전대만 잡으면 뭐에 씌기라도 한 듯 속도를 올리고 싶어 가속 페달을 밟곤 한다. '나는 운전을 꽤 잘한다'라는 근거 없는 믿음이 머릿속에 박혀 있기 때문이다. 이처럼 인간의 마음은 생각대로 움직이지 않는 법이다.

심리실험 38

인간은 왜 다른 사람의 행동을 원숭이처럼 따라 할까?

옥스퍼드대 연구원 존 필립 러시튼의 '친구 따라 강남 가기 심리 분석 실험'

영국 옥스퍼드대학교 연구원 출신 존 필립 러시튼은 실험 참여자가 낯선 여성과 10분 동안 대화를 나누는 약간 특이한 실험을 했다. 여성은 몰래 투입된 연기자였다. 실험을 마치고 두 사람이 함께 실험실을 나서자 '헌혈 팻말'이 눈에 들어왔고 헌혈 스태프가 다가와 말을 걸었다.

스태프는 먼저 연기자 여성에게 말을 걸어 헌혈에 동참해줄 것을 호소했다. 여성은 기꺼이 헌혈에 동참하겠다며 팔을 걷어붙이고 나섰다. 이어서 스태프는 실험 참여자에게도 헌혈을 권유했다. 얼마나 많은 실험 참여자가 헌혈에 동참했을까?

독자 여러분은 하기 싫은 일을 억지로라도 해야 한다는 의무감에 사로잡힐 때가 많은가? 회사에서 아침에 다 같이 국민체조를 해야 하는 상황에서는 하고 싶은 마음이 전혀 없지만 자꾸 눈치가 보여 마지못해 자리에서 일어나 따라 하는 시늉이라도 내야 할 것 같은 기분이 든다. 내키지 않는 마음으로 무거운 엉덩이를 들고 자리에서 일어나 엉거주춤 체조를 따라 하다 보면 어느새 코에 땀이 맺힐 정도로 열심히 몸을 움직이는 자신을 발견하고 머쓱해질 때가 있다.

우리 대다수는 자신의 '기분'을 기준으로 무언가를 해야 할지 말지를 결정하지 않는다. 오히려 '옆 사람이 하니까' 할 수 없이 따라서 할 때가 더 많다. 어느 날 갑자기 친구가 마트에서 주는 비닐봉지를 더는 사용하지 않겠다며 장바구니를 들고 다니는 모습을 보며 자신도 슬그머니 장바구니를 챙긴다. 동료가 일단 담배를 끊고 전자담배를 피우는 모습을 본 후 자신도 모르게 인터넷 검색창에 '전자담배'라는 검색어를 치고 있기도 한다. 실제로 우리는 일상생활에서 자기 주관에 따라 행동할 때보다 '친구 따라 강남 가기' 식으로 무엇을 할지 결정할 때가 더 많다.

영국 옥스퍼드대학교 연구원 출신 존 필립 러시튼(John Philippe Rushton)은 실험 참여자가 낯선 여성과 10분 동안 대화를 나누는 조금 특이한 실험을 했다. 여성은 몰래 투입된 연기자였다. 실험을 마치고 두 사람이 함께 실험실을 나서자 '헌혈 팻말'이 눈에 들어왔고 헌혈 스태프가 다가와 말을 걸었다.

첫 번째 조건에서 스태프는 먼저 연기자 여성에게 말을 걸어 헌혈에 동참해줄 것을 호소했다. 여성은 기꺼이 헌혈에 동참하겠다며 팔을 걷어붙이고 나섰다. 이어서 스태프는 실험 참여자에게도 헌혈을 권유했다. 얼마나 많은 실험 참여자가 헌혈했을까? 자신의 눈앞에서 다른 사람이 헌혈하는 모습을 본 사람 27명 중 18명이 헌혈에 동참했다. 정확히 3분의 2에 해당하는 66.7퍼센트의 높은 비율이었다.

또 다른 조건에서는 헌혈 스태프가 연기자 여성이 아닌 실험 참여자에게 먼저 말을 걸어 헌혈을 부탁했다. 이 조건에서는 8명 중 2명만 헌혈 의사를 밝혔다. 4분의 1에 해당하는 25퍼센트 비율이었다. 작은 조건의 차이로 41.7퍼센트라는 어마어마한 차이가 난 셈이다.

이로써 "친구 따라 강남 간다"라는 속담은 명확히 입증된 셈이다. 게다가 속담에 나오는 '친구'는 사실 진짜 오래 사귄 친구가 아니더라도 상관없다는 점도 밝혀졌다. 심지어 이제 막 알게 된 사람이라도 큰 차이는 없었다. 이렇듯 우리는 누군가가 어떤 행동을 하는 모습을 보면 자기도 모르게 그와 같은 행동을 취하는 경향이 있다.

러시아에 이런 유머가 있다.

> 길 가다가 긴 줄이 늘어서 있기에 영문도 모르고 줄부터 서고 봤다. 한 시간쯤 서 있다가 앞사람에게 물었다.
>
> "도대체 무슨 줄입니까?"
>
> 그러자 앞사람이 눈을 동그랗게 뜨며 하는 말.
>
> "나도 몰라요."

사람들이 왜 줄을 섰는지도 모르면서 묻지도 따지지도 않고 일단 줄부터 서고 보는 심리를 꼬집은 유머다. 단순한 유머 같지만 현대를 살아가는 누구에게나 일어날 수 있는 현실이다.

심리실험 39

주위에 점집이 많아지면 사회 불안이 높아지고 있다고 보아도 좋은 이유

마셜대 버논 R. 패짓 교수의
'점성술 · 신비주의와 혼란도의 상관관계 연구'

미국 웨스트버지니아주 마셜대학교 버논 R. 패짓 교수는 1918년부터 1940년까지 독일의 국내 혼란 정도와 점성술이나 신비주의를 주제로 한 논문 수, 잡지 기사 수 등을 조사했다. 패짓 교수는 제2차 세계대전이 발발하던 무렵 독일 국내에 엄청난 불안감이 퍼지며 점성술 관련 기사가 꾸준히 증가했다는 사실을 밝혀냈다. 흥미롭게도 실업률이 증가하고 임금과 생산력이 곤두박질칠수록 점성술의 인기는 더욱더 뜨겁게 달아올랐다.

점성술은 사회 불안을 읽는 좋은 지표다. 대중이 어느 정도 불안을 느끼고 있는지 알고 싶다면 점성술이나 기타 점술이 얼마나 유행하고 있는지를 조사해보면 된다. 이제껏 없던 곳에 갑자기 점집이 문을 열면 좋지 않은 조짐이다. 사회 불안이 퍼지고 있다는 징조로 봐도 좋다.

사회적으로 점성술이 유행하기 시작하는 것을 심리학적 관점에서는 그다지 좋지 않은 조짐으로 본다. 인간은 불안을 느끼면 무언가에 기대고 싶어 하기 마련인데, 하필 그 의지하는 대상이 점술이기 때문이다. 즉 점성술이든 다른 점술이든 일단 유행한다면 그만큼 '사회 불안이 퍼지기 시작했다'는 징조로 볼 수 있다. 사이비 종교가 유행하는 현상도 마찬가지다. 점술에 의지하는 풍조가 만연할수록 사회 불안이 시나브로 퍼져나가고 있을 때라고 보아도 무리가 없다.

미국 웨스트버지니아주 마셜대학교 버논 R. 패짓(Vernon R. Padgett) 교수는 1918년부터 1940년까지 독일의 국내 혼란 정도와 점성술이나 신비주의를 주제로 한 논문 수, 잡지 기사 수 등의 관련을 조사했다. 패짓 교수는 제2차 세계대전이 발발하던 무렵 독일 국내에 엄청난 불안감이 퍼지며 점성술 관련 기사가 꾸준히 증가했다는 사실을 밝혀냈다. 불안감은 제2차 세계대전이 일어나기 얼마 전인 1936년 3월 무렵 정점에 달했다. 또 그는 실업, 임금, 산업 생산성 등의 경제 지표도 점성술 관련 기사로 예측할 수 있다는 사실도 알아냈다. 실업률이 계속 증가하고 임금과 생산이 곤두박질칠수록 점성술의 인기는 더욱더 뜨겁게 달아올랐다.

점성술은 사회 불안을 읽는 좋은 지표다. 대중이 어느 정도 불안을 느끼고 있는지 알고 싶다면 점성술이나 기타 점술이 얼마나 유행하고 있는지를 조사해보면 된다.

“이상하게 요즘 점집이 늘었더라?”

“그러고 보니 백화점에까지 타로 카드로 점을 봐주는 가게가 생겼더라고!”

이제껏 없던 곳에 갑자기 점집이 문을 여는 것을 좋지 않은 조짐으로 판단해도 무리는 없다. 사회 불안이 퍼지고 있다는 징조로 봐도 좋다.

경제가 호조를 띠고 사회에 아무런 불안감이 없을 때 사람들은 좀 더 씩씩하게 살아갈 수 있다.

“나는 점쟁이가 하는 말은 하나도 안 믿어. 어차피 대충 넘겨짚는 헛소리잖아!”

이런 식으로 당당하게 ‘나는 미신을 믿지 않아!’라고 말하는 사람이 많아진다. 그런데 의연하게 신념을 지키며 소신껏 살아가던 사람도 경제가 곤두박질치면 역시 무언가에 의지하고 싶어지는지 어디 용한 무당이나 점쟁이가 없는지 두리번거리며 수소문하게 된다. 인간은 우리 생각만큼 강한 존재가 아니라서 마음이 불안해지면 무언가에 의지할 버팀목을 찾아 나서게 된다.

와글와글
와글와글
?

참고로 나도 과학자 나부랭이지만 점은 제법 좋아하는 편이다. 하지만 심리학에서는 혈액형 점을 믿지 않는다. 그런데도 혈액형 점 이야기를 들으면 나도 모르게 귀가 솔깃해지는 건 어쩔 수 없다.

심리실험 40

범죄 현장을 목격해도 못 본 척 넘어가는 인간의 '방관 심리'는 왜 생겨날까?

사우스이스트주립대 루이스 베네지아누 교수 연구팀의 '범죄의 경중에 따른 심리 변화 연구'

미국 사우스이스트주립대학교 루이스 베네지아누 교수 연구팀은 301명의 대학생을 대상으로 20건의 범죄 목록을 보여주고 못 본 척하는 게 나쁜 일인지를 물었다.
이에 살인처럼 중범죄는 '살인자는 말할 것도 없고 못 본 척하는 사람도 나쁘다'라는 대답이 돌아왔다. 반면 상대적으로 가벼운 범죄에 대해서는 '못 본 척 지나쳐도 전혀 죄가 되지 않는다'라는 대답이 대부분이었다. 예를 들어 '매춘'하는 여성을 못 본 척 지나치는 사람을 어떻게 느끼냐고 묻자 47.3퍼센트는 '죄가 되지 않는다'라고 대답했다. 또 속도위반을 저지르고 쌩쌩 달리는 도로 위 무법자를 만나도 65.8퍼센트는 못 본 척해도 '전혀 잘못이 없다'라고 대답했다.
대중의 이런 인식은 어디서 기인할까?

일본 법률에 따르면 설령 누군가가 범죄를 목격하고도 못 본 척 시치미를 떼도 마땅히 처벌할 근거가 없다. 예를 들어 눈앞에서 어린 여자아이가 강도의 칼에 찔려 죽게 된 상황에서 못 본 척 발길을 재촉하며 그 자리를 벗어났다고 해도 법적으로 죄를 물을 수 없다. 112에 신고하지 않았다고 해서 벌을 받는 일도 없다. 왜냐하면 일본 법률에 '방관 죄' 관련 조항이 없기 때문이다(우리나라 형법 제18조에 "위험의 발생을 방지할 의무가 있거나 자기의 행위로 인하여 위험 발생의 원인을 야기한 자가 그 위험 발생을 방지하지 아니한 때에는 그 발생한 결과에 의하여 처벌한다"라는 부작위 규정이 있으나 '방관죄' 규정은 아니다.—옮긴이).

아무래도 살인처럼 중범죄라면 못 본 척하기가 좀 더 어렵겠지만 정도가 한결 덜한 범죄의 경우 대부분 '못 본 척'하고 넘어가는 게 일반적인 정서이자 실태다.

미국 사우스이스트주립대학교 루이스 베네지아누 교수 연구팀은 301명의 대학생을 대상으로 20건의 범죄(소매치기, 강간, 탈세, 살인 등) 목록을 보여주고 못 본 척하는 게 나쁜 일인지를 물었다.

이에 살인처럼 중범죄는 '살인자는 말할 것도 없고 못 본 척하는 사람도 나쁘다'라는 대답이 돌아왔다. 반면 상대적으로 가벼운 범죄에 대해서는 '못 본 척 지나쳐도 전혀 죄가 되지 않는다'라는 대답이 대부분이었다. 예를 들어 '매춘'하는 여성을 못 본 척 지나치는 사람을 어떻게 느끼냐고 묻자 47.3퍼센트는 '죄가 되지 않는다'라고 대답했다. 또 속도위반을 저지르고 쌩쌩 달리는 도로 위 무법자를 만나도 65.8퍼센트는 못 본 척해도 '전혀 잘못이 없다'라고 대답했다.

대중의 이런 인식은 어디서 기인할까? 자잘한 일까지 눈살을 찌푸리며 굳이 속 터지는 상황을 만들지 않겠다는 생각일까? 생각해보면 우리는 크고 작은 죄를 수시로 저지르며 산다. 회사 탕비실에서 인스턴트커피 몇 봉지를 챙겨 오거나 비품실에서 복사지 몇 장을 슬쩍 하는 정도의 경험을 누구나 한 번쯤 해보았을 것이다. 노상 방뇨해본 경험이 있는 사람도 아마 생각보다 많지 않을까? 노상 방뇨는 어엿한 범죄지만 노상 방뇨범을 철저히 단속해야 한다거나 신고해서 법의 심판을 받게 해야 한다고 주장하는 사람은 많지 않다.

어차피 누구나 사소한 죄를 저지르며 살기에 우리는 다른 사람이 나쁜 짓을 저질러도 차마 돌을 던지지 못한다. 자신도 하늘을 우러러 한 점 부끄럼 없는 사람이 아니기에 피차일반이라며 두 눈 질끈 감고 딴청을 피우며 못 본 척 넘기려 애쓴다.

오히려 불의를 보면 참지 못하고 작은 일도 그냥 넘기지 않고 따지고 드는 사람은 싸움닭으로 소문나 곁에 붙어 있는 사람이 없다.

"복사 용지도 엄연한 회사 물품인데 개인적으로 함부로 사용하다니, 횡령이야 횡령!"

복사 용지 한 장에 목에 핏대를 세우며 바락바락 따지고 드는 사람 주위에는 사람이 남아나지 않는다. 어느 정도까지 못 본 척하고 어느 수위를 넘어서면 개입해야 할까? '선 긋기'만큼 제대로 하기가 어려운 일도 없다지만 우리는 무의식적으로 그 어려운 판단을 해내며 자신의 행동을 결정한다.

심리실험 41

잘나가는 사람이 되고 싶다면 잘나가는 사람의 행동과 습관을 모방하라

일리노이대 아서 F. 도지 교수의 '잘나가는 영업사원의 조건 연구'

미국 일리노이대학교 아서 F. 도지 교수는 백화점에서 일하는 75명의 판매사원을 성적순으로 4개 그룹으로 나누었다. 최고 매출을 올린 '최상위' 그룹, 평균 이상의 좋은 성적을 거둔 '평균 이상' 그룹, 평균보다 약간 떨어지는 성적을 거둔 '평균 이하' 그룹, 최악의 성과를 얻은 '최하위' 그룹이다. 도지 교수는 그들에게 총 125개 항목을 질문해서 응답에 차이가 있는 부분을 추려냈다.

조사 결과, 잘나가는 영업사원에게는 무슨 일을 맡겨도 적극적으로 임한다는 사실이 드러났다. 반대로 실적이 나쁜 영업사원일수록 매사에 '적극성'이 떨어졌다.

여러분은 혹시 자신이 하는 영업일에서 기대만큼 실적이 오르지 않고 성과도 나지 않아 고민해본 적 있는가? 그렇다면 본문에서 유용한 힌트를 얻기 바란다.

'영업을 좀 더 잘하고 싶은데 어떻게 하면 영업 실적을 올릴 수 있을까?'

영업 관련 일을 하거나 뭔가를 판매하는 일을 하는 사람이라면 누구나 '영업왕', '판매왕'을 꿈꾼다.

갑자기 드는 의문 한두 가지. '잘나가는 영업사원에게는 어떤 특징이 있을까? 그리고 그들은 평범한 영업사원과 어떻게 다를까?'

미국 일리노이대학교 아서 F. 도지(Arthur F. Dodge) 교수는 백화점에서 일하는 75명의 판매사원을 성적순으로 4개 그룹으로 나누었다. 최고 매출을 올린 '최상위' 그룹, 평균 이상의 좋은 성적을 거둔 '평균 이상' 그룹, 평균보다 약간 떨어지는 성적을 거둔 '평균 이하' 그룹, 최악의 성과를 얻은 '최하위' 그룹이다. 도지 교수는 그들에게 총 125개 항목을 질문해서 응답에 차이가 있는 부분을 추려냈다.

4개 그룹이 같은 질문에 답변한 결과를 보면 상당한 차이가 있음을 알 수 있다. 〈그림 11〉은 조사 내용의 일부로 잘나가는 영업사원에게는 무슨 일을 맡겨도 적극적으로 임한다는 점을 알 수 있다. 반대로 실적이 나쁜 영업사원일수록 매사에

그림 11. 아서 F. 도지 교수의 조사 결과

질문 항목	최상위	평균 이상	평균 이하	최하위
협업보다 혼자 하는 일이 좋다	72%	80%	33%	40%
누가 새치기를 하면 항의하는 편이다	72%	87%	56%	60%
사고를 발견하면 달려가서 도와주는 편이다	83%	87%	89%	67%
분위기가 늘어지면 분위기를 띄우려고 노력한다	78%	80%	44%	53%

'적극성'이 떨어졌다.

여러분은 혹시 자신이 하는 영업일에서 기대만큼 실적이 오르지 않고 성과도 나지 않아 고민해본 적 있는가? 만일 그렇다면 일을 적극적으로 추진해 나가는 데 필요한 의욕과 적극성이 부족해서일 수도 있다.

이른바 잘나가는 영업사원은 매우 활동적일 뿐 아니라 능동적으로 일하고 움직이는 유형이다. 적극성과 능동성이 몸에 배고 습관으로 자리 잡으면 여러분도 실적을 높일 수 있고 유능한 영업사원이 될 수 있다. 잘나가는 사람이 되고 싶다면 잘나가는 사람의 행동과 습관을 모방하라. 한두 번 모방하고 마는 것이 아니라 꾸준히 따라 하고 또 따라 해서 몸에 배게 하

적극성 0%

적극성 100%

고 습관이 되게 하라. 그러다 보면 어느 사이 여러분도 유능한 사람, 잘나가는 사람이 될 수 있다.

기죽지 않고 앞으로 치고 나가는 적극성 없이는 영업사원으로 성공하기 어렵다. 물론 그런 적극성은 영업일뿐 아니라 대부분의 다른 직종, 다른 업무에서도 필수적인 요소다.

심리실험 42

인간은 왜 인구 밀집도가 높아질수록 더 차갑고 불친절해질까?

캘리포니아주립대 폴 스콜닉 교수의 ‘인구 밀집도와 친절도의 상관관계 연구’

미국 캘리포니아주립대학교 폴 스콜닉 교수는 로스앤젤레스의 교통량이 많은 도로와 자동차가 거의 지나다니지 않는 시골 도로 길가에서 남성 혹은 여성 조교가 갓길에 차를 정차한 뒤 도움을 요청하는 실험을 진행했다. 어떤 결과가 나왔을까? 교통량이 많은 곳에서는 누군가가 팔을 걷어붙이고 나서서 도와줄 때까지 23.49대가 지나갔고 한적한 시골 도로에서는 2.56대가 지나갔다.
이 결과만 놓고 보면 ‘역시 도시인은 냉정하다’라고 생각할 수도 있겠지만 속단은 금물! 스콜닉 교수는 시간대를 바꾸어 추가 실험에 나섰다. 오후 2시부터 4시까지와 오후 8시부터 10까지로 시간대를 나누었다. 이 추가 실험에서는 구체적으로 어떤 결과가 나왔을까?

이 책을 읽는 독자 여러분 중에서 '차도남', '차도녀'라는 단어를 모르는 사람은 아마 없지 않을까. 이는 '차가운 도시 남자', '차가운 도시 여자'의 줄임말이다. '차도남', '차도녀'와 같은 말이 유행할 정도로 도시 사람에게는 일반적으로 '차갑다'는 이미지가 있다. 반면 시골 사람은 '정이 많고 푸근하다'는 정반대 이미지가 있다. 우리는 왜 이런 선입관을 갖게 되었을까?

사실 도시 사람이라고 해서 무조건 찬바람이 쌩쌩 도는 냉정한 사람이라는 법은 없다. 그렇다면 왜 도시 사람에게는 '차갑다'는 이미지가 따라붙게 되었을까? 이유는 간단하다. 도시에 사는 사람이 쌀쌀맞고 인정머리가 없어서라기보다는 기본적으로 도시에 '사람이 너무 많이 살기' 때문이다. 첫인상과 달리 알고 보면 도시 사람도 시골 사람 못지않게 따뜻한 마음씨를 갖고 있다는 걸 알게 된다.

그렇다면 왜 사람이 많아지면 불친절해질까? 굳이 자신이 나서지 않아도 다른 누군가가 도와주리라 생각하기 때문이다. 도시에는 자기 말고도 발에 채일 정도로 사람이 많기에 그중 누군가가 나서서 도와주면 굳이 자신이 나설 필요가 없다. 이러한 현상을 '책임의 확산(Diffusion of Responsibility)'이라고 부른다.

시골에서는 사람이 귀하다. 내가 나서서 돕지 않으면 곤경에 빠진 사람을 도와줄 사람이 끝내 나타나지 않을 수도 있다. 그런 터라 모른 척하고 지나쳤다가 만약 그 사람이 죽거나 크게 다치기라도 할 경우 그 책임이 나에게 돌아올 수 있다. 얼마든지 도와줄 수 있었는데 이런저런 핑계로 못 본 척하고 방치하면 두고두고 마음이 찜찜하고 꿈자리마저 뒤숭숭하다. 시골 사람은 우연히 그 자리에 있었다는 사실만으로도 책임감을 느끼고 도움의 손길을 내민다.

미국 캘리포니아주립대학교 폴 스콜닉(Paul Skolnick) 교수는 로스앤젤레스의 교통량이 많은 도로와 자동차가 거의 지나다니지 않는 시골 도로 길가에서 남성 혹은 여성 조교가 갓길에 정차한 뒤 도움을 요청하는 실험을 진행했다.

어떤 결과가 나왔을까? 교통량이 많은 곳에서는 누군가가 팔을 걷어붙이고 나서서 도와줄 때까지 23.49대가 지나갔고 한적한 시골 도로에서는 2.56대가 지나갔다.

이 결과만 놓고 보면 '역시 도시인은 냉정하다'라고 생각할 수도 있겠지만 속단은 금물! 스콜닉 교수는 시간대를 바꾸어 추가 실험에 나섰다. 오후 2시부터 4시까지와 저녁 8시부터 10까지로 시간대를 나누었다.

뜻밖에도 저녁 8시부터 10시 사이에는 도시에서도 도와주는 사람이 많아졌다. 밤이 되자 눈에 띄게 교통량이 줄어들었고 기꺼이 도움의 손길을 내미는 도시인의 숫자가 늘어났다. 내가 돕지 않으면 도와줄 사람이 언제 다시 나타날지 모른다는 두려움과 책임감을 느끼게 되기 때문이다. 이렇듯 밤은 점점 더 깊어가고 자기 자신 말고는 아무도 지나가는 사람이 없는 상황에서는 '책임의 확산'이 발생하지 않으므로 도시 사람도 기꺼이 차를 세우고 어려움에 빠진 사람을 도와준 것이다.

시골을 떠나 막 상경한 사람은 '도시 사람은 차갑고 냉정하다'라는 편견을 버리지 못해 그야말로 눈 감으면 코 베어 갈까 두렵고 마음을 놓을 수가 없다. 그러나 위의 실험 결과로 알게 되었듯 얌체 족속의 도시 사람에게 뒤통수를 맞게 되지나 않을까 염려하여 지나치게 몸을 사릴 필요는 없다. 도시 사람도 시골 사람과 마찬가지로 친절한 마음을 간직하고 있다는 사실을 기억해두자.

심리실험 43

현대사회에서 '휘슬블로어'가 1급 멸종 위기종이 된 까닭

조지타운대 마샤 미셸 교수 연구팀의 '조직 내 부정행위 적발 시 문제 제기 정도 연구'

미국 조지타운대학교 마샤 미셸 교수 연구팀은 15개 조직에 속한 1만 3,000명의 사람에게 익명으로 조사를 했다. "자신이 속한 조직에서 부정행위를 발견하면 당신은 문제를 제기하며 확실하게 따지고 드나요?'라는 질문이었는데, "그렇다"라고 대답한 사람은 거의 없었다.

왜 그럴까? 어차피 자기 혼자 북 치고 장구 치고 나서봤자 회사 전체는 아무것도 바뀌지 않는다는 생각이 은연중 깔려 있기 때문이다. 이 조사에서는 "여러분의 고발이 효과가 있었나요? 문제가 개선되었나요?"라는 질문도 있었는데, "그렇다"라고 대답한 비율은 고작 31퍼센트였다. 힘들게 용기 내서 목소리 내봤자 상황이 달라지지 않는다면 내부 고발자로 낙인찍히면서 고발할 필요가 없다고 생각하는 것도 당연하다.

최근 일본에서는 기업의 불상사를 전하는 뉴스가 끊이지 않는다. 스바루 자동차에서 무자격 직원이 30년 넘게 완성차를 검사한 사건, 고베 제강이 품질 데이터 조작을 넘어 필수 검사 과정을 생략한 제품을 출하한 사건, 미쓰비시 자동차의 연비 시험 조작 사건, 도시바의 매출 부풀리기 기업 회계 부정 사건, 유압 기기 회사인 KYB의 면진·제진 검사 자료 조작 사건 등의 뉴스가 생생히 기억에 남는다.

왜 기업의 불상사가 꼬리에 꼬리를 물고 일어날까? 사내에서 뭔가 부정한 일이 일어난다면 용감하게 비리를 폭로하며 내부 고발자로 나서는 이가 있을 법도 한데, 도대체 왜 대형 비리가 터질 때까지 아무도 손을 쓰지 않았을까?

바늘 도둑이 소도둑이 된다는데 우리는 좀도둑을 보고도 못 본 척하는 습성이 있다. 마찬가지로 우리는 사내 부정에 관해서도 기본적으로는 '방관'하는 태도를 보인다. 목소리 높여 부정행위를 규탄하고 개혁을 요구하는 근사한 행동은 누구도 하지 않는다. 뭐가 뭔지, 일이 어떻게 돌아가는지는 모르지만 대충 나쁜 일을 하고 있다는 정도는 어렴풋하게 눈치채도 부정을 고발하기 위해 용감히 떨쳐 일어날 생각은 없다.

이런 문제가 비단 일본인만의 문제는 아닌가 보다. 알고 보면 미국인도 크게 다르지 않은 모양이다. 미국인이라고 하면 영화에서 본 항상 정의감에 불타오르는 멋진 영웅을 머릿속에 떠올리기 쉽다. 자기주장이 확실하고 할 말은 하는 사람이라는 이미지가 있지만, 그들도 역시 내부 사람에게는 공명정대하게 엄격한 잣대를 들이대지 못한다. 회사가 부정행위나 위법행위를 저지를 때 그 행위를 저지하거나 바로잡기 위해 용감하게 목소리를 내며 양심선언 하는 사람을 영어로 '휘슬블로어(Whistle-Blower: 호루라기를 부는 사람, 내부고발자)'라고 부른다. 한데 오늘날 우리 사회에서 '휘슬블로어'는 멸종 위기 동물만큼이나 보기 힘든 것 같다.

미국 조지타운대학교 마샤 미셸(Marcia Miceli) 교수 연구팀은 15개 조직에 속한 1만 3,000명의 사람에게 익명으로 조사를 했다. 조사 내용은 "자신이 속한 조직에서 부정행위를 발견하면 당신은 문제를 제기하며 확실하게 따지고 드나요?"였는데, "그렇다"라고 대답한 사람은 거의 없었다.

왜 잘못을 지적하지 않을까? 어차피 자기 혼자 북 치고 장구 치고 나서봤자 궁극적으로 회사는 아무것도 바뀌지 않는다는 생각이 은연중 깔려 있기 때문이다. 이 조사에서는 "여러분의 고발이 효과가 있었나요? 문제가 개선되었나요?"라는 질문도 있었는데, "그렇다"라고 대답한 비율은 전체의 31퍼센트밖에

왜 잘못을
지적하지 않을까?
멸종
위기
휘슬블로어

되지 않았다. 힘들게 용기를 내서 목소리를 내봤자 상황이 전혀 나아지지 않는다면 굳이 내부 고발자로 이목을 끌고 낙인찍혀가면서 고발할 필요가 없다고 생각하는 게 어쩌면 당연하다.

회사의 부정·부패를 고발하면 당연히 주위에서 눈치를 주고 핍박도 뒤따른다. 어쩌면 따돌림을 당할 수도 있다. 그러니 내 손으로 내 무덤을 파기보다는 못 본 척하고 넘어가는 게 오히려 낫다고 생각하는 게 인지상정이 아닐까.

심리실험 44

소설가가 자기 작품의 등장인물 중 자신과 이름이 같은 인물과 그의 인생을 아름답게 묘사하는 이유

뢰번 가톨릭대 베라 후렌스 교수 연구팀의
'이름과 호감도의 상관관계 연구'

벨기에 뢰번 가톨릭대학교 베라 후렌스 교수 연구팀은 '이름과 호감도의 상관관계'를 검증하는 연구를 했다. 연구 결과, 친구끼리는 비슷한 이름을 가진 경우가 많았다.

미국 피츠버그대학교 허버트 배리 교수는 한 가지 가설을 세웠다. '작가는 자신이 창작한 작품 속 등장인물에 자신과 같은 이름을 사용할 때 호감을 느끼기 쉽고, 그 인물이 행복한 결말을 맞이하도록 이야기를 풀어나가려는 경향이 있다'라는 것이다.

배리 교수는 작가 제인 오스틴의 작품으로 검증을 시도했다. 제인 오스틴의 작품 『오만과 편견』과 『엠마』에 '제인 베넷'과 '제인 페어팩스'라는 이름의 여성이 등장하는데, 작가는 자신과 같은 '제인'이라는 이름의 등장인물을 어떻게 묘사했을까?

앞에서 인간은 대부분 자기 자신을 가장 사랑한다고 이야기했다. 한데 우리 인간은 한발 더 나아가 자기 이름도 사랑한다는 걸 알고 있는가? 이를 심리학에서는 '이름 효과(Name-Letter Effect)'라고 부른다. 우리는 같은 이름뿐 아니라 자신과 비슷한 이름에도 호감을 느낀다.

예를 들면 내 성은 나이토(内藤)인데 우치무라(内村)나 우치야마(内山)처럼 같은 한자가 들어가는 성을 만나면 무의식적으로 친밀감과 호감을 느끼곤 한다. 같은 한자가 들어간 성을 쓰는 사람을 보면 본의 아니게 편애할 가능성이 있다. 여러분도 친한 친구의 이름을 잘 살펴보라. 어쩌면 여러분의 이름과 닮은 구석이 있을지 모른다.

인간은 누구나 자신과 비슷한 이름을 가진 사람을 선호하는 경향이 연구로 증명되었다. 벨기에 뢰번 가톨릭대학교의 베라 후렌스(Vera Hoorens) 교수 연구팀이 '이름과 호감도의 상관관계'를 검증하는 연구를 했다. 조사 결과, 친구끼리는 비슷한 이름을 가진 경우가 많았다. 연구팀은 헝가리와 태국에서도 같은 연구를 시행해 역시 자기 이름과 비슷한 이름과 친구가 되기 쉽다는 결과를 얻었다.

미국 피츠버그대학교 허버트 배리(Herbert Barry) 교수는 한 가지 가설을 세웠다. 이 가설에 따르면 작가는 자신이 창작한 작품 속 등장인물에 자신과 같은 이름을 사용할 때 호감을 느끼기 쉽고, 그 인물이 행복한 결말을 맞이하도록 이야기를 풀어나가려는 경향이 있다는 것이다.

이 가설을 검증하기 위해 배리 교수는 영국 작가 제인 오스틴(Jane Austen)의 작품을 조사했다. 그녀의 작품 중 『오만과 편견』과 『엠마』에는 각각 '제인 베넷'과 '제인 페어팩스'라는 이름의 여성이 등장한다. 제인 오스틴은 자신과 같은 '제인'이라는 이름의 등장인물을 어떻게 묘사했을까?

배리 교수의 가설에 따르면 호의적으로 써야 하는데, 이 경우에도 가설은 여지없이 들어맞았다. 작가와 같은 이름의 등장인물은 모두 아름답게 묘사되었고 부유한 남성과 결혼해 행복하게 사는 결말로 표현되었다.

작가는 자신과 같은 이름의 등장인물을 묘사할 때는 무의식적으로 호감을 느끼며 글을 쓰게 된다. 이는 배리 교수의 가설대로 자신의 이름을 사랑하기 때문이다.

심리실험 45

사회가 불안하고 범죄율이 높을수록 이혼율이 낮아지는 까닭은?

루이지애나주립대 토냐 핸셀 교수 연구팀의
'테러와 이혼율의 상관관계 연구'

미국 루이지애나주립대학교 토냐 핸셀 교수 연구팀은 9.11 테러 이후 뉴욕주 62개 카운티 전체의 이혼 통계를 조사했다. 1991년부터 2005년까지 통계였다. 조사 결과, 테러가 발생한 이듬해인 2002년은 테러가 일어나기 전보다 25퍼센트나 이혼이 감소했다. 또 2003년부터 2005년까지 3년 동안에는 37.5퍼센트나 이혼율이 줄어들었다. 미국 오클라호마대학교 조지프 리 로저스 교수 연구팀은 1995년 4월에 오클라호마시티에서 발생한 끔찍한 테러 이후 오클라호마의 77개 카운티 전체 이혼 통계를 조사했다. 그 결과 테러가 발생하기 전인 1985년부터 1994년까지의 이혼율과 비교해 1996년부터 2000년까지 이혼율이 크게 감소했다는 사실이 밝혀졌다. 왜 이런 결과가 나왔을까?

인간은 누구나 불안을 느끼면 누군가와 함께 있고 싶다고 생각하기 마련이다. 누군가 내 곁에 있어준다면 그만큼 불안감이 줄어들기 때문이다. 반대로 걱정이나 불안이 없는 생활이 이어지면 굳이 함께 있을 사람이 필요하지 않고 혼자 있는 게 세상 편하다. 자연재해가 일어났을 때나 전쟁 등 사회에 불안이 고조되었을 때 인간은 누군가와 함께하고 싶다고 생각하여 사람 사이의 유대관계가 강화되는 경향이 있다.

미국 루이지애나주립대학교 토냐 핸셀(Tonya Hansel) 교수 연구팀은 2001년 9월 11일에 발생한 테러 사건 이후 뉴욕주 62개 카운티 전체의 이혼 통계를 조사했다. 1991년부터 2005년까지 통계였다.

조사 결과, 테러가 발생한 이듬해인 2002년은 테러가 일어나기 전과 비교해 25퍼센트나 이혼이 감소했다. 또 2003년부터 2005년까지 3년 동안에는 37.5퍼센트나 이혼이 줄어들었다.

미국 오클라호마대학교 조지프 리 로저스(Joseph Lee Rodgers) 교수 연구팀도 위와 비슷한 연구를 했다. 오클라호마대학교 연구팀은 1995년 4월에 오클라호마시티에서 발생한 끔찍한

쾅
쾅
불안해
LOVE

테러 이후 오클라호마에 있는 77개 카운티 전체의 이혼 통계를 조사했다. 그 결과 테러가 발생하기 전인 1985년부터 1994년까지의 이혼율과 비교해 1996년부터 2000년까지 이혼율이 감소했다는 사실이 밝혀졌다. 특히 테러 후 처음 2년 동안은 이혼율이 큰 폭으로 줄어들었다.

테러리즘은 용서할 수 없는 범죄이나 그 행위로 부부 관계나 가족 관계를 돌아보고 유대관계가 강화되는 계기가 된다면 나름대로 긍정적인 기능도 하는 셈이다. 테러나 자연재해가 생기면 새삼스럽게 배우자의 존재가 절절하게 다가오고 그럴수록 이혼의 그림자는 저만큼 멀어진다.

사회가 풍요로워지고 평화로워질수록 사람은 남의 도움이 그다지 절실히 필요하지 않게 된다. 그런 터라 잘 사는 선진국일수록 결혼하지 않고 혼자 살겠다는 사람이 늘어날 수밖에 없고, 설령 결혼하더라도 조금만 성격이 안 맞고 뭔가 틀어지면 곧바로 이혼하고 남남이 되어버린다.

이렇게 생각하면 지나치게 평화로운 세상이 우리 인간에게 마냥 바람직하지만은 않을 수도 있겠다. 적당히 긴장감이 있어야 걱정과 불안을 안은 채 타인의 고마움을 몸으로 느끼고 관계를 소중히 하며 살아가지 않을까.

심리실험 46

'일하고 싶은 욕구'는 복권 당첨금도 억누를 수 없다

미네소타대 리처드 D. 애비 교수의
'역대 복권 당첨자 대상 일의 지속성 연구'

미국 미네소타대학교 리처드 D. 애비 교수와 동료 연구자는 오하이오 주립복권위원회에 등록된 10년 치 1,265명의 고액 당선자를 대상으로 설문 조사했다. "여러분은 복권에 당첨되어도 계속 일했습니까?"라는 질문을 받은 사람의 85.5퍼센트는 "일을 계속했습니다"라고 대답했다. 엄청난 금액의 돈이 자기 계좌로 들어왔으니 더는 일할 필요가 없었다고 대답한 사람은 14.5퍼센트에 불과했다. 대다수가 더 일할 필요가 없을 만큼 충분한 돈이 생겼는데도 계속 직장생활을 유지한 것이다.
약간 의외의 결과라고 생각할 수도 있는데, 독자 여러분이라면 그런 상황에서 어떤 선택을 하겠는가?

여러분이 어느 날 복권 1등에 당첨되어 몇십억 원을 받았다고 상상해보자. 그 정도 액수라면 아마 누구든지 평생 일하지 않고 놀고 먹으며 살 수 있을 것이다. 만약 퇴직할 때까지 열심히 일해서 30억 원을 벌거나 복권에 당첨되어 30억 원을 벌 수 있다면 그 사람은 더는 돈 때문에 일할 필요가 없을 것이다.

그렇다면 만일 직장인이 복권에 당첨되어 30억 원을 받게 된다면 그는 어제까지 열심히 다니던 직장에 당장 사표를 던질까? 매주 월요일마다 회사 출입문이 '지옥문'처럼 보이는 사람이라면 그럴 수도 있겠지만 거액의 복권에 당첨된 뒤에도 직장을 그만두지 않는 사람이 오히려 다수일 가능성이 크다. 왜냐고? 우리 인간에게는 기본적으로 '일하고 싶은 욕구'가 있기 때문이다. 출근길이 고행길이고 더럽고 아니꼬워 당장이라도 상사에게 호기롭게 사표를 던지고 회사를 때려치우고 싶은 직장인에게는 믿을 수 없는 일로 받아들여질 수도 있겠지만 인간에게는 실제로 '일하고 싶은 욕구'가 있다. 그것도 충만하게!

미국 미네소타대학교 리처드 D. 애비 교수와 동료 연구자는 오하이오 주립복권위원회에 등록된 10년 치 1,265명의 고액 당선자를 대상으로 설문 조사했다.

"여러분은 복권에 당첨되어도 계속 일했습니까?"

질문을 받은 사람의 85.5퍼센트는 "일을 계속했습니다"라고 대답했다. 엄청난 금액의 돈이 자기 계좌로 들어왔으니 더는 일할 필요가 없었다고 대답한 사람은 14.5퍼센트에 불과했다. 대다수가 더 일할 필요가 없을 만큼 충분한 돈이 생겼는데도 계속 직장생활을 유지한 것이다.

세계적인 부자 중에는 더는 돈을 벌 필요가 없는데도 일 자체를 즐기며 365일 열심히 일하는 사람이 있다. 가능성은 작겠지만 내가 만일 밀리언셀러를 내서 짧은 기간 인세로 10억 원이 넘는 돈을 벌어들이는 걸 상상해보았다. 만일 그런 일이 일어난다면 일을 그만두고 싶어질까? 아니, 절대로 그런 일은 없을 것 같다. 나는 어떤 상황에서도 일을 그만둘 생각이 없다. 왜냐하면 일 그 자체가 내겐 너무도 큰 기쁨이고 행복의 중요한 요소이기 때문이다.

독자 여러분도 나와 비슷하지 않을까? 아마도 대다수 사람이 갑자기 10억 원이 생긴다고 해서 지금껏 해오던 일을 곧바로 그만두지는 않을 것이다. 인간에게는 맛있는 음식을 먹고 싶다거나 푹 자고 싶은 기본 욕구 못지않게 '일하고 싶다'는 욕구가 있다. 야근을 밥 먹듯 하느라 수면 부족이 일상이 돼버린 직장인이라면 한 번쯤 허리가 아플 때까지 자고 싶다고 생각할 것이다. 그러나 그런 사람조차 몇 날 며칠이고 아무것도 하지 말고 잠만 자라고 하면 어느 순간 그만 자고 싶다며 이부자리를 박차고 나오고 싶어질 게 뻔하다.

분주히 몸을 움직여 일하고 싶다는 것은 인간의 타고난 욕구다. 일할 필요가 있든 없든 사람은 일하고 싶다는 욕구를 버리지 못한다는 사실을 알고 일할 수 있는 현실에 감사하는 게 행복한 삶의 비결이 아닐까!

심리실험 47

‘나는 절대로 원하지 않는 임신은 하지 않아’라고 생각하며 피임을 소홀히 하는 여성의 심리는 왜 생길까?

샌타클래라대 제리 M. 버거 교수 연구팀의
‘임신 가능성에 관한 조사’

성행위에 따르는 임신과 출산이라는 엄청난 리스크를 거의 온전히 감수해야 하는 사람은 아무래도 남성보다는 여성일 수밖에 없다. 그런 터라 여성들은 되도록 무분별한 관계를 갖지 않으려고 노력하는 편이다. 그런데도 피임하지 않으려 하는 여성이 있는 이유는 뭘까?
미국 캘리포니아주 샌타클래라대학교 제리 M. 버거 교수 연구팀은 ‘나는 괜찮다’라고 제멋대로 믿기 때문이라는 가설을 제시했다. 본래 인간은 자신에게는 나쁜 일이 생기지 않는다고 믿는 비현실적인 낙관주의를 가지고 있다. 임신 가능성 문제도 같은 맥락이라서 ‘나는 절대로 임신하지 않는다’라고 믿는 여성이 상대적으로 피임에 소홀할 것으로 연구팀은 추정했다.
이 연구에서 어떤 결과가 나왔을까?

남성 중에는 성행위 시 피임기구 사용을 꺼리는 사람이 많은데, 당연히 그럴 만도 하다는 생각이 든다. 한데 여성 중에도 피임하지 않는 이가 의외로 많다는 사실을 알고 있나? 아마도 그런 사람들의 심리에는 사용할 때 느끼는 번거로움과 불편함에 더해 '나는 괜찮겠지?!', '이번엔 문제없겠지?!' 하는 마음이 깔린 게 아닐까 싶다.

성행위에 따르는 임신과 출산이라는 엄청난 리스크를 거의 온전히 감수해야 하는 사람은 아무래도 남성보다는 여성일 수밖에 없다. 그런 터라 여성들은 되도록 무분별한 관계를 갖지 않으려고 노력하는 편이다. 그런데도 피임하지 않으려 하는 여성이 있는 이유는 뭘까?

미국 캘리포니아주 샌타클래라대학교 제리 M. 버거(Jerry M. Burger) 교수 연구팀은 '나는 괜찮다'라고 멋대로 믿기 때문이라는 가설을 제시했다. 본래 인간은 자신에게는 나쁜 일이 생기지 않는다고 믿는 비현실적인 낙관주의를 가지고 있다. 임신 가능성 문제도 같은 맥락이라서 '나는 절대로 임신하지 않는다'라고 믿는 여성이 상대적으로 피임에 소홀하다고 연구팀은 추정했다.

그림 12. 제리 M. 버거 교수의 조사 결과

	앞으로 1년 동안 원하지 않는 임신을 하게 될 가능성
자신	9.24%
자신 이외의 평균적 여대생	26.97%
또래 평균 여성	42.59%
아이가 있어도 괜찮은 나이대의 평균 여성	46.03%

※ 수치는 0%가 '임신 가능성이 전혀 없다', 100%가 '확실하게 임신한다'라고 생각하는 응답자의 비율을 나타낸다.

"여러분이 앞으로 1년 동안 원하지 않는 임신을 하게 될 가능성은 얼마나 될까요?"

"자신을 제외한 평균적인 여대생이 원하지 않는 임신을 하게 될 가능성은 얼마나 될까요?"

"자녀가 있어도 괜찮은 나이의 평균적인 여성이 원하지 않는 임신을 하게 될 가능성은 얼마나 될까요?"

연구팀은 여대생을 대상으로 위와 같은 항목의 설문조사를 했다. 이 조사에서 <그림 12>의 결과가 나왔다. 따로 설명할 필요도 없겠지만 피임 기구를 사용하지 않고 성관계를 하면 누구나 거의 같은 확률로 임신하게 될 것이다. 그런데도 여학생들은 아무런 근거 없이 자신만은 예외라고 믿었다. 자신이 임신할 수도 있다고 대답한 여학생은 10퍼센트 미만이었다.

무슨 일이나 마찬가지로 오로지 나만 예외일 수는 없다. 리스크는 누구에게나 공평하게 존재한다. 누구나 머리로는 알고 있으면서도 '나는 괜찮다'라며 자신을 속이려 드는 것이 바로 우리 인간이 가진 치명적 단점 중 하나다.

나는 괜찮을 거야

심리실험 48

복권 1등 당첨 후 급상승한 행복감은 왜 오래 유지되지 않을까?

노스웨스턴대 필립 브릭먼 교수 연구팀의 '복권 당첨 후 행복감 유지에 관한 연구'

미국 노스웨스턴대학교 필립 브릭먼 교수 연구팀은 일리노이주 복권 고액 당첨자 22명을 찾아냈다. 연구팀은 그들에게 복권 당첨 이후의 '행복감 변화'를 물었다. 그 결과 예상대로 대부분 복권에 당첨된 직후 행복감이 급상승한다는 사실을 확인했다. 그러다가 대부분 얼마간 시간이 지나자 아침 안개처럼 행복감이 사라졌다는 사실도 알게 되었다.
연구팀은 교통사고로 하반신이 마비된 29명을 대상으로 '행복감 변화'를 물었다. 이 그룹 역시 사고 직후에는 행복감이 일시적으로 크게 하락했으나 시간이 많이 지난 뒤 원래의 수준으로 행복감이 돌아왔다는 사실을 알게 되었다.
이른바 '행복의 회복탄력성'인 셈인데, 이런 감정 변화는 어떤 심리에서 비롯하는 걸까?

복권 1등에 당첨되면 어떤 기분이 들까? 마치 세상을 다 가진 것 같은 기분이 들지 않을까? 돈만 있으면 안 되는 게 없는 자본주의사회에서 바로 그 '돈'이 생겼으니 말이다. 그것도 복권에 당첨되기 전에는 꿈도 꾸지 못했던 거액의 돈이 손에 들어왔으니 상상만 해도 행복하지 않을까!

그러나 인간이 느끼는 '행복감'은 생각보다 그리 오래가지 않는다. 기쁨은 복권에 당첨된 그 순간뿐, 행복감은 아침 안개처럼 차츰 희미해진다. 평소 100점 만점 중에서 30점 정도의 행복감을 느끼던 사람은 복권에 당첨되면 한동안 100점짜리 행복감을 느낀다. 그러다가 반년 정도 시간이 지나면 점수가 곤두박질치다가 마침내 원래의 30점 수준의 행복감으로 돌아온다.

'불행'도 마찬가지다. 교통사고를 당하면 누구나 불행이 인생을 지배하게 된다. 이럴 땐 행복감이 건물 옥상에서 중력의 힘으로 땅에 떨어지는 벽돌처럼 급전직하한다. 그런데 신기하게도 끝도 없이 추락할 것만 같던 그 행복감이 그런 상황에서도 어느 순간 원상태에 가깝게 회복되고 돌아온다. 만약 평소 70점 정도의 행복감을 느끼던 사람이라면 교통사고를 당해 행복감이 20점까지 떨어졌더라도 얼마 후에는 다시 70점을 회복한다.

우리가 느끼는 행복감은 사람마다 천차만별이고 조금씩 차이는 있어도 어느 순간 원래대로 돌아온다는 점에서 누구에게나 평등하다.

미국 노스웨스턴대학교 필립 브릭먼(Philip Brickman) 교수 연구팀은 일리노이주 복권 고액 당첨자 22명을 찾아냈다. 연구팀은 그들에게 복권에 당첨된 이후의 '행복감 변화'에 관해 물었다. 인터뷰 이후 연구팀은 예상했던 대로 대부분 복권에 당첨된 직후 행복감이 급상승한다는 사실을 확인했다. 그러다가 거의 예외 없이 시간이 얼마쯤 지나자 신기하게도 아침 안개처럼 행복감이 사라졌다는 사실도 알게 되었다.

연구팀은 또 교통사고로 하반신이 마비된 29명을 대상으로 '행복감 변화'를 물었다. 이 그룹 역시 사고 직후에는 행복감이 일시적으로 크게 하락했지만 세월이 약이라고 시간이 많이 지나자 행복감이 원래의 수준으로 돌아왔다는 사실을 알게 되었다.

우리가 느끼는 행복감이라는 감정은 사람에 따라 대략적인 수치가 정해져 있다. 평소 '나는 행복하다'라고 느끼며 80~90점 정도의 행복감을 자신에게 점수로 주는 사람은 나쁜 일이 생겨도 얼마 지나지 않아 다시 원래의 점수 80~90점대로 돌아간다. 반대로 행복감을 잘 느끼지 못해 20~30점 정도의 낮은 점수를 자신에게 주는 사람은 기쁜 일이 생겨서 잠시 점수가 올라가더라도 얼마 지나지 않아 다시 낮은 점수대로 돌아온다.

우리가 느끼는 행복감은 우리에게 생기는 일로 결정되지 않는다. "행복은 마음먹기에 달렸다"라는 말처럼 내가 나를 어떻게 느끼는지가 우리의 행복 수준을 결정한다.

심리실험 49

왜 그 사람들은 도난 장면을 목격하고도 신고하지 않았을까?

유타대 도나 겔펀드 교수의 '범죄 목격 시 대중의 반응 연구'

미국 유타대학교 도나 겔펀드 교수와 동료 연구자들은 한 가지 실험을 했다. 그들은 조교에게 일부러 고객 눈에 잘 띄도록 좀도둑질을 하도록 했다.
조교는 소리 나게 물건을 떨어뜨리는 등 티 나는 행동을 한 뒤 자신을 쳐다본 사람의 바로 앞에 있는 상품을 훔쳤다. 연구팀의 지시를 받아 열심히 연기 중인 조교는 상품 몇 개를 더 훔쳐 핸드백에 집어넣은 다음 목격자 앞을 유유히 지나서 가게 밖으로 나왔다.
쇼핑을 마치고 가게 밖으로 나온 목격자에게 연구팀이 다가가 물었다.
"혹시 가게 안에서 물건을 훔치는 장면을 목격했나요?"
그들은 뭐라고 대답했을까?

'법을 어기는 나쁜 짓은 하면 안 돼!'

'하지 말라는 짓은 하는 게 아니야!'

누구나 자신에게 관대하며 높은 도덕심과 정의로운 마음을 가지고 살고 있다고 스스로 믿고 산다.

과연 그럴까? 예컨대 실제로 나쁜 일을 저지르는 사람을 발견하면 망설임 없이 경찰에 신고할까? 결론부터 말하자면 '그렇지 않다'다. 대부분 다른 사람의 나쁜 행동을 목격하고도 '못 본 척'하며 딴청을 피웠다. 누군가에게 귀띔하거나 주머니에서 휴대전화기를 꺼낼 생각은 하지 않았다.

미국 유타대학교 도나 겔펀드(Donna Gelfand) 교수와 그의 동료 연구자들은 가게의 협조를 구해 한 가지 실험을 했다. 여자 조교에게 요청하여 일부러 고객 눈에 잘 띄도록 티 나게 좀도둑질을 하게 했다.

조교는 먼저 소리 나게 물건을 떨어뜨리거나 부스럭부스럭 소리가 나는 빵 봉지 같은 상품을 만지고 나서 자신을 쳐다본 사람의 바로 앞에 있는 상품에 손을 댔다. 고객의 이목을 끌었다는 사실을 확인한 뒤(CCTV로 확인했다) 연구팀은 무전기를 이용해 그 상품을 훔치라고 지시했다. 연구팀의 지시를 받아

MART
못본척하자
휙
!!
슬쩍

열심히 연기 중인 조교는 상품 몇 개를 훔쳐 핸드백에 집어넣고 목격자 앞을 유유히 지나서 가게 밖으로 나왔다.

쇼핑을 마치고 나온 목격자에게 연구팀이 다가가 물었다.

"혹시 가게 안에서 물건을 훔치는 장면을 목격했나요?"

그들은 뭐라고 대답했을까? 놀랍게도 대다수가 "못 봤다"라며 시치미를 뗐다. 노련한 소매치기처럼 능숙한 수법으로 도둑질한 게 아니라 누가 봐도 거칠고 허술한 방법으로 주위 사람이 다 눈치챌 수 있게 도둑질을 했는데도 "못 봤다"라고 대답한 사람이 적지 않았다.

신고한 사람의 남녀 비율은 어떻게 될까? 남성이 38퍼센트, 여성이 19퍼센트로 남녀 평균 28퍼센트였다. 이 결과만 놓고 보면 남성이 여성보다 정의감이 높다고 말할 수도 있겠지만, 사실 남성도 절반이 훨씬 넘는 사람이 신고하지 않았다.

그렇다면 사람들은 왜 범죄를 목격하고도 신고하지 않았을까? 연구자들이 그 이유를 물었다.

"이미 도망간 뒤니까요."

"근처에 직원이 없어서요."

"매장이 너무 붐벼서요."

온갖 변명이 나왔지만 하나같이 이해가 안 되고 시답잖은 이유뿐이었다.

우리는 다른 사람이 나쁜 짓을 저지르는 상황을 빤히 목격하고도 못 본 척하는 경우가 많다. 괜히 긁어 부스럼 만드는 일을 자초하지 않겠다는 생각에서일까? 아니면 단지 귀찮아서일까? 어느 쪽이든 우리는 생각보다 도덕심이나 정의감이 충만한 사람이 아니다.

심리실험 50

우리 눈에는 왜 세상에 나쁜 사람이 넘쳐나는 것처럼 비칠까?

캘리포니아주립대 데이비드 M. 메식 교수 연구팀의 '자신과 타인의 선행에 관한 선행 평가 조사'

미국 캘리포니아주립대학교 데이비드 M. 메식 교수 연구팀은 자신이 다른 사람에게 베푼 착한 행동, 다른 사람이 자신에게 베푼 착한 행동, 자신이 저지른 나쁜 행동과 다른 사람이 저지른 나쁜 행동을 5분 동안 최대한 많이 적어서 제출하게 하는 실험을 했다. 실험 참여자들은 '자신이 타인에게 베푼 착한 행동은 5분에 4.2개나 떠올렸는데, 타인의 착한 행동은 2.9개밖에 떠올리지 못했다. 대부분 자신의 좋은 점은 줄줄이 떠올렸다. 반대로 자신이 저지른 작은 나쁜 행동은 2.73개밖에 떠올리지 못했지만 타인이 저지른 작은 악행은 4.28개나 떠올렸다.
우리 인간의 눈에는 왜 세상에 나쁜 사람이 넘쳐나는 것처럼 비치는 걸까?

인간은 누구나 자신을 '착한 사람'이라고 생각한다. 그러면서 다른 한편으로 세상에는 '나쁜 사람'이 득실거린다고 생각한다. 나도 마찬가지라서 딱히 내가 나쁜 마음을 품고 산다는 생각은 거의 하지 않는다. 우리는 '나는 고결한 심성의 소유자이고 다른 사람은 세상의 더러운 때가 덕지덕지 묻었다'고 막연히 생각하는 경향이 있다.

이런 인지 왜곡은 왜 발생하는 걸까? 우리는 자신에게 유리한 일만 기억하기 때문이다. 예를 들면 자신이 다른 사람을 위해 뭔가를 해주었다고 해보자. '내가 그동안 해준 게 얼만데…….' 내가 다른 사람에게 해준 일은 죽을 때까지 잊지 않는다. 자주 생색을 낸다. 내가 해준 일을 제대로 알아주지 않거나 잊어버리면 서운한 마음을 품는 일을 넘어서서 앙심을 품기도 한다. 반대로 다른 사람이 자신에게 뭔가 불쾌한 일을 저지르면 절대로 잊지 않는다. 이를 심리학에서는 '기억의 선택 작용'이라고 부른다. 예를 들어 자신이 빌려준 돈은 확실하게 기억하면서 자신이 남에게 빌린 돈은 까맣게 잊고 산다. 우리는 자신에게 유리한 기억만 선택해 기억한다. 이것이 바로 '기억의 선택 작용'이다.

미국 캘리포니아주립대학교 데이비드 M. 메식(David M. Messick) 교수 연구팀은 자신이 다른 사람에게 베푼 착한 행동, 다른 사람이 자신에게 베푼 착한 행동, 자신이 저지른 나쁜 행동과 다른 사람이 저지른 나쁜 행동을 5분 동안 최대한 많이 적어서 제출하게 하는 실험을 했다.

실험 참여자들은 '자신이 타인에게 베푼 착한 행동은 5분에 4.20개나 떠올렸는데, 타인의 착한 행동은 2.90개밖에 떠올리지 못했다. 대부분 자신의 좋은 점은 줄줄이 떠올렸다. 반대로 자신이 저지른 나쁜 행동(장애인 주차 구역에 주차했다거나 거스름돈을 더 받았는데 모른 척했다 등)은 2.73개밖에 떠올리지 못했지만 다른 사람이 저지른 나쁜 행동은 4.28개나 떠올렸다.

이 실험으로 좀 더 명확히 알게 되었듯 우리 인간은 누구나 자신이 잘한 일만 기억한다. 그런 터라 '내가 비록 완벽한 인간은 아니지만 '나름 착한 사람'이라는 자아상이 완성된다. 그러면서 동시에 타인에 대해서는 나쁜 쪽을 더 많이 떠올려 그 기억을 바탕으로 인상을 형성하기에 아무래도 타인은 '나쁜 사람'이 되기 쉽다.

우리 눈에는 왜 세상에 나쁜 사람이 넘쳐나는 것처럼 비칠까? 그것은 아마도 우리의 기억이 자신을 미화하는 방향으로 기능하고 발전하기 때문이 아닐까 싶다. 우리가 요즘 자주 듣는 말 중 '내로남불'이라는 말이 있다. 이는 '내가 하면 로맨스,

나는 착해
세상은
무서워...

우리도 나름 착해!

남이 하면 불륜'의 줄임말로 자신을 향한 기준과 타인을 향한 기준이 달라서 생기는 인간의 인지 부조화를 가장 잘 보여주는 말이 아닐까? 위의 실험은 그런 인지 부조화와 모순된 인간 본성을 명확히 드러내 보여주는 시도다.

심리실험 51

조직 내 '무임승차'를 막고 역량을 강화하기 위한 가장 효과적인 뜻밖의 방법

퍼듀대 키플링 D. 윌리엄스 교수 연구팀의
'조직 내 무임승차 방지에 관한 연구'

미국 인디애나주 퍼듀대학교 키플링 D. 윌리엄스 교수 연구팀은 대학 수영팀 선수 16명에게 4명씩 나누어 조를 짜게 했다. 그런 다음 100미터와 400미터 자유형을 전력으로 완주하게 하고 기록을 쟀다.

연구팀은 경기가 시작되기 전 각 조에게 다른 내용을 공지했다.

"개인 기록을 알려주겠습니다."

"개인 기록을 알려주지 않겠습니다."

개인 기록을 알려주는 조는 설렁설렁 경기에 임하면 금방 들통 나기에 모두 전력질주했다. 개인 기록을 알려주지 않은 조는 개인 기록을 알려준 조보다 기록이 훨씬 늦어졌다. "나중에 개인 기록도 공개하겠다"라고 하자 그 조 역시 기록이 단축되었다.

이 실험 결과를 자신이 속한 조직에 지혜롭게 적용하면 조직 역량 강화에 관한 작은 해결책이라도 발견할 수 있지 않을까.

우리는 조별 과제처럼 여러 사람이 힘을 합해 과제를 완수해야 하는 일을 하게 될 경우 구렁이 담 넘어가듯 어물쩍 넘겨버리려는 경향이 있다.

'내가 안 해도 다른 누군가가 대신 하겠지?'

자기 몫의 일을 설렁설렁 처리해도 다른 누군가가 내 몫을 대신 처리해주리라 생각하고 떠넘기면 흔히 말하는 '조별 과제 대참사'가 일어난다.

그렇다면 이런 상황에서 발생하는 얄미운 '무임승차'를 막는 방법은 없을까? 심리학을 잘 배우고 영리하게 활용하면 얼마든지 막을 수 있다. 방법은 간단하다. 각자 얼마나 노력하는지 확실히 알 수 있게 하는 것으로 충분하다. '우리 조 전체가 이만큼 처리했고, 또 누구는 이것밖에 처리하지 않았다'고 구성원 모두에게 결과를 공개하고 적절히 피드백을 주면 자기 분량을 대충 처리할 수 없게 된다.

미국 인디애나주 퍼듀대학교 키플링 D. 윌리엄스 교수 연구팀은 대학 수영팀 선수 16명에게 각각 4명씩 나누어 조를 짜게 했다. 그런 다음 100미터와 400미터 자유형을 전력으로 완주한 기록을 쟀다.

경기가 시작되기 전 연구팀은 조마다 다른 내용의 공지를 했다.

"개인 기록을 알려주겠습니다."

"개인 기록을 알려주지 않겠습니다."

개인 기록을 알려주는 조는 적당히 눈치 봐가며 설렁설렁 경기에 임하면 금방 들통이 날 수밖에 없다. 나중에 개인 기록을 알려주지 않은 조의 경우 개인 기록을 알려준 경우보다 눈에 띄게 기록이 늦어졌다. 하지만 "나중에 개인 기록도 공개하겠다"라고 언질을 주자 그 조 역시 릴레이 기록이 단축되었다.

이 실험으로 알 수 있듯 집단과 그룹을 효과적으로 움직이려면 성적과 성과를 개별적으로 알 수 있는 시스템을 만들어야 한다. 기존의 조별 과제 진행 방식으로는 누군가는 무임승차를 하는 '학점 빈대'가 될 수밖에 없다.

직장에서도 마찬가지다. 각각의 직원이 최선을 다하게 만들고 싶다면 각 직원이 얼마나 노력했는지를 개별적으로 평가할 수 있는 시스템을 만들어두면 조직의 역량을 효과적으로 발휘할 수 있다.

심리실험 52

10대의 결혼과 출산이 사회에 전혀 해롭지 않고 오히려 도움이 되는 심리학적 이유

버밍엄대 연구원 앨리슨 롤프의
'10대의 결혼 경험에 관한 자기 평가 조사'

영국 버밍엄대학교 연구원 앨리슨 롤프는 10대에 어머니가 된 여성 33명을 인터뷰했다. 롤프는 그들에게 10대의 결혼이 어떤 경험으로 남아 있는지 물었다. 그들은 어떻게 대답했을까? 상식적인 수준에서 생각해보면 너무 이른 나이에 한 결혼을 후회한다고 대답하거나 인생을 다시 한번 살 기회가 주어진다면 다른 선택을 하지 않을까 이야기하는 사람이 더 많았으리라 예상할 수 있다.
그런데 우리의 예상을 깨는 결과가 나왔다. 과연 그들은 어떻게 대답했을까?

10대에 아이를 낳고 엄마가 되었다는 소릴 들으면 많은 사람이 눈살을 찌푸리며 혀를 끌끌 찬다. 10대에 연애하고 칠칠하지 못하게 아이까지 만든 비행 청소년이라는 생각이 들기 때문이다. 과연 10대의 결혼과 출산은 사회적으로 지탄받아야 할 나쁜 짓일까?

영국 버밍엄대학교 연구원 앨리슨 롤프(Alison Rolfe)는 10대에 어머니가 된 여성 33명을 대상으로 인터뷰를 했다. 롤프는 그들에게 10대의 결혼이 어떤 경험으로 남아 있는지 물었다.

그들은 어떤 대답을 했을까? 상식적인 수준에서 생각해보면 너무 이른 나이에 한 결혼을 후회한다고 대답하거나 인생을 다시 한번 살 기회가 주어진다면 다른 선택을 하지 않을까 이야기하는 사람이 더 많았으리라 예상할 수 있다.

그런데 우리의 예상을 깨는 결과가 나왔다. 인터뷰에 응한 여성들은 대부분 '10대의 결혼이 부정적인 경험이었다고 생각하지 않는다'라고 답변했다. 오히려 이른 나이에 엄마가 된 덕분에 남들보다 빨리 '인격적으로 성장할 수 있었다'라거나 '책임감을 지닌 성인 여성이 될 수 있었다' 등의 긍정적인 대답이 많았다.

친구들과 어울리며 거칠게 살던 여학생들이 출산을 경험하고 엄마가 되면서 진짜 '여성'으로 다시 태어나 바람직한 방향으로 성장했다.

'우리 아기를 위해서라도 내가 정신 바짝 차리고 살아야지!'

'최선을 다해 이 아기를 잘 키워야지!'

이런 식으로 아기를 낳은 뒤 마음을 고쳐먹고 성실하게 살아가는 여성이 많았다.

뉴스에서 철없는 어린 부부가 아기를 말도 안 되게 방치하거나 학대하다가 죽였다거나 제대로 식사를 챙겨주지 않다가 굶어 죽게 한 소식을 전하는 끔찍한 보도를 듣게 된다. 유독 부정적인 면만 부각해 보도하는 이런 행태는 '너무 이른 결혼은 나쁜 짓'이라는 관념을 시청자에게 심어주어 바람직하지 못한 결과를 초래할 수도 있다는 생각이 든다. 실제로는 10대의 결혼에 긍정적인 측면이 많을 수도 있고, 열심히 살아가는 10대 엄마가 많은데 그런 좋은 소식은 뉴스에서 거의 보도하지 않는다.

20세기 초까지 여성은 학창 시절에 결혼하는 게 일반적이었다. 예쁘고 참한 여학생은 학교를 졸업하기도 전에 하나둘 시집을 가서 이른바 '품절녀'가 되었다. 반면 미모가 떨어져 졸업한 뒤에도 시집을 가지 못하는 여학생을 조롱하는 '졸업 얼굴'이라는 여성 비하적 용어가 30~40년 전까지만 해도 일본

10대

에서 유행했다.

역사적으로 보면 10대 결혼이 일반적이었던 시대가 훨씬 길다. 만혼화는 최근 몇십 년 동안의 이야기다. 세계로 눈을 돌리면 10대의 결혼은 그리 드문 일이 아니다. '만혼화'는 주로 유럽 선진국에서 나타나는 현상이다. 10대의 이른 나이에 결혼했다는 이유만을 들어 인생을 함부로 살았다는 식으로 비난하는 것은 온당치 않다.

심리실험 53

대다수 부부가 '내가 집안일을 더 많이 한다'라고 평가하는 심리학적 근거는?

워털루대 마이클 로스 교수의
'부부의 집안일 분담에 관한 자기 평가 조사'

캐나다 워털루대학교 마이클 로스 교수와 동료 연구자는 몇십 쌍의 부부에게 20가지 활동 목록을 보여주었다. 목록에는 '아침 준비', '설거지', '집 안 청소하기', '장보기', '자녀 돌보기' 등이 적혀 있었다. 목록에 적힌 각 항목의 일 중 자신이 어느 정도 한다고 생각하는지, 또 배우자는 어느 정도 하고 있다고 생각하는지 추측해서 대답하게 했다. 그 결과 16가지 활동에서 '내가 더 많이 한다'라는 답변이 돌아왔다. 실험에 참여한 사람들은 '80퍼센트의 활동에서 자신이 하는 일이 더 많다'라고 여겼다.
왜 이런 결과가 나왔으며, 이런 커다란 간극을 메울 수 있는 효과적인 해결책은 없을까?

인간은 누구나 자신이 한 일을 똑똑히 기억한다. 자기가 직접 한 일을 잊어버리는 게 오히려 더 이상하다. 그런데 반대로 인간은 다른 사람이 한 일은 잘 기억하지 못한다.

다음 내용은 평범한 부부를 대상으로 시행한 설문조사 결과다.

"두 분 중에서 집안일을 누가 더 많이 합니까? 그리고 각각 몇 퍼센트 정도씩 담당한다고 생각합니까?"

이 질문에 대다수 부부가 거의 예외 없이 마치 약속이나 한 듯 "제가 더 많이 해요"라고 대답했고, 재미있게도 두 사람이 말한 수치를 합하면 100퍼센트를 훌쩍 넘겼다. 이 설문 조사 결과와 마찬가지로 우리는 자신이 실제로 하는 것보다 더 많은 일을 했다고 느끼는 경향이 있다.

캐나다 워털루대학교 마이클 로스(Michael Ross) 교수와 동료 연구자는 몇십 쌍의 부부에게 20가지 활동 목록을 보여주었다. 목록에는 '아침 준비', '설거지', '집 안 청소하기', '장보기', '자녀 돌보기' 등이 적혀 있었다. 목록에 적힌 각 항목의 일 중 자신이 어느 정도 한다고 생각하는지 또 배우자는 어느 정도 하고 있다고 생각하는지 추측해서 대답하게 했다.

그러자 20가지 활동 중 16가지 활동에서 '내가 더 많이 한다'라는 답변이 돌아왔다. 실험에 참여한 사람들은 '80퍼센트의 활동에서 자신이 하는 일이 더 많다'라고 여겼다.

이러한 결과에 대해 로스 교수는 '자기가 한 일은 머릿속에 금방 떠오르기 때문'이라고 해석했다. 자기가 한 일은 바로 떠올릴 수 있기에 그만큼 자신이 많은 일을 했다고 생각하기 쉽다. 그리고 상대방이 한 일은 바로 떠오르지 않아 속된 말로 자신이 '독박을 썼다'라고 생각하기 쉽다.

약간 사소하면서도 조금 부끄러운 개인적 경험을 하나 얘기할까 한다. 우리 집 화장실에서 종종 일어나는 일이다. 이상하게도 내가 볼일을 보고 나면 화장실 휴지가 똑 떨어지곤 한다. 그때마다 쩔쩔매며 다 쓴 휴지심을 빼내고 새 휴지를 가져다 끼운다. '왜 휴지를 갈아 끼우는 일은 언제나 내 담당일까' 하는 생각이 들어 짜증이 나고 울컥할 때마저 있다.

위의 문장에서 '생각이 들어'라고 표현한 까닭은 내 아내도 그 점에서 나와 똑같이 생각하기 때문이다. 어느 날 지나가는 말처럼 "내가 우리 집 휴지 당번이야?"라고 투덜거리며 짜증을 냈다. 그러자 아내가 까칠해진 목소리로 되받아쳤다.

"무슨 소리야? 내가 갈아 끼울 때가 훨씬 많은데……. 휴지 몇 번 갈아 끼웠다고 유세 부리기는."

되로 주고 말로 받는다고, 아내의 한마디에 기가 죽고 말았다. 역시 우리 집에서도 서로 '내가 더 많이 한다'라고 느끼는 심리적 왜곡이 발생하고 있었던 셈이다.

인간은 누구나 자기만 억울한 일을 당한다고 느끼기 쉬운데, 그런 감정은 오해에 지나지 않는다. 현실에서는 다른 사람도 별반 다르지 않고 그저 내가 모르고 지나갈 뿐이다. 나 혼자 일방적으로 손해 보는 일은 일반적으로는 일어나지 않는다.

심리실험
54

전쟁터에서 적을 향해 발포한 사람 비중이 1.5~2퍼센트밖에 되지 않는다고?

미 육군 S. L. A. 마셜 준장의
'전쟁 경험자 중 적에게 실제 발포한 사람 비율 조사'

제2차 세계대전 중 전쟁터에서 방아쇠를 당겨 적을 향해 발포한 사람의 비율은 얼마나 될까? 놀랍게도 1,000명 중 15~20명, 즉 1.5~2퍼센트밖에 되지 않았다고 한다. 이는 미 육군 S. L. A. 마셜 준장이 조사한 결과를 발표한 내용이다. 지휘관이 명령을 내려도 대다수 군인은 방아쇠를 당겨 적을 쏘기를 주저했고 엉뚱한 방향으로 발사하거나 슬금슬금 눈치 보며 쏘는 시늉하는 게 다반사였다. 마셜 준장은 유럽과 태평양 지역에서 독일과 일본군과의 근접전에 참전한 400명 이상의 보병 중대를 대상으로 면접 조사를 벌였는데, 이 조사에서도 같은 결과가 나왔다. 이 결과를 보면 어쩌면 인간의 본성에 관한 이론에서 '성악설'보다 '성선설'이 좀 더 실제와 부합하는 게 아닐까 하는 생각도 든다.

텔레비전 뉴스에서 연일 흉악 범죄 사건이 보도되면 '살인'이라는 끔찍한 행위마저 대수롭지 않은 일이라는 생각이 들 수도 있다. 과연 그럴까? 살인이 대수롭지 않은 일일까? 아니, 절대로 그렇지 않다. 실제로 살인은 아무나 할 수 없는 고난도 작업이다. 인간이라면 대부분 사람을 죽여야 하는 상황에서 엄청난 내적 갈등과 두려움을 느낀다.

인류 역사에서 인간은 몇천 년에 걸쳐 병사를 고도로 훈련해 '살인 기계'로 완성하기 위해 엄청나게 공을 들였으나 아직도 인간을 완벽한 흉기로 만드는 방법은 알아내지 못했다. "전쟁이 일어나면 누구나 살인자가 된다"라는 말은 잘못된 주장이다. 오히려 전쟁에 투입된 군인이 적을 죽이려고 하지 않는 게 진짜 현실에 더 가깝다.

그게 사실로 증명된 주장이냐고? 물론이다. 제2차 세계대전 중 실제 전쟁터에서 확실히 방아쇠를 당겨 적을 향해 발포한 사람은 1,000명 중 15~20명, 즉 1.5~2퍼센트밖에 되지 않았다고 한다. 이는 미 육군 S. L. A. 마셜(S. L. A. Marshall) 준장이 조사한 결과를 발표한 내용이다. 지휘관이 단호하게 명령을 내려도 대다수 군인은 적을 향해 방아쇠 당기기를 주저했고 엉뚱한 방향으로 쏘거나 슬금슬금 눈치를 보며 쏘는 시늉을 하는 게 일반적인 모습이었다.

마셜 준장은 유럽과 태평양 지역에서 독일과 일본군과의 근접전에 참전한 400명 이상의 보병 중대를 대상으로 전투 직후 수십 수만 명 단위로 면접 조사를 벌였다. 한데 신기하게도 이 조사에서도 같은 결과가 나왔다고 한다. 아무리 명령해도 군인들은 다른 사람을 죽이려 하지 않았다. 목이 쉬도록 발포 명령을 내리는 지휘관과 귀를 막고 애써 못 들은 척하는 군인들은 전장에서 흔히 볼 수 있는 광경이었다.

미 육군에서 중령으로 퇴역해 현재 살인 심리학을 전문으로 연구하는 작가로 활동 중인 데이브 그로스먼(Dave Grossman)은 『살인에 관하여: 전쟁과 사회에서 죽이는 법을 배우는 심리적 비용(On Killing: The Psychological Cost of Learning to Kill in War and Society)』이라는 책을 썼다. 그는 이 책의 상당 부분을 '살인'이 아닌 '왜 사람은 사람을 죽이지 못할까?'라는 화두를 던지고 구체적인 사례를 자세히 검토하는 데 할애했다.

텔레비전을 틀면 거의 날마다 살인사건 등 흉악범죄를 전하는 뉴스가 보도된다. 평범한 사람이라도 감정적으로 폭발하면 죽여버리겠다며 험한 말로 상대방을 협박하는 말을 입에 담을 때가 있다. 그러나 현실에서 닭 모가지 비틀 듯 사람을 쉽게 죽일 수 있는 사람은 거의 없다. 사람을 죽이려고 하면 자연스럽

쏠 거야
말 거야?

게 심리적 제동장치가 발동하며 멈칫할 수밖에 없다.

그러나 근·현대에 들어서서 전쟁 영상이 과거와 크게 달라지면서 '살인'에 관한 논리도 전혀 다른 방향으로 전개된다. 옛날처럼 칼이나 창을 휘둘러 내 손으로 눈앞의 사람을 죽이려면 만만치 않은 심리적 거부감을 극복해야 하는데, 엄청나게 멀리 떨어진 곳에서 미사일 발사 버튼을 눌러 적을 섬멸해야 하는 상황에서는 별로 저항감을 느끼지 않는다. 그런 터라 옛날에는 전쟁터에서도 생각보다 많은 사람을 죽이지 않고 전쟁을 마치는 경우도 종종 있었는데, 근·현대에 들어서면서 전사자가 급격히 증가한 것은 '심리적 마지노선'을 쉽게 넘어설 수 있게 되었기 때문으로 분석된다.

CHAPTER
4

밤이 되면 여자가 매력적으로 보이는 이유

심리실험 55

폭력적 성향의 사람은 3미터 이내까지 접근한 사람을 적으로 간주한다?

뉴욕 정신의학연구소 어거스트 F. 킨젤 박사 연구팀의 '퍼스널 스페이스 조사'

미국 뉴욕주 정신의학연구소 어거스트 F. 킨젤 박사 연구팀은 교도소 수감자 중 살인과 강도로 복역 중인 그룹을 '폭력 성향의 그룹'으로 규정하고 사기 등의 죄명으로 복역 중인 그룹을 '비폭력 성향의 그룹'으로 정해 실험을 했다. 연구팀은 방 한가운데에 수감자를 세워둔 다음 전후좌우에서 연구원이 한 걸음씩 다가갔다. 그들은 '너무 가깝다'고 느끼면 수감자에게 '멈춰(stop)!'라고 외치게 했다. 그러면 연구원은 걸음을 멈추고 수감자와 거리를 쟀다.
이 실험으로 연구팀은 폭력적 그룹의 퍼스널 스페이스와 비폭력적 그룹의 퍼스널 스페이스가 명백히 다르다는 사실을 밝혀냈다. 폭력적 그룹과 비폭력적 그룹의 퍼스널 스페이스는 구체적으로 얼마였을까?

거리에서 불량배를 만나 스쳐 지나가야 할 상황에 맞닥뜨렸다고 가정해보자. 그럴 땐 어떻게 할까? 최대한 멀리 거리를 두려고 애를 쓰고 옷깃이라도 스칠까 조심조심 몸을 사리며 걷게 되지 않을까.

"이봐, 형씨. 나한테 무슨 불만 있어? 왜 지나가는 사람 어깨를 치고 그래?"

"어쭈? 이거 봐라! 지금 나 째려봤지? 나랑 한번 해보겠다는 거야, 뭐야?"

이런 식으로 최대한 접촉하지 않으려고 애를 쓰며 걷는데도 어깨가 부딪치거나 눈이라도 마주치면 그걸 빌미로 시비를 걸어온다. 이런 상황을 피하고 싶다면 최대한 멀리 떨어져서 안전거리를 유지해야 한다.

나는 시비를 걸 생각이 눈곱만큼도 없는데 상대방은 자신에 대한 도전이나 공격으로 받아들이고 사소한 걸 트집 잡아 생떼를 쓴다. 그러므로 언제나 안전거리를 유지하고 되도록 멀리 떨어지는 게 최선의 방책이다. 옛 성현의 말씀에 "군자대로행(君子大路行)"이라 하여 덕이 있는 사람은 부정하고 치졸하며 무모한 짓을 하지 않는다고 했다. 속된 말로 "똥이 더러워서 피하지 무서워서 피하냐"라는 말로 바꾸어 말할 수 있다. 조지 버나드 쇼는 이 말을 "돼지와 씨름하면 나도 돼지가 된다"라는 좀 더 고상한 말로 표현했다.

비록 눈에 보이지는 않지만 우리는 누구나 자기 주위에 '벽' 같은 것을 둘러치고 산다. 말하자면 마치 동물이 영역을 표시하고 그 영역을 지키려고 애를 쓰듯 인간 역시 자기만의 영역을 만들고 지키며 살려고 노력하는 셈이다. 이처럼 나와 상대방 사이의 보이지 않는 간격 혹은 거리를 '퍼스널 스페이스'라고 부른다. 이 퍼스널 스페이스에 불쑥 누군가가 들어오면 인간은 누구나 불쾌함을 느낀다.

불량배나 건달 부류의 사람들은 이 '퍼스널 스페이스'가 일반인보다 훨씬 넓다. 그래서 평범한 사람이라면 얼마든지 수용 가능한 거리인데도 자기 코앞까지 함부로 밀고 들어왔다며 눈을 부라리고 어깃장을 놓는다.

미국 뉴욕주 정신의학연구소 어거스트 F. 킨젤 박사 연구팀은 교도소 수감자 중 살인과 강도로 복역 중인 그룹을 '폭력 성향의 그룹'으로 규정하고 사기 등의 죄명으로 복역 중인 그룹을 '비폭력 성향의 그룹'으로 정해 실험을 했다.

방 한가운데에 수감자를 세워둔 다음 전후좌우에서 연구원이 한 걸음씩 다가갔다. 연구원은 수감자에게 '너무 가깝다'고 느끼면 '멈춰(stop)!'라고 외치게 했다. 그러면 연구원은 걸음

비켜!
불만 있어?
째려봐?!
!

을 멈추고 수감자와의 거리를 쟀다.

뒤에서 다가갔을 때는 수감자가 연구원의 모습을 볼 수 없으므로 연구원은 한 발짝씩 다가갈 때마다 말로 알려주었다. 그 목소리를 듣고 수감자는 중단 신호를 보냈다.

이 실험으로 연구팀은 폭력적인 그룹의 퍼스널 스페이스와 비폭력적인 그룹의 퍼스널 스페이스가 명백히 다르다는 사실을 밝혀냈다. 폭력적인 그룹은 자기 주위에 2.72제곱미터 넓이의 퍼스널 스페이스가 있고 비폭력적인 그룹은 0.6제곱미터라는 사실이 밝혀졌다.

이 실험으로 연구팀은 폭력적이지 않은 그룹은 대개 60센티미터 거리까지 다가가도 개의치 않는 데 반해 폭력적인 그룹은 3미터 떨어진 거리에서도 '내 영역을 침범당할 정도로 너무 가깝다'고 느낀다는 사실을 알게 되었다.

불량배나 건달 부류의 사람이 왜 툭하면 시비를 거는지 이 실험으로 명확히 밝혀진 셈이다. 말하자면 그들이 억지를 써서 일부러 시비를 건다기보다는 자신의 '퍼스널 스페이스'가 침범당해 실제로 불쾌감을 느꼈기 때문일 가능성이 크다.

심리실험 56

어떤 간호사들은 왜 위험하고 치명적인 의사의 지시를 받아도 무조건 따를까?

신시내티대 정신과 전문의
찰스 K. 호플링 박사 연구팀의
'가짜 의사를 통한 부당하고 위험한 지시 & 반응 실험'

미국 오하이오주 신시내티대학교 조교수이자 정신과 전문의 찰스 K. 호플링 박사 연구팀은 22명의 간호사에게 전화를 걸어 다음과 같이 지시했다.

"여보세요. 닥터 햄포드인데 칼슨 씨라는 환자한테 '에스트로텐'이라는 약 처방을 부탁합니다. 에 · 스 · 트 · 로 · 텐 캡슐 20밀리리터, 4알, 아시겠습니까? 10분 뒤 그리로 가서 투약 지시서에 서명할 테니 제가 가기 전에 일단 투약부터 해주세요."

간호사가 약을 가지러 가보니 약상자에 '에스트로텐 20밀리리터는 치사량'이라는 주의사항이 기재되어 있었다(실제로 '에스트로텐'이라는 약은 존재하지 않고 실험을 위해 만든 가짜 약이었다).

자기도 모르게 실험에 참여하게 된 간호사들은 어떻게 행동했을까? 그들은 '가짜 의사'의 지시에 따랐을까 따르지 않았을까?

간호사는 의사의 지시에 충실히 따르려고 애를 쓴다. 기본적으로 간호사는 의사의 지시에 의문을 던지거나 반론을 제기하지 않는다. 의사가 업무를 지시할 때마다 옳고 그름을 따지고 들면 업무 효율이 떨어지게 되기 때문이기도 하지만 애초에 의사 선생님이 잘못된 지시를 내릴 리 없다는 암묵적이고도 막연한 믿음이 작용하기 때문이다.

미국 오하이오주 신시내티대학교 조교수이자 정신과 전문의 찰스 K. 호플링(Charles K. Hofling) 박사 연구팀은 22명의 간호사에게 전화를 걸어 다음과 같이 지시했다.

"여보세요. 닥터 햄포드인데 칼슨 씨라는 환자한테 에스트로텐이라는 약 처방 부탁합니다. 에·스·트·로·텐 캡슐 20밀리리터, 4알, 아시겠습니까? 제가 10분 뒤 그리로 가서 투약 지시서에 서명하겠습니다. 제가 가기 전에 일단 투약부터 해주세요."

간호사가 약을 가지러 갔더니 약상자에 '에스트로텐 20밀리리터는 치사량'이라는 주의사항이 또렷이 기재되어 있었다(실제로 '에스트로텐'이라는 약은 존재하지 않았고 실험을 위해 만든 가짜 약이었다).

문제는 그것만이 아니었다. 호플링 박사는 전화로 지시했는데, 이 또한 병원 규칙에 어긋나는 행위였다. 게다가 간호사가 받은 전화는 귀에 익은 당직 의사의 목소리가 아닌 낯선 남성의 목소리였다.

이 경우, 간호사가 전화로 받은 '가짜 의사'의 지시에 따르지 않는 것은 상식적인 판단이었다. 그러나 놀랍게도 같은 방식으로 같은 내용의 지시를 받은 간호사 22명 중 21명이 실제로 투약하기 위해 병실로 향했다. 물론 투약하기 직전 연구원이 나타나 "짜잔, 여기까지 실험이었습니다"라고 알리고 투약을 멈추게 했다.

'간호사는 의사가 지시하는 대로, 거의 무조건 따른다'라는 사실을 보여주는 섬뜩한 실험 결과가 아닐 수 없다. 실제로 의료 현장에서 빈번히 일어나는 의료 사고도 의사의 지시에 간호사가 무조건 따르는 것이 원인이 되어 발생하는 경우가 적지 않다. 의사의 지시가 잘못되어도 간호사는 일일이 따지고 문제가 무엇인지 확인하려고 하지 않는다.

이런 일은 비단 간호사에게만 일어나지 않는다. 일반적인 기업에서도 윗선에서 내려온 명령이나 지시를 거의 무조건 따르는 경우가 많다. 업무 지시가 내려올 때마다 일일이 확인하고 따지고 드는 사람은 거의 없다. 상사의 지시에 '네, 알겠습니다'라는 대답밖에 하지 못하는 이유는 뭘까?

우리 인간은 윗사람이 내리는 일방적인 지시에 절대적으로 복종한다. 마음속으로 이상하다는 의구심을 품으면서도 윗사람이 시키는 일이니 일단 따르고 보자는 게 인간인지라 때로 큰 사건·사고가 일어날 위험성도 있다는 사실을 인지하고 대비하며 조심하자.

심리실험 57

개인의 사무실 책상을 보면 성격과 업무 능력을 정확히 예측할 수 있다고?

텍사스대 새뮤얼 D. 고슬링 교수 연구팀의
'사무실 책상 정리 상태로 성격 예측하기 실험'

미국 텍사스대학교 새뮤얼 D. 고슬링 교수 연구팀은 사무실 사용법을 보면 그 사람의 성격을 파악할 수 있다는 가설을 세웠다. 이 가설을 검증하기 위해 연구팀은 다섯 곳의 사무실(공인중개사 사무실, 광고대행사, 비즈니스 스쿨, 건축사무소, 은행)에 근무하는 94명의 직원에게 사무실 사진을 찍어 보내달라고 요청했다. 연구팀은 직원을 대상으로 성격 검사도 했다.

연구팀은 실험 참여자가 보내온 사진 판정을 맡은 연구원 8명에게 보여주고 각각 어떤 성격인지 알아맞히는지 실험했다. 그 결과 우연 훨씬 이상의 확률로 상당히 정확하게 성격을 맞췄다.

연구원들은 어떻게 실험 참여자의 성격을 사무실을 찍은 사진만 보고 거의 정확히 간파했을까?

사람의 성격은 행동으로 나타난다. 예를 들어 성격이 급한 사람은 속사포처럼 빠른 속도로 말하기 쉽고 밥 먹는 속도도 빨라서 음식이 나오자마자 후다닥 먹어 치우고 자리에서 일어난다. 이동할 때도 빠른 걸음으로 걷는다. 사람의 행동을 찬찬히 관찰해보면 상대방의 성격을 대강 파악할 수 있다.

위의 논리를 '행동의 결과'에도 적용해볼 수 있다. 그 사람의 행동 결과로 '남은 흔적'을 보고 어느 정도 성격을 읽어낼 수 있다. 명탐정 셜록 홈스가 유류품을 보고 범인이 어떤 특징을 가진 사람인지 예측하는 장면은 심리학을 배운 사람이라면 누구나 어느 정도 비슷하게 연출할 수 있다.

미국 텍사스대학교 새뮤얼 D. 고슬링(Samuel D. Gosling) 교수 연구팀은 사무실 사용하는 방법을 보면 그 사람의 성격을 파악할 수 있다는 가설을 세웠다. 이 가설을 검증하기 위해 연구팀은 다섯 곳의 사무실(공인중개사 사무실, 광고대행사, 비즈니스 스쿨, 건축사무소, 은행)에 근무하는 94명의 직원에게 사무실 사진을 찍어 보내달라고 부탁했다. 연구팀은 또 직원을 대상으로 성격 검사도 했다.

연구팀은 실험 참여자가 보내온 사진 판정을 맡은 연구원

8명에게 보여주고 각각 어떤 성격인지를 알아맞히는지 조사했다. 그 결과 그들은 우연 훨씬 이상의 확률로 상당히 정확하게 맞췄다. 매사에 계획적이고 꼼꼼한 성격의 사람은 책상 위도 늘 반듯하게 정리돼 있고 일정 수준 이상으로 어지럽히지 않았다. 또 밝고 외향적인 성격의 사람은 사무실을 자기 취향대로 꾸미는 낙으로 일했다.

연구팀은 추가로 자기 집 방 사진도 찍어서 보내달라고 부탁해 같은 방식으로 분석했다. 역시 이번에도 어느 정도 수준까지 그 사람의 성격을 알아맞힐 수 있었다. 방이 지저분한 사람은 성격상 칠칠하지 못한 구석이 있었다. 방이 난장판인 사람을 보면 일단 성격이 털털하고 무던하다고 판단하면 어느 정도 들어맞는다. 똑 부러지는 성격의 사람은 방이 깔끔하게 정리되어 있지 않으면 거슬려서 참을 수 없기 때문이다.

연구팀에 따르면, 성격 특징에서 '의식성'이라고 부르는 부분을 예측하기 쉽다는 사실을 이번 연구로 좀 더 명확히 알게 되었다고 한다. '의식성'이란 신중한 성격인지, 안정을 추구하는지, 계획을 세우고 차근차근 행동하는 유형인지 등의 특징을 말한다. 또 외향성도 예측할 수 있었다. 예를 들어 쾌활하고 사교적인지 열정이 넘치는지 등도 방을 보면 대략 알 수 있는 모양이다.

반대로 '감정적 안정성'은 방을 보기만 해서는 제대로 알 수

음... 이런 성격이군.

있는 부분이 많지 않다. 자신만의 공간을 사용하는 모습만 보고 모든 성격을 낱낱이 파악할 수 있다고 말하기는 어렵지만 어느 정도 정확히 읽어낼 수 있다고 할 수 있겠다.

심리실험 58

밤이 늦을수록 바에서 술 마시는 남자의 눈에 상대 여자가 매력적으로 보이는 까닭은?

프랭클린대 스티브 A. 니다 교수의
'바에서 술 마시는 남성의 시간대별
여성의 아름다움 평가 조사'

미국 오하이오주 프랭클린대학교 스티브 A. 니다 교수와 동료 연구자는 어느 컨트리 웨스턴 바에서 술을 마시는 남자 손님에게 다가가 "가게 안에 있는 여자 손님의 매력을 평가해주세요"라고 요청했다. 전체적으로 꽝이면 1점, 미인이 아주 많다고 느끼면 10점 기준이다. 연구팀은 밤 9시 30분, 밤 11시, 밤 12시 30분에 가게 안에 있는 남자 손님에게 같은 부탁을 했다. 이후 문 닫을 때까지 남은 시간은 각각 3시간 반, 2시간, 30분이었다. 시간대에 따른 실험 결과는 어떻게 나왔을까?

요즘 말로 '여자 사람' 동료와 함께 야근을 마치고 오랜만에 한잔하러 갔다. 근데 이게 웬일일까, 뜬금없이 그 동료가 '여자'로 보이기 시작했다.

'뭐야, 이 친구가 이렇게 예뻤어?! 심장아, 제발 그만 좀 요동쳐라.'

사무실에서 낮에 같이 일할 때는 매력이라고는 눈을 씻고 살펴도 찾을 수 없던 직장 동료가 해가 서산으로 넘어가고 캄캄한 밤이 되자 마치 마술이라도 부린 듯 '예뻐' 보이기 시작하는 것이다. 이는 전적으로 심리에서 비롯되는 효과다.

여자의 매력도는 시간대에 따라 달라진다. "밤에 피는 장미"라는 말처럼 여자는 밤이 깊어지면 점점 더 예뻐 보인다. 이 사실을 명확히 알고 나면 평범해 보이고 평소 관심 없었던 여자가 갑자기 예뻐 보이는 '마술'이 눈앞에 펼쳐져도 유혹받지 않고 마음의 고삐를 단단히 틀어쥘 수 있다. 반대로 이런 심리 효과를 모르는 사람은 갑자기 심장 박동이 빨라지고 얼굴이 발그레하게 달아올라 당황스러워지기 십상이다.

미국 오하이오주 프랭클린대학교 스티브 A. 니다(Steve A. Nida) 교수와 동료 연구자는 어느 컨트리 웨스턴 바에서 술을 마시는 남자 손님에게 다가가 "가게 안에 있는 여자 손님의 매력을 평가해주세요"라고 요청했다. 전체적으로 꽝이면 1점, 미인이 아주 많다고 느끼면 10점 기준이다.

연구팀은 밤 9시 30분, 밤 11시, 밤 12시 30분에 가게 안에 있는 남자 손님에게 같은 부탁을 했다. 이후 문 닫을 때까지 남은 시간은 각각 3시간 반, 2시간, 30분이었다.

실험 결과 시간이 늦어질수록 남성의 눈에 여성이 아름다워 보이는 경향이 뚜렷하게 확인되었다. 〈그림 13〉

왜 밤늦은 시간일수록 남성의 눈에 여성이 매력적으로 보일까? 여기에는 여러 이유가 있겠지만 남자들의 기본 심리 때문이다. 즉, '이제 밤도 깊었고 오늘 밤같이 화끈하게 놀 여자가 필요하다'라고 생각하는 남자가 많아지기 때문이다. 그런 맥락에서 시간이 가고 밤이 깊어갈수록 이상형의 기준이 점점 더 낮아지는 것이다. 조금 노골적으로 표현하자면, 여자한테 말 한번 못 붙여보고 쓸쓸히 혼자서 집으로 돌아가느니 약간 못생긴 여자라도 상관없으니 '데이트'를 했으면 좋겠다는 심리가 작용한 결과라고 추측해볼 수 있다.

'오늘 이상하게 예뻐 보이네?!'

'낮에 봤을 때는 몰랐는데……. 밤에 보니 미모에 물이 오르는구나!'

이런 생각은 단순한 착각일 가능성이 크다. 밤이 깊어지면

그림 13. 스티브 A. 니다 교수의 실험 결과

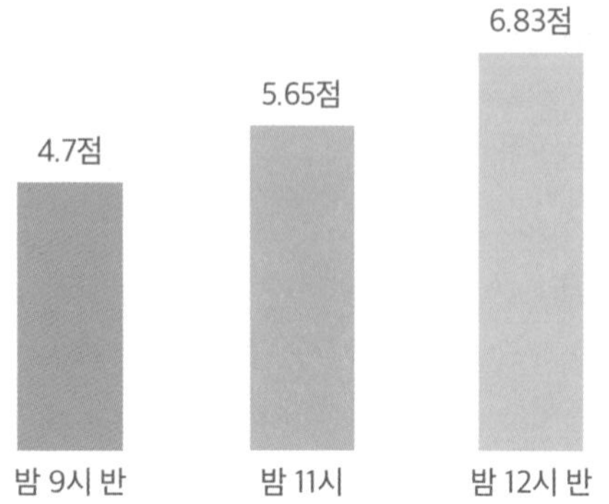

※ 수치는 10점 만점. 10점에 가까울수록 '상대 여성을 매력적으로 느낀다'는 의미다.

남성의 눈에 여성이 매력적으로 보이도록 우리 뇌에서 '자동 보정'이 이루어진다. 그러므로 섣부른 짓을 했다가는 이튿날 크게 후회할 뿐 아니라 두고두고 '이불킥'할 불상사가 생길 수도 있다. 그러니 마음을 항상 잘 다독이며 냉철해지려고 노력해야 한다.

심리실험 59

악몽을 꾸는 게 이상한 게 아니라 악몽을 꾸지 않는 게 이상하다는데?

샌타클래라대 제리 크로스 박사 연구팀의 '기혼자 혹은 동거 중인 여성 대상 꿈 분석 조사'

미국 샌타클래라대학교 제리 크로스 박사 연구팀은 기혼자와 동거 중인 여성이 주로 어떤 꿈을 꾸는지 조사했다. 그 결과 90퍼센트가 넘는 사람이 '악몽'을 꾼다고 대답했다. 악몽 내용을 살펴보면 다른 남성과 함께 있어 죄책감을 느끼는 꿈을 꾼 사람이 18퍼센트, 남편 또는 남자친구가 자신을 버리고 떠나는 꿈을 꾼 사람이 73퍼센트였다. 반대로 즐거운 꿈을 꾼 사람의 비율은 9퍼센트로 매우 낮았다. 남편이나 남자친구와 알콩달콩 행복한 시간을 보내는 꿈을 꿨다는 사람은 거의 없었다.

10명 중 1명 정도만 행복한 꿈을 꾼다고 하니 그런 행운은 오히려 크게 기대하지 않는 게 낫지 않을까 싶을 정도다. 인간은 왜 주로 악몽을 꿀까? 심리학은 이 의문에 어떻게 답할까?

"꿈만 꿨다 하면 악몽이라니까요!"

"무서워서 도저히 잠을 이룰 수가 없어요."

잠을 자는 동안 기왕이면 달콤하고 행복한 꿈을 꾸면 좋으련만 하필이면 끔찍한 악몽을 꾸다가 식은땀을 뻘뻘 흘리며 잠에서 깨어날 때가 더 많다. 누군가에게 끝도 없이 쫓기거나 흠씬 두들겨 맞거나 높은 곳에서 떨어지는 등 악몽의 내용은 사람에 따라 각양각색이지만 기분이 찝찝하다는 사실에는 차이가 없다.

악몽을 꾸고 나서 불길한 생각을 떨쳐버릴 수가 없어 고민이라면 지금부터 안심해도 좋다고 말하고 싶다. 왜냐고? 악몽은 인간이라면 누구에게나 일어날 수 있는 자연스러운 현상이기 때문이다. 유독 나만 재수 없게 악몽을 꾼다고 억울해할 필요는 전혀 없다. 꿈꾸는 사람은 대부분 악몽을 꾼다. 소스라치게 놀라 잠자리에서 벌떡 일어나는 경험은 이제 그만하고 싶다는 분들의 시름을 조금이나마 덜어줄 수 있는 반가운 소식 아닌가!

미국 샌타클래라대학교 제리 크로스(Jerry Kroth) 교수 연구팀은 기혼자 혹은 동거 중인 여성을 대상으로 어떤 꿈을 꾸는지 조사했다. 그 결과, 무려 90퍼센트가 넘는 사람들이 '악몽'을 꾼다고 대답했다. 악몽의 내용을 살펴보면 다른 남성과 함께 있어 죄책감을 느끼는 꿈을 꾼 사람이 18퍼센트, 남편 또는 남자친구가 자신을 버리고 떠나는 꿈을 꿨다는 사람이 73퍼센트였다. 반대로 즐거운 꿈을 꾼 사람의 비율은 전체의 9퍼센트로 상대적으로 낮은 비율이었다. 남편이나 남자친구와 알콩달콩 행복한 시간을 보내는 꿈을 꿨다는 사람은 거의 없었다.

열 명 중 한 명 정도만 행복한 꿈을 꾼다고 하니 그런 행운은 크게 기대하지 않는 게 낫지 않을까. 차라리 '인간은 악몽을 꾸는 게 당연하다'라고 생각하면 악몽을 꿔도 별로 찜찜함을 느끼지 않고 훌훌 털어낼 수 있어 정신건강에 이롭지 않을까!

그래도 악몽은 꾸기 싫다는 사람은 되도록 밝은 생각, 좋은 생각을 하며 잠자리에 들려고 노력해보자. 내일 할 일을 이것저것 끝도 없이 생각하다 보면 머릿속이 복잡해지고 불안감이 밀려와 잠을 설치게 된다. 그렇게 겨우 잠이 들어 이리저리 뒤척이다 보면 악몽을 꿀 확률도 높아진다. 그러니 최대한 긍정적이고 밝은 이미지를 떠올리며 잠들도록 노력하자. 사랑하는 사람과 도란도란 이야기 나누는 장면이나 맛있는 음식을 실컷 먹으며 흐뭇해하는 상상을 하며 잠자리에 들도록 노력하자.

또 낮 동안 부지런히 걸어 몸에 적당히 피로감을 주면 아예 꿈을 꾸지 않고 푹 잘 수 있다. 잠자리에 들기 전에는 가볍게

쾅!!

Z Z Z
살려 주세요…

몸을 풀어주는 스트레칭을 하면 숙면을 유도하는 효과가 있다. 그러니 오늘부터 침대 앞에서 또는 이부자리 앞에서 간단한 스트레칭을 실천하는 습관을 들여보는 건 어떨까.

심리실험 60

‘따돌림’이 집단 유지와 발전에 긍정적인 역할을 한다는 게 사실일까?

캔자스대 스콧 아이들먼 교수의
‘조직 내 따돌림이 갖는 긍정성에 관한 연구’

미국 캔자스대학교 스콧 아이들먼 교수와 동료 연구자는 “따돌림은 집단 유지에 도움을 주는 기능을 한다”라고 주장했다. 따돌림이 집단 유지에 도움이 된다니, 이 무슨 말도 안 되는 소리인가 싶을 수도 있겠다. 따돌림을 하면 네 편 내 편으로 편을 가르게 되고, 그로 인해 집단 분열과 갈등이 심해져 조직에 해를 끼친다고 염려할 수 있다. 그러나 동일 집단 안에 따돌림 대상을 만들면 ‘따돌림 당하는 사람 외 사람들의 일체감’을 강화하여 긍정적 효과를 낼 수 있다고 아이들먼 교수는 주장했다.
따돌림조차 조직에 긍정적인 영향을 미친다고 하니 온통 부정적이기만 한 게 과연 있을까 싶을 정도다. 그렇더라도 다른 사람을 따돌리는 행위보다는 서로 화합하고 사이좋게 지내는 편이 훨씬 낫지 않을까!

학교나 직장 등 인간관계가 존재하는 곳은 어디나 어김없이 '따돌림'이 극성을 부린다. 문득 이런 의문이 생긴다. '우리는 왜 위해주고 지켜주어야 할 약자를 못살게 굴며 괴롭힐까? 그리고 그 따돌림이란 괴물을 없앨 수는 없는 걸까?'

미국 캔자스대학교 스콧 아이들먼(Scott Eidelman) 교수와 동료 연구자는 "따돌림은 집단 유지에 도움을 주는 기능을 한다"라고 주장했다. "개똥도 약에 쓴다"라는 속담처럼 따돌림이 집단 유지에 도움이 된다니, 이 무슨 자다가 봉창 두드리는 소리인가 싶을 수도 있겠다. 따돌림을 하면 네 편 내 편으로 편을 가르게 되고 그로 인해 집단 분열과 갈등이 심해져 조직에 해를 끼친다고 생각할 수 있다.

그러나 동일 집단 안에 따돌림 대상을 만들면 '따돌림 당하는 사람 이외 사람들의 일체감'을 강화하는 작용을 하여 긍정적인 효과를 낼 수 있다고 아이들먼 교수는 주장했다. 따돌림의 대상이 만들어지면 나머지 사람들은 하나로 똘똘 뭉친다. 심리학적으로 이를 '검은 양 효과(Black Sheep Effect)'라고 부른다.

그러고 보면 스포츠 세계에서도 경쟁 팀이 있으면 같은 팀을 응원하는 사람들끼리 하나로 똘똘 뭉쳐서 같은 목소리를 낸다. 기업에서도 확실한 경쟁사가 있으면 내부 결속을 다질 수 있다.

같은 집단 안에 따돌림 대상을 만드는 건 이런 현상과 마찬가지다. 외부에 적이 없을 때는 일부러 같은 집단, 같은 무리 안에 '희생양' 비슷한 대상을 만들어 구성원 간의 일체감과 공동체 의식을 공고히 한다.

따돌림이 좀처럼 근절되지 않는 데는 집단 유지에 도움이 되는 측면이 있기 때문이다. 물론 그렇다고 따돌림을 조장하거나 방관해서는 안 된다. 또 집단이 집단으로 유지되기 위해 일정한 기능을 하는 따돌림이 없어지지 않는다는 측면도 간과할 수는 없다.

따돌림을 당하는 데 이유는 없다. "핑계 없는 무덤이 없다"라는 속담처럼 따돌림에도 많은 이유를 갖다붙인다. 거들먹거린다거나 기분 나쁜 눈초리로 바라보았다거나 목소리가 귀에 거슬린다는 등 그야말로 말도 안 되는 이유를 대며 친구나 동료를 따돌리지만 사실 따돌림은 아무 이유 없이도 일어날 수 있다.

위에 언급한 대로, 집단과 무리를 유지하려고 일부러 '희생양'을 만드는 경우도 많다. 만약 따돌림을 당한다면 미움받는 이유를 고치면 따돌림이 끝날 거라는 기대는 하지 않는 게 낫다. 거슬린다고 지적받은 부분을 고쳐봤자 또 다른 이유를 붙여 따돌릴 게 뻔하기 때문이다.

차라리 집단에서 재빨리 몸을 빼는 게 현명하다. 자신을 희생양으로 삼으려는 집단에서 탈출하지 않으면 언제까지고 지긋지긋한 따돌림에 시달리게 될 테니까.

심리실험 61

'KKK단' 복장과 '나치 복장'을 한 사람 중 누가 상대방에게 전기 충격을 더 강하게 줄까?

아칸소주립대 로버트 D. 존슨 교수의 '전기 충격 실험'

미국 아칸소주립대학교 로버트 D. 존슨 교수와 동료 연구자는 4명씩 조를 짜서 학습하는 실험을 했다. 4명은 교사 역할과 학생 역할로 나뉘어 교사 역할은 학생 역할이 답을 틀릴 때마다 전기 충격을 주었다. 학생 역할을 맡게 되면 실제로 전기 충격을 주지 않아도 온몸으로 고통을 호소하며 호들갑 떨도록 연기하게 했다. 교사 역할은 전기 충격 강도를 약에서 강까지 7단계로 설정해 원하는 대로 선택할 수 있게 했다. 이 실험의 묘미는 '복장'에 있다. 연구팀은 교사 역할을 맡은 사람들을 위해 백인 우월주의 비밀결사 단체 'KKK단 복장'과 '나치 복장' 두 가지를 준비했다. 어느 복장을 한 실험 참여자들이 더 강한 전기 충격을 주었을까?

핼러윈 데이가 다가오면 도시의 번화가는 젊은이들의 가장행렬로 북새통을 이룬다. 그저 별난 옷차림으로 거리를 누비는 정도라면 상관없지만 이따금 선을 넘는 일탈 행위를 하는 사람들이 나타나 보는 이의 눈살을 찌푸리게 한다. 이상하게도 평소에는 쓰레기통을 찾아 쓰레기를 버리던 사람도 웬일인지 이날만 되면 길바닥에 함부로 쓰레기를 버리는 바람에 핼러윈 데이가 끝난 거리는 온통 지저분한 쓰레기로 넘쳐나고 한바탕 몸살을 앓는다.

왜 그런 일이 일어날까? 내 생각에 문제는 '핼러윈 복장'에 있다. 핼러윈 복장은 마치 자신이 다른 사람이 된 듯한 착각을 불러일으켜 평소 하지 않던 행동을 태연히 할 수 있게 만들기 때문이다.

우리 주위에는 '핼러윈 복장'의 위험성을 잘 모르는 사람이 의외로 많은 것 같다. 코스튬 플레이(Costume Play)라는 일본식 조어를 줄여서 '코스프레'라고 부르며 즐기는 젊은이들이 많다. 한데 이는 알고 보면 무서운 놀이다. 쓰레기 무단 투기 정도라면 그래도 애교로 봐줄 수도 있지만 자칫하면 공공기물을 파괴하거나 다른 사람에게 거리낌 없이 폭력을 행사하는

행위로 발전하기 때문이다. 그러므로 '코스프레 행사'를 할 때는 각별한 주의가 필요하다.

실제로 핼러윈에 치한으로 체포되는 사람이 많아진다. 평소에는 성추행처럼 파렴치한 행동은 꿈도 못 꾸던 사람이 가면으로 얼굴을 가리면 간이 커지는지 치한으로 돌변하기도 한다. 특히 얼굴을 가리는 후드를 쓰거나 온몸을 감싸는 복장에는 더욱더 세심한 주의가 필요하다. 가면이나 가장은 '정체를 숨길 수 있어' 이성이 제대로 작동하지 않게 할 가능성이 크기 때문이다. 이를 심리학에서는 '익명성의 원리'라고 부른다. 들키지 않으리라는 생각이 들면 인간은 비인간적인 짓도 서슴없이 저지를 수 있는 존재다.

미국 아칸소주립대학교 로버트 D. 존슨(Robert D. Johnson) 교수와 동료 연구자는 4명씩 조를 짜서 학습하는 실험을 했다. 4명은 교사 역할과 학생 역할로 나뉘어 교사 역할은 학생 역할이 답을 틀릴 때마다 전기 충격을 주었다. 학생 역할을 맡게 되면 실제로 전기 충격을 주지 않아도 온몸으로 고통을 호소하며 호들갑 떨도록 연기하게 했다. 교사 역할은 전기 충격 강도를 약에서 강까지 7단계로 설정해 원하는 대로 선택할 수 있게 했다.

이 실험의 묘미는 '복장'에 있다. 연구팀은 교사 역할을 맡은 참여자를 위해 KKK단(Ku Klux Klan, KKK)이라는 백인 우월주의를 표방하는 미국 비밀결사 단체 복장과 나치 복장 두 가지를 준비했다. KKK단 복장은 흰색 가운과 두건, 원뿔 모양의 모자로 얼굴과 몸을 완전히 가려 정체를 숨길 수 있다.

실험에서 KKK단 복장을 했을 때는 전기 충격 강도를 높이는 사람이 늘어났다. '어차피 나라는 걸 모르는데 내키는 대로 하자'라는 생각에 비인간적인 행동이 눈에 띄게 늘어났다. 반대로 나치 복장을 했을 때 교사 역할을 맡은 사람은 전기 충격 강도를 어느 정도 이상 높이지 못했다.

'가장'은 입은 사람의 심리를 교묘히 조종한다. 순수하게 가장을 놀이로 즐긴다면 괜찮겠지만 어느새 대범해져서 비인간적인 일탈로 치닫게 될 수도 있음을 알아야 한다.

심리실험 62

다른 사람의 부러움을 살만한 경험을 한 뒤 입에 지퍼를 채워야 하는 심리학적 이유

하버드대 거스 쿠니 교수 연구팀의 '영화 관람 후 소외감 체험 실험'

미국 하버드대학교 거스 쿠니 교수는 진귀한 와인을 마시거나 비행기에서 낙하산을 타고 뛰어내리는 스카이다이빙과 같은 남들이 쉽게 할 수 없는 경험을 하면 '눈에 보이지 않는 대가'를 치르게 된다고 지적한다. 연구팀은 위와 같은 맥락의 가설을 검증하기 위해 네 명으로 이루어진 그룹 하나를 만들어 서로 자신의 이야기를 털어놓는 실험을 진행했다. 그들은 실험 참여자가 자기 이야기를 하기 전 한 사람에게만 평점이 높고 무척 재미있는 영화를 보여주었다. 그동안 나머지 세 명은 평점이 낮고 지루한 영화를 봐야 했다. 혼자만 부러움의 대상이 되는 경험을 하게 한 셈이다.

영화 감상이 끝난 뒤 연구팀은 네 명의 실험 참여자들을 한데 모아 자유롭게 대화를 나누도록 했다. 어떤 반응이 나왔을까?

중학교 2학년 여학생이 집단 따돌림을 비관해 자살하는 사건이 발생했다. 2018년 일본 도쿄도 하치오지시에서 일어난 사건이다. 오키나와 가족 여행 사진을 SNS에 올린 일이 따돌림의 계기가 되었다. 다른 학생들이 '재수 없게 잘난 척한다'라고 샘을 내며 따돌림이 시작되었다고 한다.

가족 여행은 그 자체로 귀한 일이고 소중한 경험이다. 그런데 위 사건처럼 오히려 그 소중한 일 때문에 주위에서 질투를 받거나 무리에서 소외되고 괴롭힘당하는 불상사가 생길 수도 있다.

미국 하버드대학교 거스 쿠니(Gus Cooney) 교수는 진귀한 와인을 마시거나 비행기에서 낙하산을 타고 뛰어내리는 스카이다이빙 등 남들이 쉽게 할 수 없는 경험을 하면 '눈에 보이지 않는 대가'를 치러야 한다고 지적한다.

'눈에 보이지는 않는 대가'란 무리에게서 소외당할 위험을 감수해야 한다는 의미다.

"야, 걔 요즘 잘나가는 티 너무 내지 않냐?"

"자기가 무슨 특별한 사람이나 되는 줄 아나봐."

뒤에서 수군거리는 소리가 들리기 시작하면 차츰 미운털이 박힐 위험도 늘어난다.

연구팀은 가설을 검증하기 위해 네 명으로 이루어진 그룹 하나를 만들어 서로 자신의 이야기를 하는 실험을 했다. 연구팀은 실험 참여자들이 자기 이야기를 하기 전 한 사람에게만 평점이 높고 무척 재미있는 영화를 보여주었다. 그동안 나머지 세 명은 평점이 낮고 지루한 영화를 봐야 했다. 혼자만 부러움의 대상이 되는 경험을 하게 한 셈이다. 분명한 사실은 평점이 높고 재미있는 영화를 본 사람은 자신이 그 영화를 보겠다고 자원한 게 아니라 연구팀이 무작위로 지목해 거기에 따랐을 뿐이었다.

영화 감상이 끝난 뒤 연구팀은 네 명의 실험 참여자들을 한데 모아 자유롭게 대화를 나누도록 했다. 대화가 끝난 뒤 연구팀은 "어느 정도로 소외당한 느낌이 들었습니까?"라고 물었다. 그러자 혼자 재미있는 영화를 본 참여자가 특히 심하게 소외된 느낌을 받았다고 대답했다. 〈그림 14〉

다른 사람의 부러움을 살만한 경험을 할 때는 가능한 한 입을 다물자. 입에 지퍼를 채우고 최선을 다해 숨기자. 일부러 자랑할 필요가 없다. 굳이 자랑할 생각이 없는데도 여차하면 상대방은 잘난 척한다고 생각해 샘낼 수 있으니 혼자만 알고 꼭꼭 숨겨두는 게 바람직하다.

만화 『도라에몽』에 나오는 비실이는 스테이크를 먹었다거

그림 14. 거스 쿠니 교수의 실험 결과

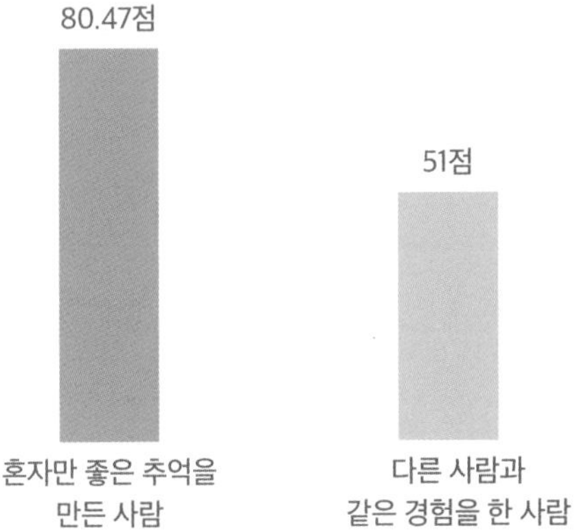

※ 수치는 100점 만점. 100점에 가까울수록
'무리에서 소외되었다는 느낌'을 강하게 받았다.

나 부모님이 비싼 장난감을 사주셨다고 자랑하는 이야기만 늘어놓아 진구와 친구들의 눈살을 찌푸리게 한다. 비실이처럼 왕따가 되고 싶은 사람은 없지 않을까. '좋은 경험은 혼자만의 비밀로 간직하기!' 설령 운이 좋아서 행복한 경험을 했더라도 시침 뚝 뗀 얼굴로 태연하게 아무 말도 하지 않아야 탈 없이 지낼 수 있다.

심리실험 63

여성은 왜 하필 임신 가능성이 가장 높은 시기에 외도 충동을 강하게 느낄까?

맨체스터대 마크 A. 벨리스 교수의 '기혼 여성의 혼외 성교 가능성 시기 조사'

영국 맨체스터대학교 마크 A. 벨리스 교수는 《컴퍼니》라는 잡지에 실린 여성의 외도 데이터를 분석했다. 벨리스 교수는 2,708명 이상의 외도 사례를 분석했다.

그 결과, 벨리스 교수는 그녀들의 외도가 한 달 중 '가장 임신 가능성이 큰 시기'에 집중되어 있다는 사실을 알게 되었다. 월경 주기로 말하자면 9일째부터 14일째에 임신 확률이 높아지는 시기가 있고 정점은 12일째다. 이 시기에 여성의 혼외 성교 비율이 부쩍 늘어났다. 반대로 임신 확률이 떨어지는 시기에 여성이 다른 남성과 잠자리를 같이할 확률은 0퍼센트, 혹은 1~2퍼센트로 매우 낮았다. 그런데 임신 확률이 올라가는 12일째는 4퍼센트 가까이 늘어났다. 여성은 왜 하필 임신 가능성이 가장 높은 시기에 외도 충동을 강하게 느끼는 걸까?

사귀는 사람이 있거나 이미 결혼한 여성이라면 한눈팔지 않도록 특별히 조심해야 하는 시기가 있다.

'바람? 내가 그렇게 쉬운 여자로 보여? 쓸데없는 걱정은 집어치우라고!'

'내 마음은 일편단심 민들레! 사랑하는 자기 외에 다른 남자는 눈에 들어오지도 않는다고요!'

이 책을 읽는 여성 독자 중에는 이렇게 마음속으로 큰소리치는 사람이 많을 것이다. 그런데 그렇게 큰소리치고 자신만만해할 일이 아니다. 아무리 정숙한 여성이라도 한 달에 한 번 마음에 살랑살랑 '봄바람'이 불며 외간 남자에게 몸과 마음을 허락하고 싶어지는 위험한 시기가 있기 때문이다. 그때가 언제냐고? 월경 주기로 따지면 '가장 임신 확률이 높은 시기'가 여기에 해당한다.

영국 맨체스터대학교 마크 A. 벨리스 교수는 《컴퍼니(Company)》라는 잡지에 실린 여성의 외도 데이터를 분석했다. 벨리스 교수는 2,708명 이상의 외도 사례를 분석했다.

그 결과, 벨리스 교수는 그녀들의 외도가 한 달 중 '가장 임신 가능성이 큰 시기'에 집중되어 있다는 사실을 알게 되었다.

월경 주기로 말하자면 9일째부터 14일째에 임신 확률이 높아지는 시기가 있고 정점은 12일째다. 이 시기에 여성의 혼외 성교(쉽게 말해 외도) 비율이 부쩍 늘어났다. 반대로 임신 확률이 떨어지는 시기에 여성이 다른 남성과 잠자리를 같이할 확률은 0퍼센트, 혹은 1~2퍼센트로 매우 낮았다. 그런데 임신 확률이 올라가는 12일째는 4퍼센트 가까이 늘어났다.

외도한다고 해도 4퍼센트 수준이니 대다수 여성은 가정에 충실한 셈이다. 그래도 다행스러운 일이다. 어쨌든 수치만 놓고 보면 임신하기 쉬운 시기에는 평소의 두 배가량 '밖으로 돌' 확률이 높아지는 셈이다.

한순간의 충동과 실수로 자칫하면 원하지 않는 임신을 할 수도 있다. 그런데 아이러니하게도 그야말로 임신 위험성이 가장 높은 시기에 여성은 다른 남자의 품에 안길 가능성이 크다. 그러니 마음을 단단히 먹고 자신을 추스르자. 자신의 월경 주기가 규칙적이라 비교적 정확히 예측할 수 있다면 임신 가능성이 큰 시기에는 마음이 들떠서 수비가 느슨해질 수 있음을 명심하고 몸가짐과 마음가짐에 좀 더 신경을 쓰기 바란다. 그렇게 하여 한순간의 실수를 저지르고 평생 후회하는 일이 없도록 해야 한다.

뒤에서 살펴보겠지만 임신 확률이 높아지는 시기의 여성은 남성의 눈에 평소보다 '매력적'으로 보이기 때문에 더욱더 조

LOVE

심해야 한다. 이 시기에는 자신이 아무리 조심해도 남자 쪽에서 다가오는 상황이 늘어날 수 있으므로 자칫 선을 넘지 않도록 조심하고 신중히 말하고 행동하라고 조언해주고 싶다.

심리실험 64

유대계 학자는 무의식중에 유대계 학자의 논문을 인용한다?

워싱턴대 앤서니 G. 그린월드 교수의 '학자들의 팔이 안으로 굽기 심리 분석 조사'

미국 워싱턴대학교 앤서니 G. 그린월드 교수와 동료 연구자는 '사회과학 인용 인덱스'라는 논문 검색 데이터베이스에서 1만 2,000개의 인용을 조사했다. 그린월드 교수는 '유대인은 유대계 학자의 논문을 자주 인용한다'는 가설을 세웠다. 유대계인지 아닌지는 이름을 보면 어느 정도 판단할 수 있다. 골드스타인, 셀리그먼, 시걸, 실버스타인, 에들먼 등의 성은 유대계 사람에게 흔히 볼 수 있다. 유대계 성을 가진 사람은 마찬가지로 유대계 성을 가진 학자의 논문을 즐겨 인용한다고 추정했다.
실제로 조사했더니 가설이 그대로 들어맞았다.
학자들은 어떤 심리에서 이런 행동 패턴을 보이는 걸까?

우리 인간은 자신이 속한 집단 구성원에 대해서는 자기도 모르게 편을 들고 특별 취급하는 습성이 있다. 반대로 자신이 속하지 않은 집단에 대해서는 자기도 모르게 차갑게 대하거나 차별적 대응으로 일관할 위험성이 있다고 알려져 있다.

미국 워싱턴대학교 앤서니 G. 그린월드(Anthony G. Greenwald) 교수와 그의 동료 연구자는 '사회과학 인용 인덱스(SSCI)'라는 논문 검색 데이터베이스에서 1만 2,000개의 인용을 조사했다.

그린월드 교수는 '유대인은 유대계 학자의 논문을 자주 인용한다'는 가설을 세웠다. 유대계인지 아닌지는 이름을 보면 어느 정도 판단할 수 있다. 골드스타인(Goldstein), 셀리그먼(Seligman), 시걸(Segel), 실버스타인(Silverstein), 에들먼(Edelman) 등의 성은 유대계 사람에게 흔히 볼 수 있다. 유대계 성을 가진 사람은 마찬가지로 유대계 성을 가진 학자의 논문을 즐겨 인용한다고 추정했다.

실제로 조사했더니 가설이 그대로 들어맞았다. 유대계 논문 저자는 같은 유대계 학자의 논문을 자주 인용했고 비유대계 학자의 논문은 거의 인용하지 않았다. 반면 비유대계 성(에릭슨, 호킨스, 웹스터 등)을 가진 사람도 비유대계 학자의 논문을 즐겨 인용했고, 누가 봐도 유대계 성으로 보이는 학자의 논문은 거의 인용하지 않았다. "팔은 안으로 굽는다"라는 속담을 입증한 셈이다.

그린월드 교수는 이 연구를 바탕으로 추가 연구에 나섰다. '편견'과 '차별'을 주제로 연구하는 학자만 추려서 똑같은 조사를 했다. 역시 이 조사에서도 같은 결과가 나왔다. '편견'과 '차별'을 연구하는 학자들조차 차별적 행동을 보인 것이다. 그 학자들은 설마 자신이 같은 집단의 학자 논문만 인용했으리라고는 꿈에도 생각하지 못했다.

편견과 차별은 뿌리가 무척 깊다. "피는 물보다 진하고 팔은 안으로 굽는다"라는 말이 괜히 나온 게 아니다. 자신도 모르는 사이 자신이 속하지 않은 집단의 사람이나 외국인에게 실례를 범할 위험성이 있다. 가까운 사람을 살갑게 챙기는 건 나쁘지 않지만 외부인이라고 해서 쌀쌀맞게 뿌리치고 밀어내는 행동은 옳지 않다. 혹시 무심코 차별하는 자신을 발견했다면 최선을 다해 고치려고 노력해야 한다.

문제는 대다수 사람이 차별이라는 인식조차 갖지 못하기에 고치기 어렵다는 데 있다. 우리는 무의식적으로 다른 집단을 차별하는 경향이 있다고 머릿속에 새겨두어야 차별을 방지할 수 있다.

심리실험 65

부모가 아이를 어떻게 대하는지가 아이의 인기도를 결정한다고?

네이메헌 라드바우드대 마야 데코비치 교수 연구팀의 '학급 내 아이들의 인기도와 가정 내 양육 태도의 상관관계'

네덜란드 네이메헌 라드바우드대학교 마야 데코비치 교수 연구팀은 112명의 초등학생과 부모를 대상으로 연구를 했다. 연구팀은 설문지에 '반에서 가장 인기 있는 친구' 3명의 이름을 쓰게 했다. 또 '가장 인기 없는 친구' 3명의 이름도 적게 했다. 그들은 이 결과를 집계해 아이의 인기도를 조사했다.
이어서 연구팀은 각 가정을 방문해 아이와 부모가 함께 퍼즐을 맞추는 공동 작업을 하게 했다. 7조각을 조합해 도형을 만드는 퍼즐로 부모의 도움이 필요할 만큼 어려운 작업이었다. 다만 부모는 아이에게 말을 걸 수는 있어도 퍼즐에 손을 댈 수는 없었다.
부모들은 어떤 태도로 아이의 퍼즐 맞추기를 도와주고 개입했을까? 그리고 그들의 태도는 아이의 학급 인기도와 어떤 관계가 있을까?

'부모의 양육 방식이 아이의 학교 내 인기 순위를 결정한다.' 이는 수상한 교육서에 나오는 주장이 아니라 과학적으로 검증된 사실이다. 아이는 다른 사람과 어떻게 관계를 맺어야 하는지를 부모의 인간관계를 보고 배운다. 아이에게 부모는 하나의 거울이자 매우 중요한 '본보기(모델)'인 셈이다.

부모가 아이를 엄격하고 비판적인 태도로 대하면 그 아이는 같은 반 친구를 부모가 자신을 대하듯 대하게 된다. 그러므로 친구들에게는 같이 놀고 싶지 않은 친구 일 순위로 꼽히는 아이가 될 수도 있다.

반대로 부모가 아이에게 항상 인자한 미소를 보여주고 자주 칭찬해주고 아이가 즐거워하는 이야깃거리를 찾아내 눈을 맞추고 대화하면 그 아이는 부모가 자신에게 하는 대로 학교에서 다른 친구들을 대한다. 그런 아이를 좋아하지 않을 친구가 있을까? 덕분에 그 아이는 누구나 친해지고 싶어 하는, 요즘 유행하는 말로 '핵인싸'가 될 수 있다.

네덜란드 네이메헌 라드바우드대학교 마야 데코비치 교수 연구팀은 112명의 초등학생과 부모를 대상으로 연구를 했다. 먼저 연구팀은 설문지를 돌려 '반에서 가장 인기 있는 친구'

세 명의 이름을 쓰게 했다. 또 비밀로 할 테니 '가장 인기 없는 친구' 세 명의 이름도 적도록 했다. 연구팀은 이 결과를 집계해 아이들의 학급 내 인기도를 조사했다.

이어서 연구팀은 각 가정을 방문해 아이와 부모가 함께 퍼즐을 맞추는 공동 작업을 하게 했다. 7조각을 조합해 도형을 만드는 퍼즐로 아이에게는 꽤 어려운 작업이라 부모의 도움이 필요했다. 다만 부모는 아이에게 말을 걸 수는 있어도 퍼즐에 손을 댈 수는 없었다. 퍼즐에는 오로지 아이만 손댈 수 있었다.

"누가 그렇게 하래? 똑바로 못하겠니?"

퍼즐을 맞출 때 호통을 치거나 실수를 날카롭게 지적하거나 험악한 표정으로 인상을 쓰면 '엄한 부모'로 분류했다.

"와, 어떻게 알았어? 진짜 잘한다!"

반대로 인자한 얼굴로 미소 짓거나 아이가 배시시 웃도록 웃음을 끌어내는 식으로 대화하는 부모를 '수용적 부모'로 규정했다.

실험 결과 '엄한 부모'를 둔 아이는 학교에서 상대적으로 인기가 없었고 '수용적 부모'를 둔 아이는 인기가 많다는 사실이 밝혀졌다.

부모가 아이를 어떻게 대하는지에 따라서 아이의 인기가 결정되는 셈이다. 그러니 만약 여러분의 아이가 반에서 꿔다 놓은 보릿자루 취급을 당한다면 그 책임은 여러분 자신에게 있

누가 그렇게 하래?
똑바로 못해!
나는 왜
인기가 없을까?

다고 말할 수 있다. 그러니 한 번쯤 자신이 평소 어떤 말과 태도로 자녀를 대하는지 진지하게 돌아보라. 혹 문제점을 느꼈다면 오늘 당장 그 문제를 고치려고 노력해보라.

"아이는 부모의 등을 보고 자란다"라는 말이 있다. 아이는 부모가 자신을 어떻게 대하는지를 보고 배워 친구들에게 똑같이 행동한다. 아이가 학교에서 즐겁게 지내고 두루두루 원만한 인간관계를 형성하기 바란다면 부모의 따뜻한 보살핌과 양육 태도가 무엇보다 중요하다는 사실을 잊지 마라.

심리실험 66

임신 확률이 높아지는 시기의 여성이 남성의 눈에 여신처럼 아름다워 보이는 까닭

뉴멕시코대 제프리 밀러 교수 연구팀의
'스트립 댄서의 시기별 팁 수입 조사'

미국 뉴멕시코대학교 제프리 밀러 교수 연구팀은 스트립 댄서로 일하는 여성에게 매일 밤 얼마나 많은 팁을 받았는지 금액을 정확히 기록하게 했다. 연구팀은 월경 주기도 함께 조사했다. 그 결과 임신 확률이 높아지는 시기인 9일째부터 15일째까지 받은 팁은 5시간 근무 기준 평균 335달러였다. 그에 반해 월경이 끝나고 10일 동안은 평균 260달러였다. 참고로, 월경 전 5일 동안에 팁이 가장 적어 평균 185달러였다. 이 결과는 '임신 가능성이 커지는 시기의 여성은 남성의 눈에 여신처럼 아름다워 보이는 일종의 '후광 효과'가 나타난다'라는 가설을 든든히 뒷받침해준다. 도대체 왜 이런 일이 발생할까?

스트립 댄서로 일하는 여성은 자신이 일한 대가로 당연히 급여를 받고 고객에게 팁도 받는다. 고객에게 받는 팁은 일종의 보너스인 셈이다. 급여는 고정돼 있어 매달 정해진 금액밖에 벌 수 없지만 자신의 매력과 노력으로 고객에게 추가로 받는 팁은 얼마든지 늘어나거나 줄어들 수 있다.

스트립 댄서가 고객에게 받는 팁은 소중한 수입원이다. 그런데 흥미롭게도 스트립 댄서가 매달 확실하게 팁을 넉넉히 챙길 수 있는 기간이 있다.

미국 뉴멕시코대학교 제프리 밀러 교수와 그가 이끄는 연구팀은 스트립 댄서로 일하는 여성에게 매일 밤 얼마나 많은 팁을 받았는지 정확한 금액을 기록하게 했다. 연구팀은 또 월경 주기도 함께 조사했다.

그러자 임신 확률이 높아지는 시기인 9일째부터 15일째까지 받은 팁은 5시간 근무 기준 평균 335달러였는 데 반해 월경이 끝나고 10일 동안(18일째부터 28일째)은 평균 260달러라는 사실을 알게 되었다. 참고로, 월경 전 5일 동안(1~5일째)에 팁이 가장 적어 평균 185달러였다. 이 결과는 '임신 가능성이 커지는 시기의 여성은 남성의 눈에 여신처럼 아름다워 보이는 일종의 '후광 효과'가 나타난다'라는 가설을 든든히 뒷받침해 준다.

도대체 왜 이런 일이 발생할까? 연구팀은 조사 결과를 분석해 남성은 자신의 자손을 남기기 위해 임신 확률이 높아지는 시기의 여성에게 접근해야 효율적으로 유전자를 남길 수 있다는 추정을 내놓았다. 남성은 여성이 발산하는 페로몬 등의 호르몬에 반응해 임신 확률을 무의식적으로 판단하고 임신 가능성이 큰 시기임을 알게 되면 적극적으로 구애하기 시작한다.

'남자가 임신 확률까지 따져가며 작업을 건다고? 에이, 말도 안 돼!'

이렇게 말도 안 되는 주장이라는 생각에 코웃음 치고 넘겨버릴 수도 있겠지만 실제 실험 결과 데이터가 이 가설을 든든히 뒷받침한다. 자각하지 못할 뿐 남성에게는 임신 확률이 높아지는 시기의 여성이 매력적으로 보인다.

물론 이 원리는 스트립 댄서만이 아니라 일반 여성에게도 적용된다. 만약 자신이 평소 알고 지내는 여성이 오늘따라 유난히 예뻐 보인다면 그녀가 임신 가능성이 큰 시기일 수 있다. 그렇다고 대놓고 묻거나 치근덕거리다가는 자칫 성희롱으로 받아들여져 봉변을 당할 수도 있으니 조심하자.

여성은 여성대로 임신 확률이 높아지는 시기에는 '저는 지금 아이를 낳을 준비가 돼 있어요'라며 매력을 발산해 남성을 유혹하고 남성은 남성대로 '이 여자라면 내 아이를 낳아줄 수 있겠어'라는 생각에 적극적으로 구애한다. 인간은 매 순간 무의식적으로 엄청나게 고도의 전략을 구사하는 신기한 생물이 아닌가 싶다.

심리실험 67

보름달이 뜬 밤에 외출을 삼가야 하는 심리학적 이유

에지클리프대 조디 태소와 엘리자베스 밀러 교수의 '보름달 효과'

미국 오하이오주 에지클리프대학교 조디 태소와 엘리자베스 밀러 교수는 오하이오주 신시내티의 범죄 통계 3만 4,118건을 분석했다. 보름달이 뜬 날과 뜨지 않은 날을 비교해 분석한 자료에 따르면 보름달이 뜬 날 강도나 폭행 등의 강력범죄가 눈에 띄게 늘어났다. 평소에도 야심한 밤에는 외출하지 않는 것이 범죄에 휘말릴 가능성을 줄이는 방법이다. 하물며 보름달이 뜬 날에는 밤 외출을 삼가고 자제하는 것이 당연히 신상에 이롭다. 그러한 교훈을 우리는 위의 실험을 통해 배운다. 보름달이 인간에게 미치는 영향이 연구로 증명된 이상 보름달이 뜬 밤에 외출하는 것은 위험하다. 총명하고 사리에 밝아 일을 잘 처리하여 자기 몸을 보존한다는 '명철보신'이란 바로 이럴 때 쓰는 말이 아닐까!

유럽의 여러 지역에는 '늑대 전설'이 전해져 내려온다. 평상시에는 인간의 모습이다가 보름달이 뜨면 무시무시한 늑대로 변신해 인간과 가축을 습격하는 늑대에 관한 이야기다. 이런 말을 들으면 말도 안 되는 황당한 이야기라고 웃어넘길지 모르겠지만 아무 근거 없는 허무맹랑한 이야기가 아니라는 주장도 있다.

본래 인간은 보름달을 보면 기분이 고조되기 쉽고 다른 사람에게 폭력을 행사하고 싶어지거나 공공기물을 부수고 싶어지는 심리적 경향이 있다는 사실은 잘 알려져 있다. 이를 심리학에서는 '달 효과(Lunar Effect)' 또는 '보름달 효과(Full Moon Effect)'라고 부른다. 달이 인간에게 미치는 만만치 않은 영향을 오래전에 깨달아 여러 지역에서 다양한 버전의 '늑대 인간 이야기'가 만들어졌을 가능성이 있다.

미국 오하이오주에 있는 에지클리프대학의 조디 태소(Jodi Tasso)와 엘리자베스 밀러(Elizabeth Miller) 교수는 오하이오주 신시내티의 범죄에 관한 통계 3만 4,118건을 분석했다. 그들이 보름달이 뜬 날과 뜨지 않은 날을 비교·분석한 자료에 따르면 보름달이 뜬 날 강도나 폭행 등의 강력범죄가 눈에 띄게 늘어났다.

평소에도 야심한 밤에는 외출하지 않는 것이 범죄에 휘말릴 가능성을 줄이는 방법이다. 하물며 보름달이 뜬 날에는 밤 외출을 삼가고 자제하는 것이 당연히 신상에 이롭다. 그러한 교훈을 우리는 위의 실험을 통해 배운다. 보름달이 인간에게 미치는 영향이 연구로 증명된 이상 보름달이 뜬 밤에 외출하는 것은 위험하다. 총명하고 사리에 밝아 일을 잘 처리하여 자기 몸을 보존한다는 '명철보신(明哲保身)'이란 바로 이럴 때 쓰는 말이 아닐까.

도저히 미룰 수 없는 중요한 볼일이 있다면 어쩔 수 없겠지만 그런 게 아니라면 되도록 보름달이 뜬 날에는 만남을 삼가라고 이 책을 읽는 독자 여러분에게 권하고 싶다. 보름달이 뜬 날에는 '셀프 외출 금지', 최신 용어로 '자가 격리'를 추천한다. 보름달이 뜨면 피차간에 감정적으로 격해지거나 욱하기 쉬워 자칫 거친 말이 오가다가 급기야 손과 발이 나가 폭력 사건으로 번질 가능성이 있다. 자신이 피해자가 아니라 자칫 가해자가 되지 않기 위해서라도 보름달이 뜬 날에는 스스로 '금족령'을 내리는 게 인생의 지혜가 아닐까.

독자 여러분에게 경각심을 일깨워주는 차원에서 보름달이 휘영청 밝게 뜬 날 프랑스에서 일어난 끔찍한 살인사건을 하나 소개할까 한다. 1981년 파리에서 영문학을 전공하던 일본

인 유학생이 네덜란드 출신 여자 유학생을 집으로 초대해 함께 식사하고 한참 재미있게 이야기를 나눈 뒤 토막 살인하여 그녀의 시신 일부를 요리해서 먹는 엽기적인 사건이 있었다. 같은 해 도쿄 후카가와에서 스물아홉 살의 무직 남성이 길 가던 사람을 아무 이유 없이 칼로 찔러 살해한 뒤 인질극까지 벌인 '묻지 마 식 살인사건'이 발생했다. 단순한 우연일 수도 있겠지만 두 사건 모두 보름 즈음에 일어난 끔찍한 사건이다. 조심해서 손해 볼 일은 없으니 되도록 보름달이 뜬 날 밤에는 외출을 삼가자.

심리실험 68

기도를 아무리 오래 해도 오래 살 수 없다고?

다윈의 조카이자 저명한 유전학자 프랜시스 골턴의 '기도 효과 연구'

영국이 낳은 저명한 인류학자 · 통계학자이자 탐험가이며 유전학자인 프랜시스 골턴. 그는 '진화론'으로 유명한 찰스 다윈의 조카이기도 하다. 그는 어린아이처럼 지칠 줄 모르고 엉뚱한 연구를 한 괴짜 과학자였다.
골턴은 어느 날 '기도에 관한 연구'를 시작했다. 모든 일을 철저히 따져가며 생각하기 좋아하던 그는 어느 날 문득 '과연 기도가 효과가 있을까?'라는 의문이 들었다. 기도로 건강해지거나 오래 살 수 있을지 궁금해진 골턴은 다음과 같은 가설을 하나 세웠다. '만약 기도가 효험이 있다면 성직자가 다른 직업을 가진 사람보다 훨씬 오래 살 것이다.' 성직자는 비성직자와 비교해 기도하는 시간이 훨씬 길고 누구보다 열심히 기도할 테니 말이다.
과연 어떤 결과가 나왔을까?

영국이 낳은 저명한 인류학자이자 통계학자이자 탐험가이며 유전학자인 인물이 있다. 프랜시스 골턴(Francis Galton)이 바로 그다. '진화론'으로 유명한 찰스 다윈의 조카이기도 한 그는 어린아이처럼 다양하고도 엉뚱한 연구를 쉬지 않고 진행한 괴짜 과학자였다. 골턴이 한 연구를 하나 예로 들어볼까? 그는 따분하기 짝이 없는 학회 강연에서 참여자가 과연 몇 번이나 몸을 배배 꼬는지 연구했다. 조사 결과, 성인이 따분함을 느낄 때는 평균적으로 1분에 한 번꼴로 몸을 움직이고 배배 꼰다는 사실을 알게 되었다.

또 그는 앱섬 경마장에서 더비 경마를 관람하는 관중이 출발 신호와 동시에 얼굴이 붉어졌다 경기가 끝나자마자 얼굴색이 원래대로 돌아온다는 사실도 밝혀냈다. 이처럼 골턴은 평범한 사람이라면 관심도 두지 않을 일을 진지하고 끈질기게 조사하고 연구하는 재미난 성격의 소유자였다.

그런 골턴이 불현듯 '기도에 관한 연구'를 하기 시작했다. 모든 일을 철저히 따져가며 생각하기 좋아하던 그는 어느 날 문득 '과연 기도가 효과가 있을까?'라는 의문이 들었다.

기도로 건강해지거나 오래 살 수 있을지 궁금해진 골턴은 다음과 같은 가설을 하나 세웠다.

'만약 기도가 효험이 있다면 성직자가 다른 직업을 가진 사람보다 훨씬 오래 살 것이다.'

그도 그럴 것이 성직자는 성직자가 아닌 사람과 비교해 기도하는 시간이 훨씬 길고 누구보다 열심히 기도할 테니 말이다.

쇠뿔도 단김에 빼라고 골턴은 바로 인명사전을 펼쳐 들고 직업별로 수명을 조사해 비교해보았다. 그런데 실망스럽게도 실제로 조사해보니 골턴의 예상은 크게 빗나갔다. 조사 결과 그는 성직자가 다른 직업의 사람보다 더 오래 살기는커녕 변호사나 의사처럼 스트레스가 많은 직업의 사람보다도 수명이 짧다는 사실을 알게 되었다. 그가 내린 결론은 '기도와 수명은 별로 상관관계가 없다'는 것이었다.

물론 기도는 인생의 만족감을 얻는다거나 행복을 느낀다거나 등등 다양한 효용이 있을 수 있다. 어쨌든 골턴이 내린 결론에 따르면 두 손 모아 간절히 기도해봤자 오래 살기를 기대하기 어렵다는 얘기다. 기도의 효과를 내심 기대했을 독자분들에게는 실망스러운 결과를 알려드리게 되어 송구한 마음이다.

CHAPTER

5

고양이 상사와의 경쟁에서 이기고 싶다면?

심리실험 69

여성이 원피스 수영복을 입어본 직후 식사를 하면 식사량이 눈에 띄게 줄어든다는데?

미시간대 바버라 프레드릭슨 교수 연구팀의 '옷차림과 식사량의 상관관계 연구'

미국 미시간대학교 바버라 프레드릭슨 교수 연구팀은 소비자 조사라는 명목으로 여대생에게 원피스 수영복이나 스웨터를 입어보게 하는 실험을 했다. 여대생들은 수영복이나 스웨터를 입고 전신 거울 앞에서 자기 모습을 보고 나서 상품을 살지 말지 판단했다. 물론 이 소비자 조사는 가짜였다. 실험 참여자들은 진짜 목적을 조사가 모두 끝난 뒤에야 파악할 수 있었다. 연구팀은 먹을거리를 푸짐하게 준비했다.

"협력해주셔서 감사합니다! 과자와 쿠키, 초콜릿 음료를 준비했으니 마음껏 드세요."

이후 연구팀은 실험 참여자들이 어느 정도 양의 음식을 먹는지 관찰했고 간식 시간이 끝난 뒤 각자 먹은 양을 확인했다.

과연 어떤 결과가 나왔을까?

인간이 먹는 '양'과 '복장'은 서로 관계가 있을까? 이 주제를 실험한 흥미로운 결과가 있어 소개할까 한다. 말하자면 사람이 어떤 옷을 입었는지에 따라 먹는 양이 달라진다는 가설을 검증하기 위한 실험이었다.

결론적으로 말해, 남성은 수영복을 입든 입지 않든 먹는 양이 크게 달라지지 않았다. 남자들은 여자들과 비교해 자신이 뭘 입었든 별로 상관없이 배가 고프면 뭐든 맛있게 먹는 편이다. 남자들은 자신의 욕망, 특히 식욕에 상대적으로 솔직하고 충실한 편이다.

여성은 다르다. 여성은 수영복을 입었을 때는 먹는 양이 눈에 띄게 줄었다. 그 이유는 당연하게도 '남의 눈에 비치는 자신의 모습'을 강하게 의식하여 조금이라도 더 날씬해 보이고 싶어서 식욕을 억제한 탓일 것이다. 여름에 여자들과 함께 바다에 놀러갈 기회가 생긴다면 식사하는 모습을 관찰해보라. 틀림없이 그들이 먹는 양이 평소보다 훨씬 줄어들어 깨작거리며 먹는 모습을 발견하게 될 것이다.

"야, 돈 아깝게 그게 뭐야! 더 먹어. 그거 먹고 물에 들어갈 수 있겠어?"

"이따 배고프다고 짜증 부리지 말고 얼른 더 먹어."

"너, 그러다 픽 쓰러진다?"

남성은 여성이 걱정스러워 재차 이것저것 권해도 여성은 내가 알아서 할 테니 제발 신경 좀 꺼달라며 눈을 흘긴다. 수영복 차림일 때는 조금이라도 날씬해 보이고 싶은 게 여자의 마음이기 때문이다.

미국 미시간대학교 바바라 프레드릭슨(Barbara Fredrickson) 교수 연구팀은 소비자 조사라는 명목으로 여대생에게 원피스 수영복이나 스웨터를 입어보게 하는 실험을 했다. 여대생들은 수영복 또는 스웨터를 입고 전신이 비치는 거울 앞에서 자신의 모습을 보고 나서 상품을 살지 말지 판단했다. 물론 이 소비자 조사는 가짜였다.

실험 참여자들은 진짜 목적을 조사가 모두 끝난 뒤에야 파악할 수 있었다. 연구팀은 요깃거리를 푸짐하게 준비했다.

"협력해주셔서 감사합니다! 과자와 쿠키, 초콜릿 음료를 준비했으니 마음껏 드세요."

이후 연구팀은 실험 참여자들이 어느 정도 양의 음식을 먹는지 관찰했다. 간식 시간이 끝나고 연구팀은 그들이 각자 먹은 양을 확인했다. 한데 신기하게도 간식 시간 직전 수영복을 입었던 여성들은 거의 먹지 않았다는 사실을 알게 되었다. 반대로 스웨터를 입어봤던 여성들은 별로 개의치 않고 양껏 먹었다.

연구팀은 남성에게도 같은 실험을 해보았으나 복장이 달라져도 식사량에는 별 차이가 없다는 사실을 알게 되었다. 즉, 남성은 수영복을 입어본 직후에도 원하는 만큼 먹었다.

여성의 경우 꼭 수영복이 아니더라도 여름이 되어 옷차림이 가벼워지면 자연스럽게 먹는 양이 줄어든다. 그만큼 '남의 눈에 비치는 자신'을 남성보다 강하게 의식하기 때문이 아닐까. 여성은 그만큼 자기 관리에 철저하다. 한편으로는 신경 써야 할 일이 너무 많아 딱하다는 생각도 드는데, 그게 여자의 마음인 모양이다.

심리실험 70

개그맨이나 유머감각이 뛰어난 사람들은 모두 간지럼을 잘 탈까?

캘리포니아주립대 앨런 J. 프리들런드 교수의 '간지럼 타기와 웃음의 상관관계 연구'

미국 캘리포니아주립대학교 앨런 J. 프리들런드 교수와 그의 동료 연구자는 '간지럼을 잘 타는 사람'은 시시한 농담에도 빵하고 곧잘 웃음을 터뜨리곤 하는 '잘 웃는 사람'이라는 사실을 실험과 연구로 밝혀냈다. 연구진은 남녀 50명씩 100명을 대상으로 어느 정도 간지럼을 타는지 물었다.

"어린 시절부터 간지럼을 많이 타는 편이었습니다."

"다른 사람에게 간지럼을 많이 탄다는 소릴 들은 적이 있어요."

실험 참여자에게 질문해 간지럼을 타는 정도를 측정했다. 그리고 평소 잘 웃는 편인지도 물었다. 그러자 실제로 '간지럼을 많이 탄다고 대답한 사람일수록 잘 웃는다'는 사실이 판명되었다. 독자 여러분은 간지럼을 잘 타는 편인가? 그리고 유머감각이 뛰어난 편인가?

누군가 겨드랑이에 손을 넣어 간질이면 비명에 가까운 신음을 내지르고 온몸을 비틀며 미친 듯이 웃어대는 사람이 있다. 또 손등을 살짝 간질이기만 해도 온몸을 박박 긁고 싶을 정도로 간지러워서 참지 못하는 사람도 있다.

미국 캘리포니아주립대학교 앨런 J. 프리들런드(Alan J. Fridlund) 교수와 그의 동료 연구자는 '간지럼을 잘 타는 사람(Ticklishness)'은 시시한 농담에도 빵하고 곧잘 웃음을 터뜨리곤 하는 '잘 웃는 사람'이라는 사실을 실험과 연구로 밝혀냈다.

연구진은 남녀 50명씩 100명을 대상으로 어느 정도 간지럼을 타는지 물었다.

"어린 시절부터 간지럼을 많이 타는 편이었습니다."

"다른 사람에게 간지럼을 많이 탄다는 소릴 들은 적이 있어요."

실험 참여자에게 질문해 간지럼 타는 정도를 측정했다. 그리고 평소 잘 웃는 편인지도 물었다. 그러자 실제로 '간지럼을 많이 탄다고 대답한 사람일수록 잘 웃는다'는 사실이 판명되었다. 몸을 간질이면 온몸을 배배 꼬며 한사코 피하려 하는 사람은 아무도 웃지 않는 순간에도 곧잘 웃음을 터뜨렸다.

영화에서 등장인물이 하품이 나올 정도로 시시한 농담을 했다고 치자. 그 순간 영화관 분위기는 썰렁해지고 관객 사이로 정적이 흐른다. 그런데 영화관이 떠나가도록 혼자만 배꼽이 빠지도록 웃는 사람이 있다. 심리학적 관점에서 볼 때 그런 사람은 그야말로 구르는 낙엽만 봐도 깔깔대며 웃을 정도로 웃음이 많은 사람이라고 할 수 있다. 이런 사람은 간지럼에도 예민하게 반응하리라 예상할 수 있다.

전문 마사지사의 마사지를 받으면 뭉친 근육이 시원하게 풀리며 개운해진다. 그런데 간지럼을 잘 타는 사람은 마사지사의 손길에도 예민하게 반응해 마사지를 즐길 수 없다. 나는 어깨 뭉침과 요통으로 고생하면서도 지압을 받으러 갈 수가 없는데, 하필 내가 그 간지럼 잘 타는 유형의 사람이기 때문이다.

그리고 나는 웃음이 많아 별것 아닌 일에도 툭하면 웃음보가 터진다. 학창 시절에는 선생님이 툭툭 던지는 썰렁한 말장난에 나 혼자 연이어 웃음이 터져 얼굴이 벌게지도록 웃곤 했다. (당시 나를 뒤집어지게 했던 유머는 “왕이 넘어지면? 킹콩”, “왼쪽으로 절하면? 좌절”, “칼이 정색하면? 검은색” 등의 이른바 ‘아재 개그’였다.) 다른 친구들은 한 사람도 웃지 않아 선생님이 보기에 어쩌면 나는 ‘어른을 놀리는 고약한 학생’으로 비쳤을 수도 있다. 지금도 연세 지긋한 분들의 개그에 무심코 웃음보가 터질 때가 종종 있다. 텔레비전을 볼 때면 딱히 재미있지도 않은 개그

하하하
?

에 데굴데굴 구르며 웃는다. 주위에서 별 싱거운 놈을 다 보겠다며 한심한 시선을 보내도 자제가 안 된다.

기본적으로는 간지럼을 태웠을 때 웃음을 터뜨리는 사람은 심리적인 개그에도 민감하게 반응한다. 우리 몸과 마음은 이처럼 밀접하게 연관되어 있다.

심리실험 71

짜릿한 승리의 순간에 기쁨을 표현하지 못하게 한 일본 고교 야구 규정이 인간 본성을 무시한 폭력인 이유

룬드대 카린 뫼슈 교수의 '스포츠 선수들의 승리 순간의 반응 조사'

스웨덴 룬드대학교 카린 뫼슈 교수와 동료 연구진은 스웨덴 최상위 여자 핸드볼 리그 2011년과 2012년 경기를 분석했다. 그들은 공식 리그 8경기와 플레이오프 10경기를 분석했다. 연구진은 선수가 골을 넣고 나서 어떤 방식으로 기쁨을 표현하는지 조사했다. 한 손을 번쩍 들어 올리거나 두 주먹을 불끈 쥐거나 엄지손가락을 세우거나 동료와 하이파이브를 하는 등 다양한 동작이 나온다. 엄청난 압박감을 느끼는 상황에서 최고의 실력을 발휘한 선수는 온몸으로 기쁨을 표현한다. 압박감에서 해방된 순간의 쾌감이 너무도 커서 자연스럽게 격렬한 반응이 나온다. 인간의 자연스러운 본능을 인정하지 않고 억누르려고 하는 일본 고교 야구 규정은 가혹한 수준을 넘어서서 일종의 폭력이 아닐까!

일본 고교 야구에는 두 주먹을 불끈 쥐고 쾌재를 부르면 심판에게 주의를 받는 약간 황당한 규칙이 있다. 프로 야구 선수는 홈런을 치면 날아갈 듯 기뻐서 두 주먹을 불끈 쥐고 하늘을 향해 들어 올리며 온몸으로 기쁨을 표현한다. 이것이 인지상정 아닐까? 한데 왜 고교 야구에서는 이런 행위를 금지할까? 역전 홈런을 치거나 투수가 완봉승을 거두어도 펄쩍펄쩍 뛰며 환호성을 질러서는 안 된다니 기가 막히고 답답한 노릇이다.

아마도 상대방을 배려하는 차원에서 그런 규칙이 생긴 게 아닌가 싶다. 왜냐하면 어느 팀이 펄쩍펄쩍 뛰며 온몸으로 기뻐할 정도의 일이라면 상대 팀은 그 순간 지옥의 맛을 경험하고 있을 터이기 때문이다. 그러므로 온몸으로 기쁨을 표현하는 행위는 상대 팀이나 그 팀 선수들에게 실례가 될 수 있으니 배려 차원에서 자제해야 한다는 논리다. 또한 스포츠 세계에서는 승자와 패자가 언제나 존재하므로 패자가 상처받지 않도록 마음을 써줄 필요가 있다는 주장이기도 하다. 이런 사고방식과 논리에는 일리가 있다. 그러나 승자에게 '기쁨을 자제하라'라는 지적 역시 반대로 생각하면 인간의 본능을 지나치게 억압하고 억누르는 무리한 요구가 아닐까 생각한다. 이 점에 대해 독자 여러분은 어떻게 생각하는지 궁금하다.

두 주먹을 불끈 쥐고 포효하는 자세는 무의식적으로 기쁨을 드러내는 감정 표현으로 억지로 참을 수 없는 게 당연하다. 이는 심리학적 논리이기도 하다. 인간은 누구나 밤이 되면 잠이 오고 기쁜 일이 생기면 환호성을 내지르고 뛰어오를 듯 온몸으로 기쁨을 표현한다. 한데 그런 본능을 참고 억제하라니 너무 가혹한 요구가 아닌가!

스웨덴의 룬드대학교 카린 뫼슈(Karin Moesch) 교수와 동료 연구진은 스웨덴 최상위 여자 핸드볼 리그 2011년과 2012년 경기를 분석했다. 그들은 공식 리그 8경기와 플레이오프 10경기를 분석 대상으로 정했다.

연구진은 선수가 골을 넣고 나서 어떤 방식으로 기쁨을 표현하는지를 조사했다. 기쁨의 표현이란 한 손을 번쩍 들어 올린다거나 두 주먹을 불끈 쥔다거나 엄지손가락을 세운다거나 동료와 하이파이브를 하는 등의 다양한 동작으로 규정했다.

연구진의 조사에 따르면, 이러한 기쁨의 표현은 통상적인 경기보다 플레이오프 경기에 눈에 띄게 늘어났다. 그 이유는 플레이오프 경기에서 득점에 성공한 것이 그만큼 더 기쁜 일이기 때문일 것이다. 정규 시즌 경기에서도 득점하면 말할 수 없이 기쁘겠지만 플레이오프 시즌에는 대중의 관심도와 주목도가 훨씬 높아져서 득점에 성공하거나 승리하면 더 큰 기쁨으로 다가올 수밖에 없다. 그래서인지 연구진의 분석 결과 플레이오프 경기에서 기쁨의 표현이 늘어난 것으로 나타났다.

엄청난 압박감을 느끼는 상황에서 최고의 실력을 발휘할 수 있었던 선수는 거의 무의식적으로 기쁨에 겨워 팔짝팔짝 뛰어오르고 환호성을 내지르고 두 주먹을 불끈 쥐며 온몸으로 기쁨을 표현한다. 압박감에서 해방된 순간의 쾌감은 선수 자신밖에 알 수 없으나 가슴 벅찬 희열과 짜릿함을 느끼는 것은 당연하지 않을까!

일본 고교 야구에서는 그런 본능을 참으라고 요구하니 가혹한 수준을 넘어서서 일종의 폭거가 아닐까 하는 생각마저 든다. 어지간한 일에는 눈 하나 깜빡하지 않을 정도로 정신적으로 수련되고 천성이 냉정하고 침착한 사람에게조차 이는 쉬운 일이 아니다.

아직도 복장 규정을 넘어 학생들이 머리 묶는 모양이나 속옷 색깔까지 일일이 정해주는 고등학교가 있다. 추운 겨울에 코트나 패딩을 입지 못하게 하는 학대 수준의 교칙을 버젓이 유지하는 고등학교도 있다. 고등학교라는 공간에 이상한 규칙이 많이 남아 있듯 고교 야구에도 이상한 규칙이 여전히 남아 있는 건 참으로 전근대적이고 한심한 작태가 아닐 수 없다.

그런 이상한 규칙을 만들고 꿈 많은 학생에게 지키기를 강요하는 어른들이 만들고 싶은 세상은 과연 어떤 세상일까?

심리실험 72

학교에서 학기 초 3개월 안에 '친구·인맥 만들기'에 올인 해야 하는 이유

훔볼트대 옌스 B. 아젠도르프 교수의 '친구 · 인맥 만들기 메커니즘 연구'

독일 훔볼트대학교 옌스 B. 아젠도르프 교수와 동료 연구자는 대학에 입학한 1학년생을 대상으로 18개월에 걸쳐 추적 조사에 나섰다. 신입생들이 어떻게 인맥을 만들고 인간관계를 맺는지를 조사하는 게 연구의 목적이었다.

18개월의 추적 조사로 '인간관계망 확대는 초반 3개월에 집중적으로 몰려 있고, 그 이후로는 인간관계가 거의 늘어나지 않는다'는 사실을 알게 되었다. 그러므로 친구를 만들려면 학기 초반 3개월에 집중해야 한다. 그 이후로는 새로 친구를 사귀려고 해도 생각처럼 잘 되지 않는다.

'인맥 만들기 초반 3개월'을 명심하고 학교에서든 직장에서든, 아니면 그 밖의 다른 모임에서도 초반 3개월 안에 최대한 많은, 그리고 좋은 인맥을 형성하고자 노력하기 바란다.

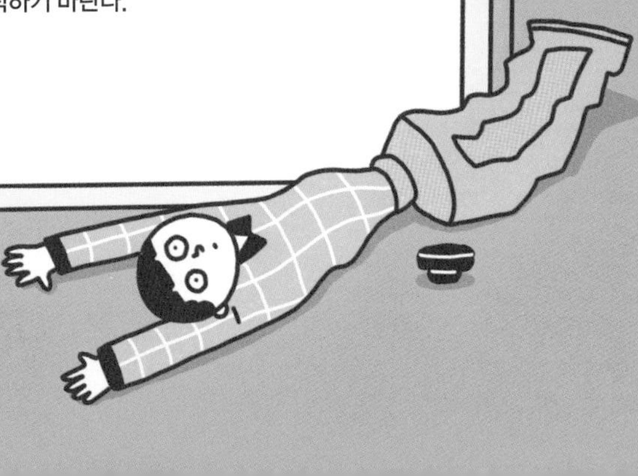

일본에서 신학기가 시작되는 4월은 '만남의 계절'이다. 대개는 4월에 개학해서 입학식을 치르고, 회사에서는 신입사원을 대상으로 입사식을 연다. 이 시기에 꼭 해야 하는 중요한 일이 한 가지 있다. 이 무렵이 아니면 하지 못하는 일이다.

바로 '친구 만들기'와 '인맥 만들기'다. 찬 바람이 불기 시작해 옆구리가 허전해지는 가을에 하자거나 사람의 온기가 그리워지는 겨울에 시작하자는 생각은 버려야 한다. 어쨌든 4월부터 3개월 동안 승부를 봐야 한다. 기간 한정 게임이라는 점을 잊지 말고 적절한 타이밍이 왔을 때 짧고 굵게 최선을 다해야 한다.

독일 훔볼트대학교 옌스 B. 아젠도르프(Jens B. Asendorpf) 교수와 동료 연구자는 대학에 입학한 1학년생을 대상으로 18개월에 걸쳐 추적 조사에 나섰다. 신입생들이 어떻게 인맥을 만들고 인간관계를 맺는지를 조사하는 게 이 연구의 목적이었다.

18개월의 추적 조사로 '인간관계망 확대는 초반 3개월에 집중적으로 몰려 있고, 그 이후로는 거의 인간관계가 늘어나지 않는다'는 사실을 알게 되었다. 그러므로 친구를 만들려면 학기 초반 3개월에 집중해야 한다. 그 이후로는 새로 친구를 사귀려고 해도 생각처럼 잘 되지 않는다.

4월부터 6월 무렵까지의 기간은 대학이나 회사에서 환영회 등의 다양한 행사나 이벤트가 기획되어 있다. 이런 자리에는 개근상이라도 받겠다는 자세로 열심히 참석해 눈도장을 찍어두어야 한다. 부모님 장례식과 같은 불가피한 사정이 아닌 한 빠짐없이 참석해야 한다. 특정 행사에 함께 모여 시간을 보낸 사람들은 금방 친한 사이가 되기 쉽기 때문이다. 도저히 빠질 수 없는 모임이나 긴급한 일이 아니라면 선배가 술자리에 부르면 기꺼이 달려가자. 이 시기에 자연스러운 만남을 거절하면 두 번 다시 초대받지 못하는 '아싸(아웃사이더)'로 살아가야 할지도 모른다.

또 하나. 이 3개월의 기간에는 '친구가 되어 달라'는 약간 손발이 오그라드는 민망한 말을 꺼내도 대체로 받아들여진다. 상대방도 웬만하면 기꺼이 친구가 되어준다. 그런데 한 해가 거의 다 지나가고 연말 즈음에 갑자기 친근감을 표시하면 상대방은 '얘가 왜 갑자기 나한테 친한 척하고 난리야?' 하고 인상을 찌푸리며 뒷걸음질하기 십상이다. 적절한 시기를 놓치면 친해지고 싶어도 좀처럼 곁을 내주지 않는다.

나도 지금까지 연락하고 지내는 대학 시절 친구는 모두 1학년 초반 3개월 기간에 알게 되어 친해진 친구들이다. 대학을

4
1 2 3 4
5 6 7 8 9 10 11
12 13 14 15 16 17 18
19 20 21 22 23 24 25
26 27 28 29 30

졸업하고 20여 년이 지난 지금까지도 그때 친구가 된 녀석들과 신입생일 때 도와준 선배들과 좋은 관계를 유지하고 있다.

내가 선배가 되었을 때도 4월에는 후배를 불러 벚꽃 구경도 가고 술자리에도 데리고 갔다. 이 시기라면 눈치 없는 복학생 선배 취급을 받지 않고 후배에게 말을 걸 수 있다고 판단했기 때문이다. 여름이 되고 나서 불쑥 '한잔 하러 갈래?'라고 말을 꺼내면 후배한테 괜히 집적거리는 이상한 선배라는 소문이나 나지 않으면 다행이다.

심리실험 73

‘운동장 열 바퀴 돌기’를 체벌로 보기 어려운 심리학적 이유

브리지워주립대 리디아 버락 교수 연구팀의 ‘체벌의 정당성 연구’

미국 매사추세츠주 브리지워주립대학교 리디아 버락 교수 연구팀은 운동 코치나 교사가 학생들에게 어느 정도 ‘벌로서의 운동’을 시키는지 조사했다. 그 결과 90퍼센트가 넘는 많은 학생이 벌의 일환으로 운동한 적이 있다고 대답했다.
그런데 학생들은 ‘운동장 열 바퀴를 도는 벌’을 그다지 부정적으로 느끼지 않았다. 오히려 51퍼센트의 학생이 ‘좋았다’ 또는 ‘매우 좋았다’라고 대답했다.
또 61.4퍼센트는 그 벌이 ‘유익하다’ 또는 ‘매우 유익하다’라고 답했다.
‘운동장 열 바퀴 돌기’ 벌을 체벌로 보아야 할까 아니면 운동의 일종으로 보아야 할까?

스포츠계의 체벌에 관한 뉴스가 이따금 보도된다. 몸을 거칠게 사용하는 격투기 종목에서는 지도를 빙자한 폭력이나 기합이라는 이름의 얼차려가 근절되지 않고 있다. 또 고등학교 운동부에서도 학생의 따귀를 때리는 등의 도를 넘는 체벌을 한 지도교사가 문제가 되기도 했다.

때리거나 발로 차는 것 같은 물리적 체벌은 절대로 용서할 수 없는 폭력이다. 그렇다고 모든 종류의 벌을 금지할 수도 없는 노릇이다. 그런데 벌 중에서도 허용할 수 있는 종류의 벌이 있다는 사실이 심리학 연구로 밝혀졌다. '운동장 열 바퀴 돌기'나 '그 자리에서 팔굽혀펴기 10회' 등의 벌이다. 쉽게 말해 잘못을 몸으로 때우는 '벌로서의 운동'은 나름대로 효과가 있다.

미국 매사추세츠주 브리지워주립대학교 리디아 버락(Lydia Burak) 교수 연구팀은 운동 코치나 교사가 학생들에게 어느 정도 '벌로서의 운동'을 시키는지 조사했다. 그 결과 90퍼센트가 넘는 많은 학생이 벌의 일환으로 운동한 적이 있다고 대답했다.

그런데 학생들은 운동장 열 바퀴를 도는 벌을 그다지 부정적으로 느끼지 않았다. 오히려 51퍼센트의 학생이 '좋았다' 또는 '매우 좋았다'라고 대답했다. 또 61.4퍼센트는 그 벌이 '유익하다' 또는 '매우 유익하다'라고 답했다.

운동을 벌주는 수단으로 활용하는 지도 방식은 금지해야 할 일종의 폭력이 아니라 학생들에게 나름대로 유익한 바람직한 훈육의 하나라는 사실이 증명된 셈이다. '운동장 열 바퀴 돌기'는 비록 벌이라도 운동이 되고 훈련이 된다. 그 조사에서 코치가 벌로 운동을 시키면 못하겠다고 반발하는 학생은 의외로 얼마 되지 않았다. 그와는 반대로 절반이 넘는 53.6퍼센트의 학생은 시키는 대로 고분고분하게 운동장을 열 바퀴 돌아야겠다는 생각이 들었다고 대답했다.

야구 방망이나 목검으로 무식하게 때리는 체벌은 논외로 하고, 잔꾀를 부리며 훈련을 게을리하는 선수가 있다면 '팔굽혀 펴기 20회, 실시!'라는 지시는 비록 체벌이라도 얼마든지 허용될 수 있다.

나는 법률에 대해서는 잘 모르지만 '체벌로서의 운동' 역시 요즘에는 분위기상 허용되지 않을 수도 있다. 손바닥으로 따귀를 때려 학생의 고막이 파열되는 등의 폭력적 체벌은 절대로 용인되어서는 안 된다. 그 정도는 누가 봐도 명백한 체벌이자 폭력이지만 운동장을 뛰라는 정도의 벌은 건강한 학생이라면 몸에 별 무리도 없고 괜찮지 않을까.

심리실험 74

고양이 세계에서는 얼굴이 큰 고양이일수록 '두목'이 될 확률이 높다는데, 인간 세계는?

위스콘신대 일레인 M. 웡 교수의
'기업 CEO의 얼굴 크기와 실적의 상관관계 연구'

미국 위스콘신대학교 일레인 M. 웡 교수와 동료 연구자는 《포천》지 선정 500개사에 들어가는 기업의 CEO 얼굴이 찍힌 증명사진을 분석했다. 연구진은 회사 홈페이지에 CEO 사진을 올려두고 그 사진을 활용해 가로와 세로 비율을 조사했다. 비율이 커질수록 얼굴이 가로로 넙데데하게 커지면서 전체적으로 두상이 큼직한 이른바 '큰 바위 얼굴'형에 가까워진다. 한편으로 각 기업의 2003년과 2004년 순자산 이익률도 조사했다. 그 결과 놀랍게도 '얼굴이 큰 CEO가 이끄는 기업이 상대적으로 우수한 실적을 냈다'는 사실이 밝혀졌다.
위의 실험 결과를 보면 '얼굴 작은 사람'이 찬사를 받고 인기를 한 몸에 받는 요즘 세태가 오히려 비합리적이고 비과학적이라는 생각이 들지 않나?

고양이 세계에서는 얼굴이 큰 고양이일수록 '두목'이 될 확률이 높아진다는 이야기가 있다. 실제로 수컷 고양이끼리 길가에서 마주치면 기 싸움을 벌이곤 하는데, 대체로 '얼굴 큰 고양이'가 이긴다. 입을 크게 벌리고 털을 곤두세워서 최대한 얼굴이 커 보이게 하려고 노력하며 마지막에 얼굴이 작은 쪽이 진다. 고양이 세계는 얼굴 크기가 곧 서열로 이어진다.

그렇다면 인간 세계는 어떨까? 역시 '얼굴 큰 사람'이 약육강식의 냉혹한 경쟁이 펼쳐지는 비즈니스 세계에서 유리할까? 실제로 조사해보았더니 인간 세계도 고양이 세계와 별반 다르지 않았다. 얼굴이 큰 사람이 출세한다고 하면 '거짓말! 말도 안 돼'라고 생각할 수도 있는데, 이는 연구를 통해 밝혀진 사실이다.

미국 위스콘신대학교 일레인 M. 웡(Elaine M. Wong) 교수와 동료 연구자는 《포천》지 선정 500개사(미국 우량기업 500개사)에 들어가는 기업의 CEO 얼굴이 찍힌 증명사진을 분석했다.

연구진은 회사 홈페이지에 CEO 사진을 올려두고 그 사진을 활용해 가로와 세로 비율을 조사했다. 비율이 커질수록 얼굴이 가로로 넙데데하게 커지면서 전체적으로 두상이 큼직한

??
1
2
3
얼큰이가
대장이야?

이른바 '큰 바위 얼굴'형에 가까워진다. 한편으로 각 기업의 2003년과 2004년 ROA(순자산 이익률)도 조사했다. 그 결과 놀랍게도 '얼굴이 큰 CEO가 이끄는 기업이 상대적으로 우수한 실적을 냈다'는 사실이 밝혀졌다.

얼굴이 큰 CEO는 '지도력' 비슷한 능력을 발휘해 조직을 효율적으로 움직일 수 있다는 추측도 가능하다. 혹은 얼굴이 크면 우두머리로서 능력이 뛰어나 보인다는 가설도 세울 수 있다.

요즘에는 남자나 여자나 '작은 얼굴'이 되고 싶어 안달이다.

'왜 우리 엄마는 내 얼굴을 이렇게 크게 낳으셨을까?'

'휴, 보름달이 떴네, 보름달이!'

거울을 보며 한숨을 내쉬며 조금이라도 얼굴이 작아 보이게 할 방법이 없을까 고민한다. 그런데 큰 얼굴에도 좋은 점은 있다. 얼굴이 큰 사람일수록 우두머리가 될 확률이 높아지고 일이 잘 풀릴 가능성도 커진다고 하니 자신의 큰 얼굴을 탓할 필요는 전혀 없다. 단순히 위로해주려는 차원의 말이 아니라 실제로 얼굴이 큰 사람에게 이점이 있다는 사실이 연구로 밝혀졌다는 사실을 알고 나면 그까짓 고민 따위야 훌훌 털어버릴 수 있지 않을까.

심리실험 75

키가 크고 체구가 건장한 사람일수록 용기 있고 대담할까?

펜실베이니아주립대 테드 L. 휴스턴 교수 연구팀의 '체구와 대담함의 상관관계 연구'

미국 펜실베이니아주립대학교 테드 L. 휴스턴 교수와 그가 이끄는 연구팀은 흉악범에게 용감하게 맞서 표창장을 받은 사람 32명을 분석했다. 연구팀은 표창 대상자와 나이, 학력, 성별 등이 유사한 사람들도 155명을 모아 그들과의 차이를 비교했다. 그 결과 재미있는 사실이 밝혀졌다.

일단 용감하게 맞선 사람들은 비교 그룹보다 키가 컸다. 용감한 사람들의 평균 신장은 180.8센티미터, 비교 그룹은 176.7센티미터였다. 키뿐만 아니라 몸무게도 차이가 났다. 용감한 사람들은 평균 79.8킬로그램, 비교 그룹은 73.0킬로그램이었다. 즉, 범인에 맞선 사람들은 '체격이 건장한 사람들'이었다.

그러고 보면 용기의 근원이자 가장 강력한 무기는 '자신감'이 아닐까.

비행기 공중 납치, 은행 강도, 인질범 사건 등의 흉악 범죄에 휘말렸을 때 범인에게 용감하게 맞설 수 있다면 영웅이 따로 없다. 뉴스에서도 영웅이나 의인으로 떠받들어주고 용감한 시민이라며 열띤 취재 경쟁이 벌어진다.

그런데 실제로 현실에서 흉악한 범인에게 용감하게 맞설 수 있는 사람은 거의 없다. 십중팔구 온몸이 덜덜 떨리고 다리에 힘이 풀려 그 자리에 주저앉아 아무것도 하지 못한다. 그렇다고 자신을 비겁한 사람이라고 비하할 필요는 전혀 없다. 보통의 인간이라면 겁에 질렸을 때 다리에 힘이 풀려 바닥에 주저앉아 아무것도 하지 못하는 게 당연하다.

'남자답게 맞서야지, 한심하게 이게 무슨 꼴이야!'

'내가 이렇게 약한 놈이었어?'

이렇게 자신을 탓할 필요는 없다. 당당하게 맞서지 못했더라도 '겁쟁이'나 '울보'가 될 염려는 없으니 안심하자.

미국 펜실베이니아주립대학교 테드 L. 휴스턴(Ted L. Huston) 교수 연구팀은 흉악범에게 용감하게 맞서 표창장을 받은 사람 32명을 분석했다. 연구팀은 표창 대상자와 나이, 학력, 성별 등이 유사한 사람들도 155명을 모아 그들과의 차이를 비교했다. 그 결과 재미있는 사실이 밝혀졌다.

일단 용감하게 맞선 사람들은 비교 그룹보다 키가 컸다. 용감한 사람들의 평균 신장은 180.8센티미터, 비교 그룹은 176.7센티미터였다. 키뿐만 아니라 몸무게에도 차이가 났다. 용감한 사람들은 평균 79.8킬로그램, 비교 그룹은 73.0킬로그램이었다. 즉, 범인에 맞선 사람들은 '체격이 건장한 사람들'이었다. 체구가 아담한 사람이나 평범한 사람보다 본래 체구가 크고 중량도 많이 나가는 사람이 범인에게 좀 더 과감히 맞서는 경향을 보였다.

"여러분은 왜 범인에게 맞섰나요?"

연구팀은 범인에게 맞선 사람들에게 물었다. 그러자 자신감에 찬 대답이 돌아왔다.

"저라면 뭐라도 할 수 있겠다고 생각했습니다."

그들은 자신의 건장한 체구를 믿고 용감하게 나설 수 있었던 셈이다.

"뭔가 특수한 훈련을 받은 적이 있나요?"

연구팀이 추가 질문을 했다.

"예전에 인명 구조 훈련을 받은 적이 있습니다."

위의 질문에 대해 흥미롭게도 용감하게 맞선 사람 중 62.5퍼센트가 특수 훈련을 받았다고 대답했다. 비교 그룹에서는

31.1퍼센트가 특수 훈련을 받은 경험이 있다고 대답했다. 또 용감하게 맞선 사람 중 87.5퍼센트가 '응급 처치 훈련'을 받은 적이 있다고 대답했다(비교 그룹은 62.5퍼센트). 또 '호신술'을 배운 경험을 가진 사람도 53.1퍼센트나 되었다(비교 그룹은 31.3퍼센트).

다시 말해 흉악범에게 맞선 사람들은 좋은 체격을 타고났고 몇 가지 특수 훈련을 받은 경험도 있기에 '나라면 할 수 있다'라고 생각해 범인에게 용감하게 대항했다. 나는 승산이 없다고 생각하면서 두려움을 이기고 범인에게 맞서 싸운 게 아니었다.

만약 독자 여러분이 우연히 강력 사건에 휘말렸을 때 아무것도 하지 못하고 구석에 숨어 벌벌 떨기만 해도 당연한 일이니 만에 하나 그런 일이 생기더라도 너무 상심할 필요는 없다. 그럴 때는 없는 용기를 억지로 짜내지 말고 얌전히 있는 게 현명하다.

키가 180센티미터 이상에 몸무게 80킬로그램 이상으로 건장한 체구를 자랑한다거나 평소 격투기나 복싱 같은 운동으로 다져진 사람이라면 이야기가 달라지겠지만 평범한 사람이라면 범인에게 맞서지 못해도 전혀 이상한 일이 아니니 함부로 위험을 무릅쓰지 말자.

심리실험 76

오른손잡이에 비해 왼손잡이 선수가 실력도 뛰어나고 선수 유지 기간도 더 길다는 말은 과연 사실일까?

노팅엄대 타일러 P. 롤러 교수의
'오른손잡이 · 왼손잡이 프로 농구 선수의
역대 전적 비교 조사'

영국 노팅엄대학교 타일러 P. 롤러 교수는 1946년부터 2009년까지 프로 농구선수 3,647명의 기록을 조사했다. 그 결과 왼손잡이 선수가 오른손잡이 선수보다 높은 득점을 했다는 사실이 밝혀졌다. 오른손잡이 선수가 6.70점이었던 데 반해 왼손잡이 선수는 8.23점이었다.
롤러 교수는 이어서 자유투 성공 확률도 조사했다. 오른손잡이 선수의 성공률이 69퍼센트였던 데 반해 왼손잡이 선수는 72퍼센트였다. 그는 현역 선수로 뛰는 기간도 조사했는데, 오른손잡이 선수는 평균 5.7년, 왼손잡이 선수는 7.8년으로 나타났다.
오른손잡이가 대다수인 현대 사회에서 종종 차별받고 불편을 강요당하는 왼손잡이에게 위로와 용기를 주는 연구 결과가 아닐 수 없다.

다양한 스포츠에서 '왼손잡이 선수가 더 유리하다'라는 속설이 있다. 야구에서 투수도 '사우스포(Southpaw, 왼손잡이)가 더 유리하다'는 이야기를 들은 적이 있다.

그렇다면 농구는 어떨까? 역시 다른 스포츠와 마찬가지로 왼손잡이가 더 유리할까? 아주 사소하고 소박한 궁금증이라 이런 걸 누가 연구하나 싶은데, 의외로 정식으로 조사해서 제대로 된 논문까지 나와 있는 걸 보고 놀랐다.

영국 노팅엄대학교의 타일러 P. 롤러(Tyler P. Lawler) 교수는 1946년부터 2009년까지 프로 농구 선수의 기록을 조사했다. 대상이 된 선수는 무려 3,647명에 달했다. 롤러 교수는 연구에 착수한 뒤 제일 먼저 한 경기 당 득점을 확인했고 명백히 왼손잡이 선수가 높은 득점을 했다는 사실을 알게 되었다. 오른손잡이 선수가 6.70점이었던 데 반해 왼손잡이 선수는 8.23점이었다.

롤러 교수는 이어서 자유투 성공 확률도 조사했다. 오른손잡이 선수의 성공률이 69퍼센트였던 데 반해 왼손잡이 선수는 72퍼센트였다. 아주 작은 차이지만 이번에도 왼손잡이 선수가 좀 더 우수한 성적을 냈다. 그는 내친김에 현역 선수로 뛰

6

는 기간도 조사했다. 그 결과 오른손잡이 선수는 평균 5.7년, 왼손잡이 선수는 7.8년으로 나타났다.

적어도 농구에서는 왼손잡이 선수가 선수로서 능력이 우수하고 현역으로 오래 뛰어 선수 수명도 길다고 볼 수 있다. 물론 다른 다양한 스포츠에서 왼손잡이가 무조건 우수하다고 할 수는 없다. 왼손잡이가 불리해지는 종목도 아마 있을 것이다. 다만 농구라는 종목에서는 왼손잡이가 확실히 유리하다는 사실만은 연구로 증명된 셈이다.

만약 독자 여러분이 앞으로 농구를 시작할 생각이라면 왼손을 열심히 사용해서 왼손잡이로 바꾸는 방안도 고려해볼 만하지 않을까. 프로 야구에서는 원래 오른손잡이였는데 교정해서 왼손잡이로 전향한 선수도 있다. 그 역시 왼손잡이가 유리하다고 판단했기 때문일 것이다.

다만 일상생활에서는 왼손잡이가 여러모로 불리하고 불편하다. 그런 터라 왼손잡이인 사람은 어린 시절 호되게 꾸지람을 들어가며 젓가락이나 연필을 오른손으로 잡는 교정 훈련을 받기도 한다. 나도 왼손잡이였기에 의식적으로 오른손을 쓰도록 어려서부터 교정받았다.

위의 연구를 통해 알게 되었듯 왼손잡이는 스포츠를 포함해 유리한 점도 많다. 그런데도 현실에서는 가정이나 학교에서 오른손잡이로 교정하는 교육이 여전히 이루어진다. 다행히 최근에는 일부러 오른손잡이로 교정하지 않고 왼손잡이인 채로 두는 부모도 늘고 있다. 왼손잡이의 장점을 재평가하는 추세가 조금씩 자리 잡아가는 걸까.

심리실험 77

강연이나 세미나에서 강사가 주로 앞줄에 앉은 사람에게 말을 거는 심리학적 이유

캘리포니아주립대 프리야 라구비르 교수의
'수업이나 강연에서 앉는 위치에 따른 반응 차이 조사'

미국 캘리포니아주립대학교 프리야 라구비르 교수와 동료 연구자는 '강의 중에 농땡이를 피우는 학생일수록 뒷자리에 앉는다'는 가설을 검증하기 위한 실험을 했다. 그 결과, 의욕이 떨어지는 학생일수록 '가장 뒷줄'을 선호한다는 점을 밝혀냈다. 그들은 강단에서 멀찌감치 떨어진 곳에서 딴짓하며 시간을 보내겠다는 계산에 뒷줄에 주로 앉았다. 반대로 약간 의욕적인 학생은 '가운데' 자리를, 의욕이 넘치는 학생은 '제일 앞줄'을 지정석으로 삼았다. 또 '교수의 눈에 들고 싶은 학생'도 마찬가지로 제일 앞줄을 선택했다.
독자 여러분은 열정과 의욕의 자리인 앞자리가 더 나은 성적과 성공에 다가가기 위한 '로열석'이라는 점을 인식하고 되도록 앞자리에 앉으려고 노력하기 바란다.

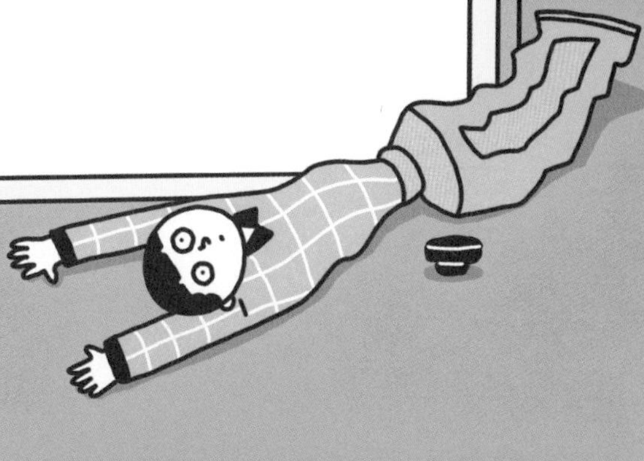

대학 강의가 초·중·고등학교 수업과 다른 점은 '자율성'이다. 초등학교에서 고등학교까지는 자기 자리가 정해져 있어서 학년이 올라가거나 선생님이 바꿔주기 전에는 같은 자리에 앉아야 하지만 대학에서는 매 시간 자신이 원하는 자리에 앉아 강의를 듣는다.

대학 강단에 서본 교수나 강사라면 학생들이 어떤 자리를 고르는지 나름대로 규칙이 있음을 경험적으로 알 수 있다. 규칙은 간단하다. 그것은 바로 '강의 중에 농땡이를 피우는 학생일수록 뒷자리에 앉는다'는 규칙이다. 다 그런 것은 아니지만 대체로 뒷자리에 앉는 학생은 강의 내용에 관심이 별로 없고 교수나 강사도 딱히 마음에 들어 하지 않는다. 수강 신청을 하다 보니 어쩌다 할 수 없이 들어오게 된 강의일 확률이 높다. 그래서 시간이 빨리 지나가기만 바라며 그저 시간을 때운다는 생각으로 강의에 들어온다.

나도 어렴풋이 느끼고는 있었는데, 이 어렴풋한 느낌을 놓치지 않고 본격적으로 조사한 연구자가 있다. 미국 캘리포니아주립대학 프리야 라구비르(Priya Raghubir) 교수와 동료 연구자가 그 주인공이다.

연구에 따르면, 의욕이 떨어지는 학생일수록 '가장 뒷줄'을 선호했다. 강단에서 멀찌감치 떨어진 곳에서 딴짓하며 시간을 보내겠다는 계산에서 뒷줄을 골랐다. 어느 정도 의욕이 있는 학생은 '가운데'를 골랐고 의욕이 넘치는 학생은 '제일 앞줄'을 지정석으로 삼았다. 또 '교수의 눈에 들고 싶은 학생'도 마찬가지로 제일 앞줄을 선택했다.

그러고 보면 세미나나 강연회에서도 같은 규칙을 적용할 수 있다. 즉, 앞쪽에 앉는 사람은 열정적으로 반응하는 청중일 가능성이 크고 뒤쪽에 앉는 사람들은 이야기에 별로 관심이 없어 시큰둥한 반응을 보일 확률이 높다. 뒤쪽에 진을 치고 있는 사람들은 십중팔구 그저 자리를 채워주기 위해 억지로 끌려나온 사람들이기 쉽다.

그러므로 나는 세미나를 열 때 되도록 앞쪽에 앉는 사람들에게 말을 건다. 앞쪽에 앉은 사람들이 호의적인 반응을 보이는 경우가 많고 얼굴에 미소를 띤 채 내 이야기에 귀를 기울여 들어주기 때문이다. 세미나 초반에는 말하는 사람도 긴장해서 팬이나 지지자를 향해 말하다 보면 자연스럽게 긴장을 풀 수 있다.

점점 익숙해지면 행사장 뒤쪽에 앉는 사람들에게도 시선을 줄 여유가 생긴다. 어느 정도 마음의 여유가 생길 때까지는 되도록 앞줄 사람들을 상대해야 침착함을 유지할 수 있고 강의도 성공적으로 마칠 수 있다.

스탠딩 코미디를 하는 코미디언도 마찬가지다. 처음에는 일단 객석에서 앞쪽에 앉은 관객에게 말을 건다. 자신에게 적극적으로 반응하는 관객을 자기편으로 만들어 공감을 유도하고 이야기에 몰입하게 하다 보면 그 과정에서 자연스럽게 긴장을 풀 수 있다.

많은 사람 앞에서 강연이나 연설, 발표를 해야 할 때는 앞쪽에 앉은 사람에게 말을 걸자. 그러면 긴장하지 않고 이야기를 풀어나갈 수 있다. 뒤쪽에 앉은 사람들은 대개 무관심한 표정으로 대놓고 따분한 기색을 보이곤 한다. 그런 얼굴을 보며 이야기하다 보면 자기도 모르게 위축되고 긴장돼서 없던 무대 공포증마저 생겨날 수 있다.

심리실험 78

남성과 여성 모두 이성과 식사할 때 먹는 양이 줄어들까?

토론토대 패트리샤 플리너 교수의 '이성과 함께 있을 때 식사량 변화 조사'

캐나다 토론토대학교 패트리샤 플리너 교수와 동료 연구자는 공복 상태의 대학생에게 토핑 없은 크래커를 실컷 먹게 하는 실험을 했다. 그들은 동성 혹은 이성 바람잡이 학생과 함께 식사했는데, 바람잡이 학생은 매번 15장으로 정해진 양의 크래커를 먹었다. 실험 참여자 중 남성은 같은 남성 앞에서는 거리낌 없이 양껏 먹었고 여성도 같은 여성 앞에서는 빼지 않고 주는 대로 잘 받아먹었다. 그런데 이성이 앞에 앉아 있으면 남성이나 여성이나 공통으로 먹는 양이 눈에 띄게 줄어들었다.
여성은 여성스러움을 보여주기 위해 남성과 함께 있으면 평소와 달리 깨작거리며 먹는다는 인식이 있는데, 실험 결과를 보면 남성도 그 점에서 다르지 않은 셈이다. 참 신기한 심리 현상이 아닐 수 없다.

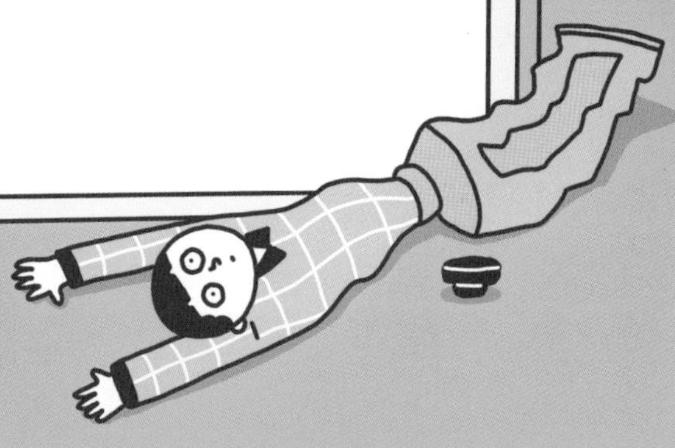

닭은 '소식(小食)'하는 동물이다. 혼자 모이를 먹을 때 녀석은 몇 번 콕콕 쪼아대면 금세 배가 차서 식사를 멈춘다. 한데 그런 녀석도 다른 닭들과 함께 모이를 먹을 때는 경쟁심이 발동하는지 평소보다 훨씬 많은 양의 모이를 먹는다.

양계장에서 농장주가 수많은 닭을 함께 사육하는 까닭은 닭의 그런 습성을 잘 알기 때문이다. 즉, 닭이 모이를 잘 먹어 쑥쑥 크고 통통하게 살이 올라야 제값에 팔 수 있기 때문이다.

그렇다면 인간은 어떨까? 다른 사람과 함께 식사하면 닭처럼 혼자 먹을 때보다 좀 더 많이 먹게 될까? 아니면 반대로 주위에 사람이 있는 상황에서 자신이 많이 먹는 모습을 보이면 이미지가 안 좋아질까 봐 평소보다 적게 먹게 될까?

사람들 사이에는 남성의 경우 여성 앞에서 건강미를 과시하고 싶고 남자답게 보이고 싶어서 평소보다 많이 먹는다는 통념이 있다. 호쾌하게 먹는 모습을 보이면 호감을 줄 수 있다는 생각에 남자들은 여자 앞에서 마치 푸드 파이터라도 된 듯 전투적으로 '먹방'을 선보인다는 인식이다. 과연 그럴까? 정말로 남자는 여자가 눈앞에 있으면 평소보다 더 많이 먹을까?

아니, 그렇지는 않은 것 같다. 오히려 반대로 남성이나 여성

깨작 깨작
깨작 깨작

그림 15. 패트리샤 플리너 교수의 실험 결과

	남성 참여자	여성 참여자
남성 바람잡이와 함께 먹었을 때	15.2장	10.7장
여성 바람잡이와 함께 먹었을 때	13.6장	13.2장

이나 똑같이 '이성과 함께 있을 때는 평소보다 식사량이 줄어든다'고 한다. 이는 어느 실험 결과 밝혀진 내용이다. 이 실험 결과를 액면 그대로 받아들이면 '남성의 경우 여성 앞에서 평소보다 많이 먹는다'라는 인식은 잘못된 통념인 셈이다.

캐나다 토론토대학교의 패트리샤 플리너(Patricia Pliner) 교수와 그의 동료 연구자는 공복 상태로 온 대학생들에게 다양한 토핑을 얹은 크래커를 원하는 만큼 먹게 하는 실험을 했다. 이때 그들은 동성 혹은 이성 바람잡이 학생과 함께 식사했다. 바람잡이 학생은 매번 15장으로 정해진 양의 크래커를 먹었다.

실험 참여자들은 과연 평균 몇 장의 크래커를 먹었을까? 결과는 〈그림 15〉에 나와 있다.

남성은 같은 남성 앞에서는 거리낌 없이 양껏 먹었고 여성 역시 같은 여성 앞에서는 별로 빼지 않고 넙죽넙죽 주는 대로 잘 받아먹었다. 그런데 이성이 앞에 앉아 있으면 남성이나 여성이나 공통으로 먹는 양이 눈에 띄게 줄어들었다.

여성은 여성스러움을 보여주기 위해 남성과 함께 있으면 평소와 달리 깨작거리며 먹는다는 인식이 있는데, 실험 결과를 보면 남성도 그 점에서 다르지 않은 셈이다. 정확한 이유는 알 수 없지만 참 신기한 심리 현상이 아닐 수 없다.

심리실험 79

하얀색 셔츠를 입으면 호감도가 상승한다고?

게티스버그대 브라이언 P. 마이어 교수의
'흰색 옷에 대한 대중의 호감도 연구'

미국 게티스버그대학 브라이언 P. 마이어 교수는 노스다코타주립대학교에 재직할 때 동료 연구자들과 〈왜 괜찮은 남자는 흰옷을 입을까?〉라는 제목의 논문을 《심리과학》지에 발표했다.
결론부터 말하자면, 연구팀은 "괜찮은 남자는 하얀 셔츠를 입는다"라는 말은 인과관계가 거꾸로 되었다고 주장했다. 즉, 괜찮은 남자가 하얀 셔츠를 입는 게 아니라 하얀 셔츠를 입으면 누구나 '괜찮은 남자로 보일 수 있다'는 것이다.
인간은 '흰색'이라는 색상에서 기본적으로 긍정적인 인상을 받는다. 순수, 신성, 정의, 청결, 무한, 신선, 청순, 평화, 선, 밝음, 투명함 등의 이미지가 흰색에 따라붙는다. 그 연장선에서 위와 같은 인식과 심리가 생겨나는 게 아닐까!

깨끗하게 빨아 반듯하게 다림질한 새하얀 셔츠를 입고 있으면 누구에게나 썩 괜찮은 남자로 보인다. 청결감이 느껴지는 좋은 인상을 주고 싶다면 옷장 앞에서 고민하지 말고 하얀 셔츠를 꺼내 입자. 덕분에 두 배는 더 훈훈한 남자로 평가받을 수도 있다.

미국 게티스버그대학 브라이언 P. 마이어(Brian P. Meier) 교수는 노스다코타주립대학교에 재직할 때 동료 연구자들과 <왜 괜찮은 남자는 흰옷을 입을까?(Why good guys wear white)>라는 제목의 논문을 《심리과학(Psychological Science)》지에 발표했다.

결론부터 말하자면, 연구팀은 "괜찮은 남자는 하얀 셔츠를 입는다"라는 말은 인과관계가 거꾸로 되었다고 주장했다. 연구팀의 주장에 따르면, 괜찮은 남자가 하얀 셔츠를 입는 게 아니라 하얀 셔츠를 입으면 누구나 '괜찮은 남자로 보일 수 있다'는 것이다.

인간은 '흰색'이라는 색상에서 기본적으로 긍정적인 인상을 받는다. 순수, 신성, 정의, 청결, 무한, 신선, 청순, 평화, 선, 밝음, 투명함 등의 이미지가 흰색에 따라붙는다. 그러므로 하얀색 셔츠를 입기만 해도 '왠지 좋은 사람인 것 같은' 느낌을 주는 긍정적인 효과를 얻을 수 있다. 진짜 성격은 그저 그런데 하얀 셔츠를 입은 사람은 흰색이라는 색이 본래 가진 긍정적인 이미지가 따라붙어 좋은 인상을 줄 수 있다.

연구팀은 '검은색' 옷을 걸치면 부정적인 인상을 준다는 사실도 추가로 밝혀냈다. '흑심(黑心)'이라는 말이 지닌 뉘앙스처럼 우리는 검고 칙칙한 복장의 사람을 보면 '수상한 사람'이라고 자동으로 판단한다.

또 단체 사진에서 '뒷줄'에 있는 사람보다 '앞줄'에 있는 사람이 좋은 인상을 준다는 사실도 밝혀냈다. 우리에게 뒤보다 앞이 밝은 이미지가 있어서 앞줄에 있기만 해도 긍정적인 평가를 받을 수 있다.

다른 사람에게 호감을 얻는 것은 생각보다 그리 어려운 일이 아니다. 하얀색 셔츠를 입고, 뒷줄에 숨지 말고 앞으로 나와 있는 것만으로 충분하다. 그 정도 노력만으로도 의외로 좋은 인상을 줄 수 있다.

일본에서는 흰색뿐 아니라 '파란색'도 긍정적인 인상을 준다는 연구 결과가 발표된 적이 있다. 그러니 하얀색 셔츠에 푸르스름한 색 셔츠도 함께 갖추어두면 돌려가며 입을 수 있어 유용하다. 나도 일할 때는 흰색에 파란색 줄무늬가 들어간 셔츠를 즐겨 입는다. 밝은색 옷을 입기만 해도 인품이 좋아 보이고 나쁜 인상을 주지 않기 때문이다. 앞으로 외출할 때마다 옷장 앞에서 무슨 옷을 입을지 고민되는 날은 일단 밝은색 옷을 꺼내어 입자.

심리실험 80

번화가일수록 모자챙이 뒤로 가도록 돌려쓰는 사람이 많아지는 까닭

세인트존스대 존 트린카우스 교수의 '인구밀도와 모자챙 뒤로 가게 쓰는 행위 간 상관관계 연구'

미국 뉴욕주 세인트존스대학교 존 트린카우스 교수는 대학 캠퍼스와 번화가에서 모자를 쓴 407명의 사람이 어느 쪽 방향으로 모자챙이 가도록 쓰는지 조사했다. 그 결과 '번화가에서 모자챙이 뒤로 가도록 돌려쓰는 사람이 많아진다'는 사실을 밝혀냈다. 조사 대상 중 43퍼센트가 모자챙이 뒤로 가게 돌려썼고, 대학 캠퍼스에서는 12퍼센트만 모자챙이 뒤로 가게 썼다. 우리의 복장은 이상한 방향으로 진화할 때가 있다. 본래 기능이 사라지고 멋을 연출하는 아이템으로 차츰 변신한다. 남들에게 멋지게 보이게 하기 위해서라면 본래 목적 따위는 상관없어지는 걸까.

배우나 가수 등의 연예인 중 모자챙이 뒤로 가도록 돌려쓰는 사람이 간혹 있다. 가만, 모자챙을 돌려쓴다고? 모자챙은 원래 해를 가리기 위한 용도라서 돌려쓰면 쓸모가 없어지는 것 아닌가? 그런데도 굳이 모자챙이 뒤로 가도록 돌려쓰는 사람은 명백하게 '남의 눈에 비치는 자기 모습'을 의식한다고 볼 수 있다.

'나는 남들과 달라.'

'나는 개성적인 사람이야.'

일종의 자기 과시이자 개성 표출 차원에서 모자챙이 뒤로 가도록 쓴다고 볼 수 있지 않을까? 조금 어렵게 말하자면 '자기 현시 욕구'를 만족시키는 행위라고 추정할 수 있다. 그렇다면 이런 가설을 세울 수 있지 않을까?

'모자챙이 뒤로 가게 쓰는 행위는 남들에게 '보이기 위한 행위'이므로 주위에 사람이 적은 장소보다 사람이 많은 장소에서 모자챙이 뒤로 가게 쓰는 사람이 많다.'

아무도 없는 장소에서 개성을 한껏 표출하고 멋있는 척해봤자 의미가 없기 때문이다.

실제로 이 가설을 증명한 연구가 있어 소개한다.

미국 뉴욕주 세인트존스대학교 존 트린카우스(John Trinkaus) 교수는 대학 캠퍼스와 번화가에서 모자를 쓴 407명의 사람이 어느 쪽 방향으로 모자챙이 가도록 쓰는지를 조사했다. 그 결과 '번화가에서 모자챙이 뒤로 가도록 돌려쓰는 사람이 많아진다'는 사실을 알게 되었다. 조사 대상 중 43퍼센트가 번화가에서 모자챙이 뒤로 가게 돌려쓴 반면 대학 캠퍼스에서는 12퍼센트만 모자챙이 뒤로 가게 썼다. 대학 캠퍼스에도 사람은 있지만 번화가만큼 자신을 드러낼 필요는 없기에 모자챙이 뒤로 가게 쓰는 사람의 비율이 상대적으로 줄어든다고 추정할 수 있다.

모자는 본래 해를 피하기 위한 목적으로 쓴다. 강렬한 햇살로부터 몸을 지키기 위해 모자가 탄생했다. 그런데 현대인은 모자를 햇빛을 가리는 기능적 측면보다 자신을 멋지게 보이도록 꾸미는 패션 아이템으로 탈바꿈시켰다.

우리의 복장은 이상한 방향으로 진화할 때가 있다. 본래의 기능이 차츰 사라지고 멋을 연출하는 아이템으로 변신한다. 자신을 멋지게 보이게 하기 위해서라면 본래 목적 따위는 상관없어지는 걸까.

심리실험 81

낮보다 밤에 구경꾼의 '야유' 행동이 많아지는 까닭

플린더스대 리언 맨 교수의
'구경꾼의 야유 행동 연구'

호주 플린더스대학교 리언 맨 교수는 구경꾼의 야유 행동을 분석했다. 먼저 《뉴욕타임스》에서 '투신자살'과 '자살 미수'라는 키워드로 기사를 검색해 그중에서 구경꾼이 있었던 사건만 골랐다. 자살 관련 기사는 총 166건, 그중 구경꾼을 언급한 기사는 21건이었다. 맨 교수는 그 기사를 심층 분석했다.
이 연구에서 어떤 결과가 나왔을까? 구경꾼들의 '티징', 즉 야유 행동이 얼마나 많았을지 궁금하지 않나?

길에서 거나하게 술에 취한 사람이 지나가는 사람에게 시비를 걸어 싸움이 벌어지면 주위에 하나둘 구경꾼이 늘어난다.

"어휴, 그걸 참냐? 시원하게 한 방 먹여!"

구경꾼이 추임새를 넣고 부추기면 차츰 분위기가 달아올라 어느 순간 본격적인 싸움판이 벌어진다.

흔히 왕따라고 부르는 집단 따돌림도 마찬가지다. 주위에 구경꾼이 있는 상황에서 가해자는 신이 나서 더 심하게 괴롭히는 경향이 있다. 이런 구경꾼의 행동을 심리학에서는 '티징(Teasing)'이라고 부른다. 현실에서 이런 현상을 실제로 볼 수 있을까? 구경꾼이 몰려들면 분위기에 휩쓸려 도를 넘는 행위를 하는 사람이 나올 수 있다는 선입관이 있는데, 이는 혹시 단순한 선입관이 아닐까?

호주 플린더스대학교 리언 맨(Leon Mann) 교수는 구경꾼의 야유 행동을 분석했다. 먼저 《뉴욕타임스》에서 '투신자살'과 '자살 미수'라는 키워드로 기사를 검색해 구경꾼이 있었던 사건만 골랐다. 자살 관련 기사는 총 166건, 그중 구경꾼을 언급한 기사는 21건이었다. 맨 교수는 그 기사를 심층 분석했다. 이 연구에서 어떤 결과가 나왔을까? 결론부터 말하자면 구경꾼들의 '티징', 즉 야유 행동은 거의 찾아볼 수 없었다.

자살을 시도하는 사람이 건물 베란다 밖으로 나왔을 때 아래에 구경꾼이 몰려들어 "뭐 해? 죽으려면 망설이지 말고 빨리 뛰어내려!"라고 부추긴 사례는 17퍼센트에 그쳤다. 다만 야유가 발생하기 쉬운 상황은 분명히 존재했다.

흥미로운 점은 낮과 비교해 저녁 6시 이후 야유하는 사람이 늘어났다는 사실이다. 낮에는 구경하는 사람도 의외로 냉정하고 이성적이었다. 또 건물 높이가 '12층보다 낮을 때' 야유하는 사람이 많아진다는 사실도 연구로 밝혀졌다. 12층 이상의 높이에서 자살을 시도하는 사람은 아래에 있는 구경꾼과의 거리가 너무 멀어 야유가 들리지 않을 수도 있기 때문이다.

또 기온이 높을 때, 즉 '더운 날' 야유하는 사람이 많아졌다. 기온이 높아지면 불쾌지수가 올라가 울컥 짜증이 나기 쉽다. 그러므로 다른 사람에게 야유를 퍼부어서라도 쌓인 울분을 풀고 싶다는 생각이 들 수도 있다.

'경과 시간'도 중요했다. 자살을 시도하는 사람이 구경꾼에게 주목받기 시작한 시간이 길어질수록 야유가 늘어났다. 이런 조건이 갖추어지면 야유가 발생하기 쉽지만 기본적으로는 구경꾼이 모였다고 해서 반드시 야유하는 사람이 생긴다고 장담할 수는 없다. 그런 의미에서 구경하는 사람들도 나름대로 이성적이라고 할 수 있지 않을까.

심리실험 82

예술가로서의 평가가 높아지는 복장이 따로 있다고?

사우샘프턴대 베이난트 A. P.
판 틸뷔르흐 부교수 연구팀의
'예술가의 옷차림과 성공의 상관관계 연구'

영국의 사우샘프턴대학교 베이난트 A. P. 판 틸뷔르흐 교수 연구팀은 가수 레이디 가가의 예술가적 재능을 평가하게 하는 실험을 했다. 연구팀은 참여자 중 절반에게는 레이디 가가가 독특한 옷을 입고 번쩍이는 가면을 쓴 사진을 보여주었고, 나머지 절반에게는 평범한 검은색 정장 차림의 사진을 보여주었다.
이 실험에서 어떤 결과가 나왔을까? 실험 참여자들은 독특한 옷차림의 레이디 가가의 예술가로서의 재능을 더 높이 평가했다. 이 실험은 레이디 가가가 도발적인 복장을 즐겨 입은 덕분에 예술가로서의 재능이 과대평가된 측면이 있다는 의문을 제기한다.
만약 레이디 가가가 평범한 사람과 다를 바 없는 복장으로 무대에 올라 노래를 불렀다면 과연 지금처럼 높은 평가를 받았을까?

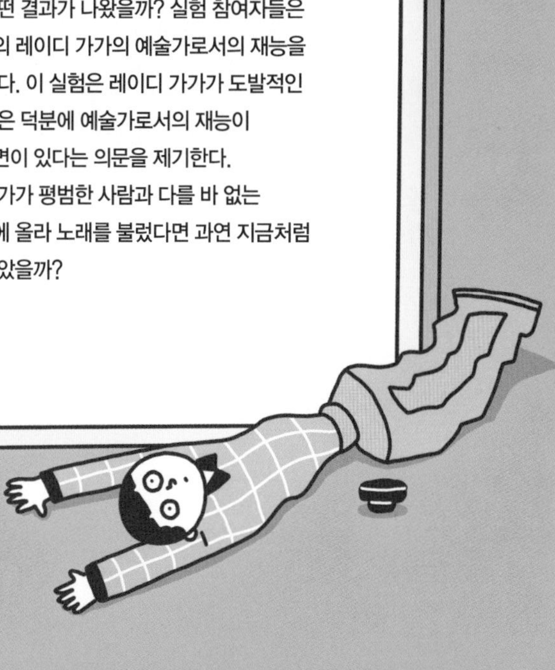

평범한 사람들이라면 여간해서는 입지 않는 특이한 옷을 입거나 튀는 행동을 하는 사람을 보면 어떤 생각이 드는가? 혹시 눈살을 찌푸리거나 짜증을 내지는 않는가? 오히려 이런 유형의 사람에 대해 사람들이 그의 예술가적 재능을 높이 평가하는 경향이 있다는 연구 결과가 있다. '별난 사람', 곧 '예술가'라는 등식이 머릿속에서 자동으로 성립하기 때문일까?

영국의 사우샘프턴대학교 베이난트 A. P. 판 틸뷔르흐(Wijnand A. P. van Tilburg) 교수 연구팀은 가수 레이디 가가의 예술가적 재능을 평가하게 하는 실험을 했다. 연구팀은 참여자 중 절반에게는 레이디 가가가 독특한 옷을 입고 번쩍이는 가면을 쓴 사진을 보여주었고, 나머지 절반에게는 평범한 검은색 정장 차림의 사진을 보여주었다.

이 실험에서 어떤 결과가 나왔을까? 실험 참여자들은 독특한 옷차림의 레이디 가가의 예술가적 재능을 더 높이 평가했다. 〈그림 16〉

이 실험은 레이디 가가가 도발적인 복장을 즐겨 입은 덕분에 예술가적 재능이 과대평가된 측면이 있다는 의문을 제기한다. 만약 레이디 가가가 평범한 복장으로 무대에 올라 노래를

높이 평가 받고 싶어.

그림 16. 베이난트 A.P 판 틸뷔르흐 교수의 실험 결과

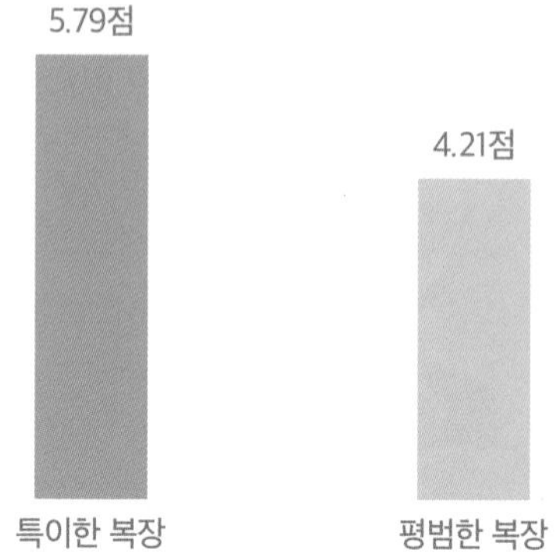

※ 수치는 7점 만점. 7점에 가까울수록 예술가로서의 재능을 높이 평가했다.

불렀다면 과연 지금처럼 높은 평가를 받았을까?

또 괴상하게 행동하는 사람도 역시 예술가로서 높은 평가를 받았다. 연구팀은 반 고흐의 유명한 그림 〈해바라기〉를 평가하는 실험을 했다. 평가자들은 '고흐가 자기 귀를 잘랐다'라는 섬뜩한 일화를 들은 뒤 이 그림에 더 높은 점수를 주었다.

만약 예술가로서 자신의 상품 가치를 높이고 싶다면 일단 요란하게 튀는 복장으로 괴짜처럼 행동하라. 그러면 사람들은 여러분에게 예술가로서의 재능이 있다며 알아서 믿어주고 띄워줄 테니까!

심리실험 83

좋아하는 그림 유형을 알면 사고 유형도 알 수 있다?

하이델베르크대 마크 그리들리 교수의
'그림 취향과 사고 유형 간 상관관계 연구'

독일 하이델베르크대학교 마크 그리들리 교수는 '그림 취향이 자신의 사고 유형에 따라 달라진다'는 가설을 세웠다. 그리고 그 가설을 검증하기 위해 59명의 그림 수집가를 불러 모았다. 그림 수집가들의 평균 연령은 59.5세였다. 그리들리 교수는 실험 참여자들에게 사고 테스트를 시행해 '구체적 사고 유형'인지 '추상적 사고 유형'인지 확인하고 정물화나 풍경화, 초상화처럼 구체적인 대상을 묘사한 그림, 즉 구상화를 선호하는지 아니면 추상화를 선호하는지 조사했다.
이 실험에서 어떤 결과가 나왔을까?

우리가 어떤 그림을 좋아하는지는 매사를 어떤 관점과 사고방식으로 보는지에 따라 달라질 수 있다. 우리의 사고방식은 대략 두 가지로 분류할 수 있다. 그 두 가지는 '구체적으로 생각하는 유형'과 '추상적으로 생각하는 유형'이다. 가령 '경제 불황' 뉴스를 들었을 때 사람들의 반응은 크게 두 가지로 나뉜다.

'백화점이 썰렁하더라. 확실히 쇼핑하는 사람이 줄었어!'

이런 식으로 생각하는 사람이 구체적 사고 유형이다.

'세계적인 주가 하락이 경기 불황의 원인일 수 있어.'

반면 추상적 사고 유형인 사람은 상대적으로 추상도가 높은 사고 패턴을 보여준다.

독일 하이델베르크대학교 마크 그리들리(Mark Gridley) 교수는 '그림 취향이 자신의 사고 유형에 따라 달라진다'는 가설을 세웠다. 그리고 그 가설을 검증하기 위해 59명의 그림 수집가를 불러 모았다. 그림 수집가들의 평균 연령은 59.5세였다. 그리들리 교수는 실험 참여자들에게 사고 테스트를 시행해 구체적 사고 유형인지 추상적 사고 유형인지 확인하고 정물화나 풍경화, 초상화처럼 구체적인 대상을 묘사한 그림, 즉 구상화를 선호하는지 아니면 추상화를 선호하는지 조사했다.

그림 17. 마크 그리들리 교수의 실험 결과

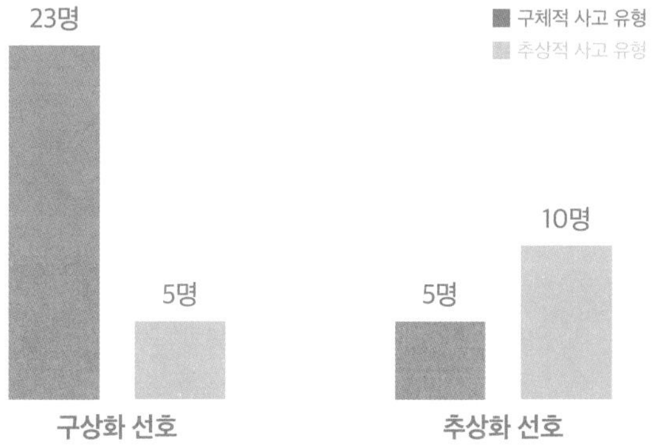

※ 수치는 질문에 응답한 인원수를 나타낸다.

그리들리 교수는 실험을 통해 〈그림 17〉과 같은 결과를 얻었다. 즉, 구체적 사고 유형의 사람은 구상화를 좋아했다. 반대로 추상적 사고 유형의 사람은 추상화를 선호한다는 사실이 밝혀졌다. 미술관에서 관람할 때 풍경화나 정물화, 초상화 앞에서 한참 동안 그림을 바라보는 사람은 구체적 사고 유형일 가능성이 크다. 반면 추상화를 즐겨 감상하는 사람은 추상적 사고 유형일 가능성이 크다.

이렇듯 어떤 사람이 어떤 유형의 그림을 좋아하는지 알면 그 사람의 사고 유형도 어느 정도 파악할 수 있다.

심리실험 84

세계에서 제일 분주한 민족은?

캘리포니아대 로버트 V. 러바인 교수의 '국가별 생활 페이스 비교 연구'

미국 캘리포니아대학교 로버트 V. 러바인 교수는 일본, 대만, 인도네시아, 이탈리아, 영국, 미국을 대상으로 인구 41만 5,000명에서 61만 5,000명의 도시에서 생활 페이스를 비교하는 연구를 했다. 그는 이 연구를 위해 다음의 3가지 기준을 정했다.

① 한산한 인도에서 100피트(약 30미터) 를 걷는 사람의 속도(낮, 도심부 2개 지점에서 측정)

② 은행 벽에 걸린 시계의 정확성(전화 시보 서비스를 듣고 정확한 시간에서 얼마나 어긋났는지를 조사. 총 15개 은행을 무작위로 선정해 측정)

③ 우체국에서 5달러어치의 우표를 달라고 했을 때 나오는 시간(일하는 사람이 어느 정도로 기민하게 대응하는지를 측정)

이 3가지 기준을 적용했을 때 '생활 페이스'가 빠른 국민은 어느 나라 국민이었을까?

독자 여러분은 '생활 페이스(Pace of life)'라는 심리학 용어를 들어본 적 있는가? 이는 우리가 평소 어떤 속도로 생활하는지를 나타내는 데 사용하는 용어다. 예를 들어 일할 때도 거리를 걸을 때도 식사할 때도 느긋한 페이스로 행동하는 사람이 있는가 하면 뒤에서 누가 쫓아오기라도 하듯 정신없이 바쁘게 움직이는 사람도 있다.

세계로 눈을 돌리면 느긋한 '생활 페이스'로 사는 국민도 있고 벌집에 꿀을 모아오는 일벌처럼 분주히 사는 국민도 있다. 그렇다면 '생활 페이스'라는 기준을 적용해서 살펴보면 어느 나라 사람들이 가장 분주하게 생활할까?

미국 캘리포니아대학교 로버트 V. 러바인(Robert V. Levine) 교수는 일본, 대만, 인도네시아, 이탈리아, 영국, 미국을 대상으로 인구 41만 5,000명에서 61만 5,000명의 대도시에서 생활 페이스를 비교하는 연구를 진행했다. 그는 각국의 생활 페이스를 조사하기 위해 3가지 기준을 정해 측정했다.

① 한산한 인도에서 100피트(약 30미터)를 걷는 사람의 속도(낮, 도심부 2개 지점에서 측정)

② 은행 벽에 걸린 시계의 정확성(전화 시보 서비스를 듣고 정

확한 시간에서 얼마나 어긋났는지를 조사. 총 15개 은행을 무작위로 선정해 측정)

③ 우체국에서 5달러어치의 우표를 달라고 했을 때 나오는 시간(일하는 사람이 어느 정도로 기민하게 대응하는지를 측정)

이 3가지 기준을 적용했을 때 '생활 페이스'가 가장 빠른 국민은 어느 나라 국민이었을까? 누구나 예상할 수 있겠지만 1위는 일본이 차지했다. 일본인은 종종걸음을 치듯 빠른 속도로 걷고 시간에 엄격하고 업무 처리 속도를 중시한다. 그만큼 눈코 뜰 새 없이 바쁜 속도로 일상이 돌아간다.

나머지 나라의 순위를 살펴보면 2위가 미국, 3위가 영국, 4위가 대만, 5위가 이탈리아, 6위가 인도네시아였다. 이탈리아와 인도네시아 국민은 다른 나라 사람들과 비교해 느긋하고 여유로운 생활 페이스로 행동한다.

다른 기준으로 측정하면 물론 순위 변동을 충분히 예상할 수 있겠으나 나름대로 흥미로운 연구라는 생각에 여기에 소개한다. 다만 어떤 기준으로 측정해도 일본이 상위권에 들어가리라는 예상은 나 혼자만의 생각일까.

심리실험 85

욕먹지 않고 제지당하지 않고 새치기에 성공하는 몇 가지 방법

뉴멕시코대 메리 B. 해리스 교수의
'대중의 새치기에 대한 반응 실험'

미국 뉴멕시코대학교 메리 B. 해리스 교수는 은행과 레스토랑, 공항 탑승구 등 12명 이상이 줄 서는 곳에서 '새치기 실험'을 했다. 실험 방법은 간단하다.
2번째 사람 뒤나 12번째 사람 뒤에 새치기를 시도하면 끝. 그런 다음 바로 뒤 3번째 또는 13번째 사람이 어떻게 반응하는지 확인했다.
"이봐요, 다들 줄 선 거 안 보여요? 뒤로 가세요."
해리스 교수는 따끔하게 말로 지적하거나, 거칠게 항의하며 손으로 밀치는 사람의 비율을 조사했다.
이 실험에서 어떤 결과가 나왔을까?

줄 서기를 좋아하는 사람은 거의 없지 않을까? 어쩔 수 없이 서야 한다면 모를까 어디에 긴 줄이 생겼다는 얘길 전해 듣고 일부러 찾아가 신이 나서 줄 서는, 그야말로 '줄 서기'가 취미인 사람은 없을 것이다.

이따금 맛집 앞에 끝없이 늘어선 줄을 보면 슬그머니 못된 심보가 발동할 때가 있다.

'얼굴에 철판 깔고 슬쩍 끼어들까……?'

먼저 와서 질서를 지키며 순서대로 줄을 선 사람들은 '누구는 시간이 남아돌아서 이렇게 오래 줄을 서 있냐'며 눈을 부라리겠지만 '내 한 몸 편하면 그만'이라는 식으로 못된 꾀를 얼마든지 짜낼 수 있는 존재가 바로 우리 인간이다.

새치기는 나쁜 짓이지만 약간의 비난을 감수하고 여기서는 긴 줄에 슬쩍 끼어드는 비법을 공개할까 한다. 물론 무작정 따라 했다가는 자칫 호되게 봉변을 당할 수도 있으니 조심하기 바라고, 혹 그로 인해 나쁜 일이 생겼더라도 내 원망은 하지 말기 바란다.

새치기 비법은 한마디로 '과유불급', 지나치게 욕심을 내지 말아야 한다는 것이다. 아무리 기다리기 싫다고 해도 줄 맨 앞까지 가서 쏙 끼어들면 그야말로 몰매 맞지 않으면 다행이다. 뻔뻔하게 제일 앞에 끼어들면 바로 뒤에 있던 사람에게 당장 험한 소리가 날아올 가능성이 크다.

그러므로 새치기하려면 너무 욕심 내지 말고 전체 줄에서 약간 뒤쪽에 끼어드는 게 좋다. 물론 그 뒤에 선 사람들에게 따가운 눈총이 쏟아지고 배 터지게 욕을 먹으리라는 사실에는 차이가 없으나 그래도 앞쪽에 끼어들 때보다는 그나마 '용서받을 확률'이 높아지기 때문이다.

무슨 말도 안 되는 소리를 이렇게 주저리주저리 늘어놓느냐며 볼멘소리를 하고 싶은 독자라면 미국 뉴멕시코대학교 메리 B. 해리스(Mary B. Harris) 교수의 실험을 살펴보자. 해리스 교수는 은행과 레스토랑, 공항 탑승구 등 12명 이상이 줄 서는 곳이 보이기만 하면 묻지도 따지지도 않고 실험을 했다. 실험 방법은 간단하다. 2번째 사람 뒤나 12번째 사람 뒤에 새치기를 시도하면 끝.

그런 다음 바로 뒤의 3번째 또는 13번째 사람이 어떻게 반응하는지 확인했다.

"이봐요, 다들 줄 선 거 안 보여요? 뒤로 가세요."

해리스 교수는 따끔하게 말로 지적하거나 거칠게 항의하며 손으로 밀치는 사람의 비율을 조사했다. 이 실험에서 어떤 결과가 나왔을까?

2번째 사람 뒤에 끼어들었을 때는 60.6퍼센트의 확률로 저지당했다. 그런데 12번째 사람 뒤에 끼어들었을 때는 35.0퍼센트로 저지당하는 확률이 크게 줄어들었다. 이 경우 60~70퍼센트는 새치기에 성공하는 셈이다.

줄 서서 기다리는 사람은 언제 자기 차례가 올지 몰라 목을 빼고 기다리느라 신경이 곤두서 있다. 그 와중에 새치기를 했다가는 욕을 먹는 것은 기본이고 자칫하면 손찌검을 당할 위험도 감수해야 한다. 그러므로 만약 새치기를 꼭 해야 하는 상황이라면 욕심을 살짝 줄여서 지나치게 앞쪽에 끼어들지 않는 것이 중요하다. 중간에 끼어들면 그래도 35퍼센트 확률로 밀려날 수도 있지만 새치기 성공 확률이 앞쪽에 끼어들 때보다는 확실히 높아진다. 물론 얌전히 줄 서서 기다린 사람들을 생각하면 새치기하겠다는 마음은 접어두고 줄 맨 뒤로 가서 자기 차례가 오기를 기다리는 게 상식에도 맞고 마땅히 지켜야 할 예의가 아닐까.

심리실험 86

반려견은 개 주인을 닮아갈까, 아니면 개 주인이 애초 자신을 닮은 개를 선택할까?

캘리포니아주립대 마이클 M. 로이 교수의 '사진만으로 개 주인과 반려견 짝 맞추기 실험'

미국 캘리포니아주립대학 마이클 M. 로이 교수와 동료 연구자는 반려견과 주인이 과연 닮았는지, 또 닮았다면 얼마나 닮았는지 연구하는 실험에 나섰다. 연구진은 반려견을 기르는 사람 45명에게 자신과 반려견의 사진을 한 장씩 가지고 와달라고 요청했다. 실험 참여자 성비를 살펴보면 남성이 21명, 여성이 24명이고, 평균 연령은 36세였다. 실험 참여자들이 가져온 사진을 무작위로 뒤섞어 판정을 맡은 실험 참여자에게 주인과 반려견을 짝지어보라고 요청했다. 판정을 맡은 사람은 어느 정도로 정확하게 짝을 지었을까?

공원에서 반려견을 산책시키는 사람을 관찰하다 보면 재미있는 사실을 발견하곤 한다. 그것은 바로 반려견과 개 주인의 '싱크로율'이 매우 높다는 사실이다. 즉, 찬찬히 뜯어보면 개 주인과 반려견이 신기할 정도로 닮은 구석이 많다. 불도그 목줄을 잡은 주인은 아무래도 불도그 같은 느낌이 들고, 순둥이로 유명한 골든레트리버를 데리고 다니는 사람은 온화한 인상의 사람이 많다.

미국 캘리포니아주립대학 마이클 M. 로이 교수와 그의 동료 연구자는 반려견과 주인이 과연 닮았는지, 또 닮았다면 얼마나 닮았는지 연구하는 실험을 진행했다. 연구진은 반려견을 기르는 사람 45명에게 자신과 반려견의 사진을 한 장씩 가지고 와달라고 요청했다. 실험 참여자 성비를 살펴보면 남성이 21명에 여성이 24명이고, 평균 연령은 36세였다. 연구진은 실험 참여자들이 가져온 사진을 무작위로 뒤섞어 판정을 맡은 실험 참여자에게 주인과 반려견을 짝지어보라고 요청했다.

판정을 맡은 사람은 어느 정도로 정확하게 짝을 지었을까? 반려견이 순종일 때 25쌍 중 16쌍으로 정확히 짝지을 수 있었다. 64퍼센트 정도의 정답률이다. 다만 반려견이 순종이 아닐 때는 20쌍 중 7쌍으로 저조한 성적을 냈다. 즉, 이 경우 35퍼센트밖에 맞추지 못한 셈이다.

연구진은 주인은 자신과 닮은 반려견에 무의식적으로 마음이 끌려 입양 절차를 거쳐 한 식구로 받아들인다는 해석을 내놓았다. 이것은 '개가 주인을 닮는다기보다는 주인이 본래 자신을 닮은 개를 반려견으로 선택한다'가 정확한 답이다. 자신과 닮은 구석이 하나도 없는 반려견은 애초에 키울 생각도 들지 않는 모양이다.

반려견을 기르는 사람 중에는 지인에게 분양받거나 파양 당하거나 버림받은 유기견을 데려와서 기르는 사람도 있다. 그런 경우에는 주인과 반려견이 그다지 닮지 않을 수도 있다. 그러나 일반적인 경로, 즉 돈을 내고 분양받을 때는 대부분 자신과 닮은 강아지를 고른다.

왜 이런 현상이 나타나는 걸까? 이유는 뜻밖에도 간단하다. 인간이 세상에서 가장 사랑하는 대상은 뭐니 뭐니 해도 '나 자신'이기 때문이다. 그러므로 반려견을 선택할 때도 무의식적으로 자신과 닮은 강아지를 선택하는 경향이 있다. 이는 무의식적인 마음의 작용으로 정작 자신은 잘 깨닫지 못하는데, 주위 사람이 보기에는 '희한하게 닮았네'라는 생각이 들 가능성이 크다.

목줄을 잡은 주인과 반려견이 붕어빵 부자처럼 닮아 나도 모르게 웃음이 터질 때가 이따금 있다. 그러나 '인간은 자신을 가장 사랑한다'라는 심리 메커니즘에서 비롯되는 일이라는 걸 알면 박장대소하기보다는 오히려 조용히 고개를 끄덕이게 되지 않을까.

심리실험 87

차 모양만 보고 차 주인을 정확히 맞힐 수 있다고?

뷔르츠부르크대 게오르크 W. 알퍼스 교수의 '자동차 사진 보고 차 주인 맞추기 실험'

독일 뷔르츠부르크대학교 게오르크 W. 알퍼스 교수와 동료 연구자는 고속도로 졸음쉼터에서 쉬고 있는 60명의 자동차 소유주에게 동의를 구해 그 사람의 상반신 사진과 자동차 사진을 촬영했다. 연구진은 그렇게 찍은 사진을 20명의 판정자에게 보여주고 소유주와 자동차를 올바르게 짝지을 수 있는지 확인하는 실험을 했다.

먼저 연구진은 사람들에게 소유주의 사진을 보여주었다. 이어서 그 사람의 자동차와 무작위로 선택한 다른 사람의 자동차를 보여주고 어느 쪽이 사진 속 사람의 자동차인지 맞히도록 했다.

자동차 두 대 중 한 대를 선택하면 그만인 간단한 실험이라 대충 찍어도 확률은 50퍼센트다. 그런데 실험 후 의외의 결과가 나왔다. 과연 어떤 결과가 나왔을까?

개 주인이 자신과 닮은 반려견을 선택하듯 사람은 누구나 무의식적으로 자신과 닮은 대상을 선택한다. 그렇다면 물건을 고를 때도 이와 마찬가지 논리를 적용할 수 있지 않을까?

이를 뒷받침하는 실험이 있어 소개한다. 대상은 '자동차'다. 이 실험은 우리 인간이 자동차를 선택할 때 아무래도 '자신과 닮은 자동차'를 선택할 것이라는 가정에서 출발했다.

독일 뷔르츠부르크대학교 게오르크 W. 알퍼스(Georg W. Alpers) 교수와 동료 연구자는 고속도로 졸음쉼터에서 쉬고 있는 60명의 자동차 소유주에게 동의를 구해 그 사람의 상반신 사진과 자동차 사진을 촬영했다. 연구진은 그렇게 찍은 사진을 20명의 판정자에게 보여주고 소유주와 자동차를 올바르게 짝지을 수 있는지 확인하는 실험을 했다.

연구진은 사람들에게 소유주의 사진을 보여주었다. 이어서 그의 자동차와 무작위로 선택한 다른 사람의 자동차를 보여주고 어느 쪽이 사진 속 사람의 자동차인지 맞히도록 했다.

자동차 두 대 중 한 대를 선택하면 그만인 간단한 실험이라 대충 찍어도 확률은 50퍼센트다. 그런데 실험 결과 무려 68퍼센트 확률로 누구의 자동차인지 간파했다.

"왜 이 자동차를 선택하셨습니까?"

연구진은 차 주인들에게 질문했다.

"저한테 딱 맞는 차라고 생각해서 이 차로 결정했습니다"라고 대답한 소유주 사진을 본 사람들은 더 높은 확률로 정답을 찾아냈다.

반려견과 마찬가지로 우리는 무의식적으로 자신과 닮은 자동차를 선택한다. 날렵한 인상의 사람은 날렵한 디자인의 자동차를 선호하고, 동글동글한 체형의 사람은 역시 동글동글 귀여운 느낌의 자동차를 선호했다. 다른 사람의 시선을 즐기는 성격의 사람은 오픈카를 선택했다. 대형차를 좋아하는 사람은 아무래도 체격이 우람하고 성격도 대범한 편이었다. 아담한 자동차를 좋아하는 사람은 체구가 작고 아담하며 실용적인 제품을 즐겨 찾는 성격이다.

물론 그렇다고 해서 모든 자동차 소유주가 자신과 닮은 자동차를 선택한다는 법칙은 없다. 자동차를 살 때는 예산이나 연비 등 다양한 요소를 고려해야 하기에 현실과 타협해 마음에 덜 드는 자동차를 선택해야 할 때도 있다. 그러나 마음에 드는 자동차를 선택할 수 있는 상황에서는 그 자동차와 소유주는 역시 어딘가 공통분모가 있다. '이 자동차 주인은 어떤 사람일까?'를 생각하며 마트나 백화점 주차장에 세워져 있는 차들을 살펴보면 관찰력을 기르는 훈련이 될 수 있지 않을까.

심리실험 88

긍정적인 말을 입에 달고 살면 장수할 가능성이 커진다는데?

켄터키대 데버라 D. 대너 교수 연구팀의
'수도승의 일기 문구와 수명 간 상관관계 연구'

미국 켄터키대학교 데버라 D. 대너 교수 연구팀은 노트르담성당의 수도승 180명의 일기를 분석했다. 수도승들은 자신의 신변에 일어난 일과 감상 등을 일기로 남겼다. 연구팀은 일기에 '오늘도 행복한 하루를 보냈다' 등의 긍정적인 문구가 자주 보이는 그룹과 '오늘도 고된 하루였다' 등의 불평 · 불만하는 내용이 많은 일기를 남긴 그룹을 나누어 85세와 93세 시점에서의 생존율을 조사했다.
이 연구에서 어떤 결과가 나왔을까? 궁금증을 해소하기 위해 서둘러 본문으로 들어가보자.

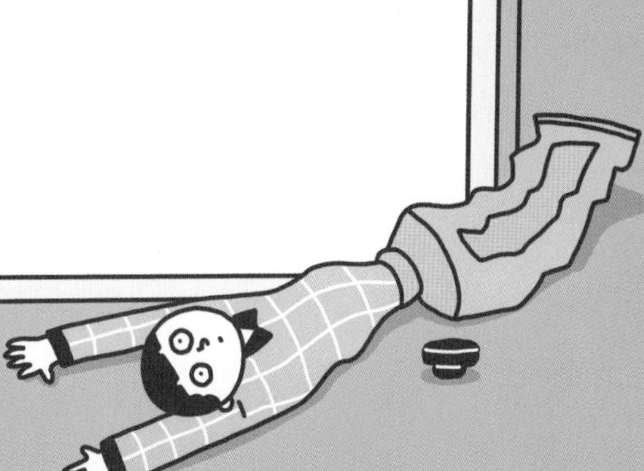

'나는 행복한 사람이야'

"항상 감사합니다!"

"오늘도 화창한 날씨를 주셔서 감사합니다!"

이처럼 긍정적인 말을 평소 자주 입에 올리는 습관은 바람직하다. 마음에서 우러난 말이 아니라도 좋으니 긍정적인 말을 하면 실제로 기분이 긍정적인 방향으로 전환된다. 덕분에 밝은 인생을 보낼 수 있다. "말 한마디로 천 냥 빚을 갚는다"라는 속담이 있듯 긍정적인 말로 수명까지 연장할 수 있다.

미국 켄터키대학교 데버라 D. 대너(Deborah D. Danner) 교수와 그가 이끄는 연구팀은 노트르담성당의 수도승 180명의 일기를 분석했다.

수도승들은 자신의 신변에 일어난 일과 감상 등을 일기로 남겼다. 연구팀은 일기에 "오늘도 행복한 하루를 보냈다" 등의 긍정적인 문구가 자주 보이는 그룹과 "오늘도 고된 하루였다" 등의 불평·불만하는 내용이 많은 일기를 남긴 그룹을 나누어 85세와 93세 시점에서의 생존율을 조사했다.

조사 결과는 〈그림 18〉과 같았는데, 85세와 93세에서 모두 긍정적인 일기를 쓴 그룹이 생존율이 상대적으로 높았다.

불평과 불만을 입에 달고 살고 툭하면 험담하고 트집 잡는

그림 18. 데버라 D.대너 교수의 조사 결과

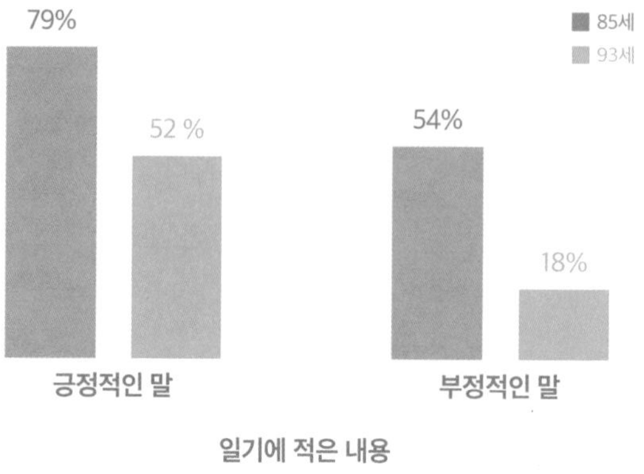

※ 수치는 생존율을 나타낸다.

습관이 몸에 밴 사람은 스스로 자신의 명줄을 줄이고 있던 셈이다. 부정적인 말이 입에 밴 사람은 오래 살기 어렵기 때문이다. 그러니 진심이 아니라도 좋으니 항상 의식적으로 긍정적인 말을 하려고 노력하자.

'나는 행복한 사람이야!'

'나는 복 받은 사람이야!'

이렇게 입버릇처럼 되뇌다 보면 정말로 행복한 기분이 차오르는 느낌이 든다. 의심스럽다면 지금 당장 실천해보자.

참고 문헌

Andrews-Zwilling, Y, Bien-Ly, N, Xu, Q, Li, G, Bernardo, A, Yoon, SY, Zwilling, D, Yan, TX, Chen, L, Huang, Y. Apolipoprotein E4 causes age- and Taudependent impairment of GABAergic interneurons, leading to learning and memory deficits in mice. J Neurosci, 30:13707-13717, 2010.

Antonakis, J, Dalgas, O. Predicting elections: child's play! Science, 323:1183, 2009.

Aviezer, H, Trope, Y, Todorov, A. Body cues, not facial expressions, discriminate between intense positive and negative emotions. Science, 338:1225-1229, 2012.Azim, E, Mobbs, D, Jo, B, Menon, V, Reiss, AL. Sex differences in brain activation elicited by humor. Proc Natl Acad Sci U S A, 102:16496-16501, 2005.

Bakker, A, Krauss, GL, Albert, MS, Speck, CL, Jones, LR, Stark, CE, Yassa, MA, Bassett, SS, Shelton, AL, Gallagher, M. Reduction of hippocampal hyperactivity improves cognition in amnestic mild cognitive impairment. Neuron, 74:467-474, 2012.

Ballarini, F, Martinez, MC, Díaz Perez, M, Moncada, D, Viola, H. Memory in elementary school children is improved by an unrelated novel experience. PLoS One, 8:e66875, 2013.

Ballarini, F, Moncada, D, Martinez, MC, Alen, N, Viola, H. Behavioral tagging is a general mechanism of long-term memory formation. Proc Natl Acad Sci U S A, 106:14599-14604, 2009.

Bavelier, D. Enhancing the brain with action video games. 8th FENS Forum of Neuroscience, Plenary Lecture:L07, 2012.
Ben-Ami Bartal, I, Decety, J, Mason, P. Empathy and pro-social behavior in rats. Science, 334:1427-1430, 2011.
Bering, JM, Bjorklund, DF. The natural emergence of reasoning about the afterlife as a developmental regularity. Dev Psychol, 40:217-233, 2004.
Bishop, KM, Wahlsten, D. Sex differences in the human corpus callosum: myth or reality? Neurosci Biobehav Rev, 21:581-601, 1997.
Black, DW. Laughter. JAMA, 252:2995-2998, 1984. Blakemore, SJ, Wolpert, DM, Frith, CD. Central cancellation of self-produced tickle sensation. Nat Neurosci, 1:635-640, 1998.
Bock, JR, Maewal, A, Gough, DA. Hitting is contagious in baseball: evidence from long hitting streaks. PLoS One, 7:e51367, 2012.
Bookheimer, SY, Strojwas, MH, Cohen, MS, Saunders, AM, Pericak-Vance, MA, Mazziotta, JC, Small, GW. Patterns of brain activation in people at risk for Alzheimer's disease. N Engl J Med, 343:450-456, 2000.
Brass, M, Haggard, P. The what, when, whether model of intentional action. Neuroscientist, 14:319-325, 2008.
Brown, AA, Jensen, J, Nikolova, YS, Djurovic, S, Agartz, I, Server, A, Ferrell, RE, Manuck, SB, Mattingsdal, M, Melle, I, Hariri, AR, Frigessi, A, Andreassen, OA. Genetic variants affecting the neural processing of human facial expressions: evidence using a genome-wide functional imaging approach. Transl Psychiatry, 2:e143, 2012.
Broyd, SJ, Demanuele, C, Debener, S, Helps, SK, James, CJ, Sonuga-Barke, EJ. Default-mode brain dysfunction in mental disorders: a systematic review. Neurosci Biobehav Rev, 33:279-296, 2009.
Bryan, CJ, Adams, GS, Monin, B. When cheating would make you a cheater: implicating the self prevents unethical behavior. J Exp Psychol Gen, 142:1001-1005, 2013.
Bryan, CJ, Walton, GM, Rogers, T, Dweck, CS. Motivating voter turnout by

invoking the self. Proc Natl Acad Sci U S A, 108:12653-12656, 2011.
Buckner, RL, Andrews-Hanna, JR, Schacter, DL. The brain's default network: anatomy, function, and relevance to disease. Ann N Y Acad Sci, 1124:1-38, 2008.
Butterworth, B. Developmental dyscalculia. in Handbook of Mathematical Cognition (ed J. I. D. Campbell) 455-467 (Psychology Press, 2004).
Callahan, MP, Smith, KE, Cleaves, HJ, 2nd, Ruzicka, J, Stern, JC, Glavin, DP, House, CH, Dworkin, JP. Carbonaceous meteorites contain a wide range of extraterrestrial nucleobases. Proc Natl Acad Sci U S A, 109:13995-13998, 2011.
Carlsmith, KM, Wilson, TD, Gilbert, DT. The paradoxical consequences of revenge. J Pers Soc Psychol, 95:1316-1324, 2008.
Cela-Conde, CJ, Ayala, FJ, Munar, E, Maestú, F, Nadal, M, Capó, MA, del Río, D, López-Ibor, JJ, Ortiz, T, Mirasso, C, Marty, G. Sex-related similarities and differences in the neural correlates of beauty. Proc Natl Acad Sci U S A, 106:3847-3852, 2009.
Cohen Kadosh, R, Soskic, S, Iuculano, T, Kanai, R, Walsh, V. Modulating neuronal activity produces specific and long-lasting changes in numerical competence. Curr Biol, 20:2016-2020, 2010.
Corder, EH, Saunders, AM, Strittmatter, WJ, Schmechel, DE, Gaskell, PC, Small, GW, Roses, AD, Haines, JL, Pericak-Vance, MA. Gene dose of apolipoprotein E type 4 allele and the risk of Alzheimer's disease in late onset families. Science, 261:921-923, 1993.
Dale, PS, Harlaar, N, Plomin, R. Nature and nurture in school-based second language achievement. Lang Learn, 62:28-48, 2012.
Deary, IJ, Penke, L, Johnson, W. The neuroscience of human intelligence differences. Nat Rev Neurosci, 11:201-211, 2010.
Deary, IJ, Yang, J, Davies, G, Harris, SE, Tenesa, A, Liewald, D, Luciano, M, Lopez, LM, Gow, AJ, Corley, J, Redmond, P, Fox, HC, Rowe, SJ, Haggarty, P, McNeill, G, Goddard, ME, Porteous, DJ, Whalley, LJ, Starr, JM, Visscher,

PM.
DeLacoste-Utamsing, C, Holloway, RL. Sexual dimorphism in the human corpus callosum. Science, 216:1431-1432, 1982.
Dunbar, RI, Marriott, A, Duncan, ND. Human conversational behavior. Hum Nat, 8:231-246, 1997.
Durante, KM, Li, NP, Haselton, MG. Changes in women's choice of dress across the ovulatory cycle: naturalistic and laboratory task-based evidence. Pers Soc Psychol Bull, 34:1451-1460, 2008.
Ehrenfreund, P, Cami, J. Cosmic carbon chemistry: from the interstellar medium to the early Earth. Cold Spring Harb Perspect Biol, 2:a002097, 2010.
Elliot, AJ, Niesta, D. Romantic red: red enhances men's attraction to women. J Pers Soc Psychol, 95:1150-1164, 2008.
Elliot, AJ, Tracy, JL, Pazda, AD, Beall, AT. Red enhances women's attractiveness to men: first evidence suggesting universality. J Exp Soc Psychol, 49:165-168, 2013.
Falk, A, Szech, N. Morals and markets. Science, 340:707-711, 2013.
Falk, EB, O'Donnell, MB, Lieberman, MD. Getting the word out: neural correlates of enthusiastic message propagation. Front Hum Neurosci, 6:313, 2012.
Fridlund, AJ, Loftis, JM. Relations between tickling and humorous laughter:preliminary support for the Darwin-Hecker hypothesis. Biol Psychol, 30:141-150,1990.Fu, W, O'Connor, TD, Jun, G, Kang, HM, Abecasis, G, Leal, SM, Gabriel, S, Rieder, MJ, Altshuler, D, Shendure, J, Nickerson, DA, Bamshad, MJ, Akey, JM. Analysis of 6,515 exomes reveals the recent origin of most human proteincoding variants. Nature, 493:216-220, 2013.
Kong, A, Frigge, ML, Masson, G, Besenbacher, S, Sulem, P, Magnusson, G, Gudjonsson, SA, Sigurdsson, A, Jonasdottir, A, Jonasdottir, A, Wong, WS, Sigurdsson, G, Walters, GB, Steinberg, S, Helgason, H, Thorleifsson,

G, Gudbjartsson, DF, Helgason, A, Magnusson, OT, Thorsteinsdottir, U, Stefansson, K. Rate of de novo mutations and the importance of father's age to disease risk. Nature, 488:471-475, 2012.
Genetic contributions to stability and change in intelligence from childhood to old age. Nature, 482:212-215, 2012.
Gervais, WM, Norenzayan, A. Analytic thinking promotes religious disbelief. Science, 336:493-496, 2012.
Gilbert, DT, Killingsworth, MA, Eyre, RN, Wilson, TD. The surprising power of neighborly advice. Science, 323:1617-1619, 2009.
Gilovich, T, Vallone, R, Tversky, A. The hot hand in basketball: on the misperception of random sequences. Cogn Psychol, 17:295-314, 1985.
Gneezy, A, Gneezy, U, Riener, G, Nelson, LD. Pay-what-you-want, identity, and self-signaling in markets. Proc Natl Acad Sci U S A, 109:7236-7240, 2012.
Greely, H, Sahakian, B, Harris, J, Kessler, RC, Gazzaniga, M, Campbell, P, Farah, MJ. Towards responsible use of cognitive-enhancing drugs by the healthy. Nature, 456:702-705, 2008.
Greicius, MD, Krasnow, B, Reiss, AL, Menon, V. Functional connectivity in the resting brain: a network analysis of the default mode hypothesis. Proc Natl Acad Sci USA, 100:253-258, 2003.
Halberda, J, Ly, R, Wilmer, JB, Naiman, DQ, Germine, L. Number sense across the lifespan as revealed by a massive Internet-based sample. Proc Natl Acad Sci U S A, 109:11116-11120, 2012.
Herry, C, Ciocchi, S, Senn, V, Demmou, L, Müller, C, Lüthi, A. Switching on and off fear by distinct neuronal circuits. Nature, 454:600-606, 2008.
Hillmer, AM, Brockschmidt, FF, Hanneken, S, Eigelshoven, S, Steffens, M, Flaquer, A, Herms, S, Becker, T, Kortüm, AK, Nyholt, DR, Zhao, ZZ, Montgomery, GW, Martin, NG, Mühleisen, TW, Alblas, MA, Moebus, S, Jöckel, KH, Bröcker-Preuss, M, Erbel, R, Reinartz, R, Betz, RC, Cichon, S, Propping, P, Baur, MP, Wienker, TF, Kruse, R, Nöthen, MM. Susceptibility

variants for malepattern baldness on chromosome 20p11. Nat Genet, 40:1279-1281, 2008.
Hillmer, AM, Hanneken, S, Ritzmann, S, Becker, T, Freudenberg, J, Brockschmidt, FF, Flaquer, A, Freudenberg-Hua, Y, Jamra, RA, Metzen, C, Heyn, U, Schweiger, N, Betz, RC, Blaumeiser, B, Hampe, J, Schreiber, S, Schulze, TG, Hennies, HC, Schumacher, J, Propping, P, Ruzicka, T, Cichon, S, Wienker, TF, Kruse, R, Nothen, MM. Genetic variation in the human androgen receptor gene is the major determinant of common early-onset androgenetic alopecia. Am J Hum Genet, 77:140-148, 2005.
Hills, T, Hertwig, R. Why aren't we smarter already: evolutionary trade-offs and cognitive enhancements. Curr Direct Psychol Sci, 20:373-377, 2011.
Hoffstaedter, F, Grefkes, C, Zilles, K, Eickhoff, SB. The "what" and "when" of self-initiated movements. Cereb Cortex, 23:520-530, 2013.
Horikawa, T, Tamaki, M, Miyawaki, Y, Kamitani, Y. Neural decoding of visual imagery during sleep. Science, 340:639-642, 2013.
Hovers, E, Kuhn, S. Transitions Before the Transition: Evolution and Stability in the Middle Paleolithic and Middle Stone Age. (Springer, 2006). Culotta, E. On the origin of religion. Science, 326:784-787, 2009.
Hysi, PG, Young, TL, Mackey, DA, Andrew, T, Fernández-Medarde, A, Solouki, AM, Hewitt, AW, Macgregor, S, Vingerling, JR, Li, YJ, Ikram, MK, Fai, LY, Sham, PC, Manyes, L, Porteros, A, Lopes, MC, Carbonaro, F, Fahy, SJ, Martin, NG, van Duijn, CM, Spector, TD, Rahi, JS, Santos, E, Klaver, CC, Hammond, CJ. A genome-wide association study for myopia and refractive error identifies a susceptibility locus at 15q25. Nat Genet, 42:902-905, 2010.
Ikegaya, Y, Sasaki, T, Ishikawa, D, Honma, N, Tao, K, Takahashi, N, Minamisawa, G, Ujita, S, Matsuki, N. Interpyramid spike transmission stabilizes the sparseness of recurrent network activity. Cereb Cortex, 23:293-304, 2013.
Iuculano, T, Cohen Kadosh, R. The mental cost of cognitive enhancement. J Neurosci, 33:4482-4486, 2013.

Kampe, KK, Frith, CD, Dolan, RJ, Frith, U. Reward value of attractiveness and gaze. Nature, 413:589, 2001.

Karmody, CS, Bachor, ES. The deafness of Ludwig van Beethoven: an immunopathy. Otol Neurotol, 26:809-814, 2005.

Kasting, JF. Earth's early atmosphere. Science, 259:920-926, 1993. Kwok, S, Zhang, Y. Mixed aromatic-aliphatic organic nanoparticles as carriers of unidentified infrared emission features. Nature, 479:80-83, 2011.

Khamsi, R. Diagnosis by default. Nat Med, 18:338-340, 2012. Brassen, S, Gamer, M, Peters, J, Gluth, S, Büchel, C. Don't look back in anger! Responsiveness to missed chances in successful and nonsuccessful aging. Science, 336:612-614, 2012.

Klimecki, OM, Leiberg, S, Lamm, C, Singer, T. Functional neural plasticity and associated changes in positive affect after compassion training. Cereb Cortex, 23:1552-1561, 2013.

Korn, CW, Prehn, K, Park, SQ, Walter, H, Heekeren, HR. Positively biased processing of self-relevant social feedback. J Neurosci, 32:16832-16844, 2012.

Kornhuber, HH, Deecke, L. Changes in the brain potential in voluntary movements and passive movements in man: readiness potential and reafferent potentials. Pflugers Arch Gesamte Physiol Menschen Tiere, 284:1-17, 1965.

Leary, MR. Motivational and emotional aspects of the self. Annu Rev Psychol, 58:317-344, 2007.

Libet, B, Gleason, CA, Wright, EW, Pearl, DK. Time of conscious intention to act in relation to onset of cerebral activity (readiness-potential). The unconscious initiation of a freely voluntary act. Brain, 106 (Pt 3):623-642, 1983.

Lynn, BM, McCord, JL, Halliwill, JR. Effects of the menstrual cycle and sex on postexercise hemodynamics. Am J Physiol Regul Integr Comp Physiol, 292:R1260-1270, 2007.

Magee, B, Elwood, RW. Shock avoidance by discrimination learning in the shore crab (Carcinus maenas) is consistent with a key criterion for pain. J Exp Biol, 216:353-358, 2013.
Singer, T, Seymour, B, O'Doherty, J, Kaube, H, Dolan, RJ, Frith, CD. Empathy for pain involves the affective but not sensory components of pain. Science, 303:1157-1162, 2004.
Mareschal, I, Calder, AJ, Clifford, CW. Humans have an expectation that gaze is directed toward them. Curr Biol, 23:717-721, 2013.
Markwald, RR, Melanson, EL, Smith, MR, Higgins, J, Perreault, L, Eckel, RH, Wright, KP, Jr. Impact of insufficient sleep on total daily energy expenditure, food intake, and weight gain. Proc Natl Acad Sci U S A, 110:5695-5700, 2013.
Mehl, MR, Vazire, S, Ramírez-Esparza, N, Slatcher, RB, Pennebaker, JW. Are women really more talkative than men? Science, 317:82, 2007.
Merten, K, Nieder, A. Active encoding of decisions about stimulus absence in primate prefrontal cortex neurons. Proc Natl Acad Sci U S A, 109:6289-6294, 2012. de Waal, FB. The chimpanzee's service economy: food for grooming. Evol Hum Behav, 18:375-386, 1997.
Suchak, M, de Waal, FB. Monkeys benefit from reciprocity without the cognitive burden. Proc Natl Acad Sci U S A, 109:15191-15196, 2012.
Naaman, M, Boase, J, Lai, CH. Is it really about me?: Message content in social awareness streams. Proc ACM Conf Comput Supported Coop Work, 2010:189-192, 2010.
Nieder, A. Supramodal numerosity selectivity of neurons in primate prefrontal and posterior parietal cortices. Proc Natl Acad Sci U S A, 109:11860-11865, 2012.
Nir, Y, Staba, RJ, Andrillon, T, Vyazovskiy, VV, Cirelli, C, Fried, I, Tononi, G. Regional slow waves and spindles in human sleep. Neuron, 70:153-169, 2011.
Normand, JM, Sanchez-Vives, MV, Waechter, C, Giannopoulos, E, Grosswindhager, B, Spanlang, B, Guger, C, Klinker, G, Srinivasan, MA,

Slater, M. Beaming into the rat world: enabling real-time interaction between rat and human each at their own scale. PLoS One, 7:e48331, 2012.
O'Connell, LA, Hofmann, HA. Evolution of a vertebrate social decision-making network. Science, 336:1154-1157, 2012.
Okimoto, TG, Wenzel, M, Hedrick, K. Refusing to apologize can have psychological benefits (and we issue no mea culpa for this research finding). Eur J Soc Psychol, 43:22-31, 2013.
Ondobaka, S, de Lange, FP, Newman-Norlund, RD, Wiemers, M, Bekkering, H. Interplay between action and movement intentions during social interaction. Psychol Sci, 23:30-35, 2012.
Oosterhof, NN, Todorov, A. The functional basis of face evaluation. Proc Natl Acad Sci U S A, 105:11087-11092, 2008.
Pais-Vieira, M, Lebedev, M, Kunicki, C, Wang, J, Nicolelis, MA. A brain-to-brain interface for real-time sharing of sensorimotor information. Sci Rep, 3:1319, 2013.
Paukner, A, Suomi, SJ, Visalberghi, E, Ferrari, PF. Capuchin monkeys display affiliation toward humans who imitate them. Science, 325:880-883, 2009.
Paul, GS. Religiosity tied to socioeconomic status. Science, 327:642, 2010. Kapogiannis, D, Barbey, AK, Su, M, Zamboni, G, Krueger, F, Grafman, J. Cognitive and neural foundations of religious belief. Proc Natl Acad Sci U S A, 106:4876-4881, 2009.
Peres, JF, Moreira-Almeida, A, Caixeta, L, Leao, F, Newberg, A. Neuroimaging during trance state: a contribution to the study of dissociation. PLoS One, 7:e49360, 2012.
Perkins, S. Organic molecules found circling nearby star. Science, 2015:8 April (News). Wochner, A, Attwater, J, Coulson, A, Holliger, P. Ribozyme-catalyzed transcription of an active ribozyme. Science, 332:209-212, 2011.
Piff, PK, Stancato, DM, Côté, S, Mendoza-Denton, R, Keltner, D. Higher social class predicts increased unethical behavior. Proc Natl Acad Sci U S A, 109:4086-4091, 2012.

Propper, RE, McGraw, SE, Brunyé, TT, Weiss, M. Getting a grip on memory: unilateral hand clenching alters episodic recall. PLoS One, 8:e62474, 2013.

Quoidbach, J, Gilbert, DT, Wilson, TD. The end of history illusion. Science, 339:96-98, 2013.

Legge, EL, Spetch, ML, Cenkner, A, Bulitko, V, Anderson, C, Brown, M, Heth, D. Not all locations are created equal: exploring how adults hide and search for objects. PLoS One, 7:e36993, 2012.

Raab, M, Gula, B, Gigerenzer, G. The hot hand exists in volleyball and is used for allocation decisions. J Exp Psychol Ap, 18:81-94, 2012.

Rahman, Q, Anchassi, T. Men appear more lateralized when noticing emotion in male faces. Emotion, 12:174-179, 2012.

Rahman, Q, Wilson, GD, Abrahams, S. Sex, sexual orientation, and identification of positive and negative facial affect. Brain Cogn, 54:179-185, 2004.

Rand, DG, Greene, JD, Nowak, MA. Spontaneous giving and calculated greed. Nature, 489:427-430, 2012.

Rankin Williams McGugin, J. Christoper Gatenby, John C. Gore, and Isabel Gauthier, High-resolution imaging of expertise reveals reliable object selectivity in the fusiform face area related to perceptual performance, Proc Natl Acad Sci USA. 2012 Oct 16; 109(42):17063-17068.

Richards, JB, Yuan, X, Geller, F, Waterworth, D, Bataille, V, Glass, D, Song, K, Waeber, G, Vollenweider, P, Aben, KK, Kiemeney, LA, Walters, B, Soranzo, N, Thorsteinsdottir, U, Kong, A, Rafnar, T, Deloukas, P, Sulem, P, Stefansson, H, Stefansson, K, Spector, TD, Mooser, V. Male-pattern baldness susceptibility locus at 20p11. Nat Genet, 40:1282-1284, 2008.

Saccenti, E, Smilde, AK, Saris, WH. Beethoven's deafness and his three styles. BMJ, 343:d7589, 2011.

Schiff, BB, Lamon, M. Inducing emotion by unilateral contraction of hand muscles. Cortex, 30:247-254, 1994.

Schiffer, B, Pawliczek, C, Müller, BW, Gizewski, ER, Walter, H. Why don't men understand women? Altered neural networks for reading the language of male and female eyes. PLoS One, 8:e60278, 2013.

Schurger, A, Sitt, JD, Dehaene, S. An accumulator model for spontaneous neural activity prior to self-initiated movement. Proc Natl Acad Sci U S A, 109:E2904-2913, 2012.

Shafir, S, Reich, T, Tsur, E, Erev, I, Lotem, A. Perceptual accuracy and conflicting effects of certainty on risk-taking behaviour. Nature, 453:917-920, 2008.

Shimojo, S, Simion, C, Shimojo, E, Scheier, C. Gaze bias both reflects and influences preference. Nat Neurosci, 6:1317-1322, 2003.

Shohat-Ophir, G, Kaun, KR, Azanchi, R, Mohammed, H, Heberlein, U. Sexual deprivation increases ethanol intake in Drosophila. Science, 335:1351-1355, 2012.

Siegel, JM. Sleep viewed as a state of adaptive inactivity. Nat Rev Neurosci, 10:747-753, 2009.

Sneddon, LU, Braithwaite, VA, Gentle, MJ. Do fishes have nociceptors? Evidence for the evolution of a vertebrate sensory system. Proc Biol Sci, 270:1115-1121, 2003.

Solouki, AM et al. A genome-wide association study identifies a susceptibility locus for refractive errors and myopia at 15q14. Nat Genet, 42:897-901, 2010.

Spalding, KL, Bergmann, O, Alkass, K, Bernard, S, Salehpour, M, Huttner, HB, Boström, E, Westerlund, I, Vial, C, Buchholz, BA, Possnert, G, Mash, DC, Druid, H, Frisén, J. Dynamics of hippocampal neurogenesis in adult humans. Cell, 153:1219-1227, 2013.

Suthana, N, Haneef, Z, Stern, J, Mukamel, R, Behnke, E, Knowlton, B, Fried, I. Memory enhancement and deep-brain stimulation of the entorhinal area. N Engl J Med, 366:502-510, 2012

Takahashi, H, Yahata, N, Koeda, M, Matsuda, T, Asai, K, Okubo, Y. Brain activation associated with evaluative processes of guilt and embarrassment: an fMRI study. Neuroimage, 23:967-974, 2004.

Tamir, DI, Mitchell, JP. Disclosing information about the self is intrinsically rewarding. Proc Natl Acad Sci U S A, 109:8038-8043, 2012.

Thomson, EE, Carra, R, Nicolelis, MA. Perceiving invisible light through a somatosensory cortical prosthesis. Nat Commun, 4:1482, 2013.

Thompson, H. Performance enhancement: superhuman athletes. Nature, 487:287-289, 2012.

Péronnet, F, Thibault, G. Mathematical analysis of running performance and world running records. J Appl Physiol, 67:453-465, 1989.

Todorov, A, Mandisodza, AN, Goren, A, Hall, CC. Inferences of competence from faces predict election outcomes. Science, 308:1623-1626, 2005.

Toyoshima, KE, Asakawa, K, Ishibashi, N, Toki, H, Ogawa, M, Hasegawa, T, Irié, T, Tachikawa, T, Sato, A, Takeda, A, Tsuji, T. Fully functional hair follicle regeneration through the rearrangement of stem cells and their niches. Nat Commun, 3:784, 2012.

Tulving, E, Kapur, S, Craik, FI, Moscovitch, M, Houle, S. Hemispheric encoding/ retrieval asymmetry in episodic memory: positron emission tomography findings. Proc Natl Acad Sci U S A, 91:2016-2020, 1994.

Vaidya, N, Manapat, ML, Chen, IA, Xulvi-Brunet, R, Hayden, EJ, Lehman, N. Spontaneous network formation among cooperative RNA replicators. Nature, 491:72-77, 2012.

Vinkhuyzen, AA, van der Sluis, S, Posthuma, D, Boomsma, DI. The heritability of aptitude and exceptional talent across different domains in adolescents and young adults. Behav Genet, 39:380-392, 2009.

Völlm, BA, Taylor, AN, Richardson, P, Corcoran, R, Stirling, J, McKie, S, Deakin, JF, Elliott, R. Neuronal correlates of theory of mind and empathy: a functional magnetic resonance imaging study in a nonverbal task. Neuroimage, 29:90-98, 2006.

Vyazovskiy, VV, Olcese, U, Hanlon, EC, Nir, Y, Cirelli, C, Tononi, G. Local sleep in awake rats. Nature, 472:443-447, 2011.

Wattendorf, E, Westermann, B, Fiedler, K, Kaza, E, Lotze, M, Celio, MR. Exploration of the neural correlates of ticklish laughter by functional magnetic resonance imaging. Cereb Cortex, 23:1280-1289, 2013.

Weiss, T, Snitz, K, Yablonka, A, Khan, RM, Gafsou, D, Schneidman, E, Sobel, N. Perceptual convergence of multi-component mixtures in olfaction implies an olfactory white. Proc Natl Acad Sci U S A,109:19959-19964,2012.

Wiese, H. Numbers, Language, and the Human Mind. (Cambridge Univ. Press, 2003).

Williams, MA, Mattingley, JB. Do angry men get noticed? Curr Biol, 16:R402-404, 2006.

Wilson, MA, McNaughton, BL. Reactivation of hippocampal ensemble memories during sleep. Science, 265:676-679, 1994.

Yashina, S, Gubin, S, Maksimovich, S, Yashina, A, Gakhova, E, Gilichinsky, D. Regeneration of whole fertile plants from 30,000-y-old fruit tissue buried in Siberian permafrost. Proc Natl Acad Sci U S A, 109:4008-4013, 2012.

Young, RL, Ridding, MC, Morrell, TL. Switching skills on by turning off part of the brain. Neurocase, 10:215-222, 2004.

Zubieta, JK, Heitzeg, MM, Smith, YR, Bueller, JA, Xu, K, Xu, Y, Koeppe, RA, Stohler, CS, Goldman, D. COMT val158met genotype affects mu-opioid neurotransmitter responses to a pain stressor. Science, 299:1240-1243, 2003.

세상에서 가장 재미있는
88가지 심리실험
자기계발편

1판 1쇄 발행 2020년 8월 31일
1판 8쇄 발행 2024년 9월 25일

지은이 나이토 요시히토
옮긴이 서수지
펴낸이 이재두
펴낸곳 사람과나무사이
등록번호 제2024-000012호
주소 경기도 파주시 회동길 508(문발동), 스크린 405호
전화 (031)815-7176 팩스 (031)601-6181
이메일 saram_namu@naver.com
일러스트 주노
표지디자인 박대성
본문디자인 유경희
인쇄·제작 도담프린팅
종이 아이피피(IPP)
영업 용상철

ISBN 979-11-88635-30-6 03180